Friedhelm Mennekes

Künstlerisches Sehen
und Spiritualität

———

Artemis & Winkler

Die Deutsche Bibliothek – CIP-Einheitsaufnahme

Mennekes, Friedhelm: Künstlerisches Sehen und Spiritualität /
Friedhelm Mennekes. – Zürich ; Düsseldorf : Artemis und Winkler, 1995
ISBN 3-7608-1960-5

Inhalt

ANHANG

Vorwort

Wie alle kulturellen Erscheinungen stellen sich auch Religion und Kunst in einer ungeheuren Vielfalt dar. Als Spiegel des Inneren verfügen sie über die Ausdrucksmittel verschiedener Völker, Traditionen und Sprachen. Sie wurzeln dabei gemeinsam in den Gestaltungsnöten und -euphorien des Menschen selbst, dem es zu allen Zeiten darum geht, seine ureigensten Empfindungen anderen mitzuteilen. Ihre Verständlichkeit ist allerdings an soziale Formen gebunden, an Sprache und Zeichen. Jede Mitteilung ›hängt‹ an einer verstehbaren Formgebung, welche den Erfahrungs-›Schatz‹ übermittelt.

Sprache, Theater, Spiel, Zeichnen, Modellieren, Musik, Tanz, Ritus, Gebet... alle Formen kulturellen Handelns drücken individuellen Sinn aus und »transportieren« ihn zu anderen. Entwicklungsgeschichtlich haben sie sich zu hoher Qualität und Eigenständigkeit entfaltet, dabei freilich oft das Gefühl für ursprüngliche Zusammenhänge verloren, vor allem für ihre gemeinsame Verwurzelung in den sozialen Realitäten des Menschen.

Um zwei Systeme geht es in diesem Buch, um Religion und Kunst. Lange wußten sie sich aneinander gebunden, heftete die eine Seite ihren Ausdruck an die Formen des anderen, bis auch sie sich spätestens in der Zeit der westlichen Moderne voneinander trennten und sich Verbindendes allenfalls in einer sekundären Reflexion erhellt. In deren Licht freilich leben die praktischen Erfahrungen, von denen in diesem Buch die Rede ist.

Religion ist ein System, das einem kreativen Handeln entspringt, dem Glauben. Dieser ist Ritus, Bekenntnis, Gemeinschaft, Selbstfindung. Der Glaube ist immer subjektiv gebunden, sei er sozial ausgeübt oder persönlich geprägt. Er steht daher in unmittelbarer Beziehung zum Leben. Auf der einen Seite erscheint der Glaube in höchster Einheit mit der Philosophie, Aug in Aug mit den Fragen des Lebens konfrontiert, auf der anderen Seite wirkt er als das gerade Gegenteil, als das anschaulich Dumme und Gestrige, als Inbegriff des Überholten und Veralteten. Doch so bunt auch immer diese Erscheinungsweisen des Glaubens sind, so wenig stimmen sie von der Sache her mit all diesem überein, und so vielfältig grenzt er sich ihnen gegenüber ab. »Letztlich ist der Glaube der einzige Schlüssel zum Universum. Die letzte Sinndeutung des menschlichen Lebens und die Antwort auf die Fragen, von denen unser ganzes Glück abhängt, können auf keine andere Weise gefunden werden.«[1]

Der Glaube ist bei aller Verankerung im Sozialen und Gemeinschaftlichen ein vages, undurchschaubares individuelles Erleben. Aber: »Gerade diese Dunkelheit des Glaubens spricht für seine Vollkommenheit. Er ist für unseren Geist so dunkel, weil er weltenweit über dessen Schwachheit hinausragt. Je vollkommener der Glaube, um so dunkler wird er.«[2]

In diesem Dickicht von Dunkelheit und Licht, Anfechtung und Zustimmung, Sehnsucht und Erfüllung findet der Gläubige zu einer Vielzahl von inneren Erkenntnissen und Erfahrungen. Es ist eine Kreativität, die aus der Begeisterung dessen fließt, der sich vom Ursprung des Lebens gespeist und von der rätselhaften Gewißheit gehalten weiß, die im »Grabspruch des Loyola« formuliert ist: »Non coerceri maximo tamen contineri a minimo Divinum est« – vom Größten nicht umschlossen zu sein und dennoch vom Kleinsten berührt: darin besteht das Göttliche.

Von einer solchen offenen Beschreibung der Religion ist der Weg zur Kunst nicht weit entfernt. Ohne die klassischen Differenzen zwischen beiden Kulturkräften in der Moderne herunterzuspielen, ist eine sachliche Nähe festzustellen, es sind zwei Formen praktischen, existentiellen Ausdrucksverhaltens. Niemand Geringeres als die geistigen Väter der modernen Kunst haben dies in Denken und Gestalten belegt. Gerade in ihrem die Kunst erneuernden Schaffen zeigten sie sich von spirituellem und esoterischem Gedankengut erfaßt. Man denke nur an Wassily Kandinskys *Das Geistige in der Kunst* (1912), an Piet Mondrians *Die neue Gestaltung der Malerei* (1917) oder an Kasimir Malewitschs *Die gegenstandslose Welt* (1927). Wichtige internationale Ausstellungen im letzten Jahrzehnt haben diese Zusammenhänge belegt, vor allem Wieland Schmieds eindrucksvolle Dokumentierungen in *Geist des Glaubens – Geist der Avantgarde* (Berlin 1980) und *Gegenwart Ewigkeit* (Berlin 1990) sowie die amerikanische Zusammenstellung abstrakter Kunst: *The Spiritual in Art. Abstract Painting 1890–1985* (Los Angeles 1986). An Namen wie Josef Albers, Mark Tobey, Ad Reinhardt, Mark Rothko, Antoni Tàpies, Eduardo Chillida, Joseph Beuys, Arnulf Rainer sei hier stellvertretend für viele andere erinnert. Die Reihe dieser Künstler reicht ungebrochen bis in unsere Gegenwart.

Neben einer allgemeinen Intensivierung der Erfahrung bezüglich eines ganz neuen Umgangs mit Material, Farbe oder Figur läßt sich gerade bei vielen Künstlern, vor allem aber bei den Genannten, ein ausgesprochener Transzendenzbezug festmachen, wenngleich er sehr unterschiedliche und insgesamt ganz und gar neue Formen annimmt und Wege beschreitet. Bei allen aber gibt es einen generellen Ausgriff auf das Ganze der Welt und das Problem seiner Gestaltung. Bei Antoni Tàpies wird z. B. stark der Begriff des Einen reflektiert und seine Idee gestaltet. Alles hängt für ihn letztlich in Einem zusammen, alles steht in einer Einheit, auch wenn das Gefühl dafür heute dem Zeitgenossen weithin verlorengegangen scheint.

Die Kunst ist in ihrer Vorgehensweise dabei weniger rationalisiert und steht zusammen mit der Religion dieser Wirklichkeit näher als anderen kulturellen Kräften. Doch zeigen sich auch viele Religionsgemeinschaften von einer Welle der Rationalisierung ihres Denkens und Lebens erfaßt. Nicht von ungefähr wird immer wieder von Künstlern bedauert, daß viele religiöse Bekenntnisse im Westen den Weg in die Intellektualisierung und Aufklärung beschritten hätten. Gleichzeitig wird deutlich darauf hingewiesen, daß es doch ein wesentliches Merkmal der religiösen Kultur sei, gestalterische, sinnenhafte Vollzüge in ihre rituelle Praxis mit einzubeziehen. Es ist die Kunst, und es ist dieses Künstlerische in der Religion, die zumal in dem ihr eigenen Zwang zur Form alle religiöse Innerlichkeit an die Realität bindet. Sie hält sie sozusagen am Boden, bewahrt sie vor Weltflucht und schwärmerisch-ekstatischen Eskapaden. Sie macht geistliche Tatbestände wie Stille, Tiefe, Dichte usw. ansichtig. So bringt sie Unsichtbares in Form und Farbe und Spannung und Proportionen.

Es gibt viele Formen, Beziehungen zwischen Religion und Kunst aufzudecken. Man denke an den ›Bewußtseinsraum‹ bei Mark Tobey, an die ›Strategie der Wahrnehmungsüberforderung‹ bei Barnett Newman, an die ›Diffusion der Farbfelder‹ bei Mark Rothko oder an den ›erweiterten Kunstbegriff‹ bei Joseph Beuys. Die Quadrate von Josef Albers vermitteln z. B. auf ihre Weise die verschiedenen Formen von Religion und Kunst als einen Weg, sich dem Unsichtbaren zu nähern. In den Seherlebnissen nach den ›Wechselwirkungen der Farbe‹ weisen sie den Betrachter als den eigentlichen Träger der Erkenntnis aus. Sie eröffnen ihm einen Kosmos unendlicher Tiefe, in die er hineinsteigen kann und sich doch als der eigentliche Träger dieser Beobachtungen und Inhalte erfährt. Inmitten aller Relativität der Wahrnehmung des Erkennens eröffnet sich ihm der Horizont der Welt des Religiösen, in dem die Relativität der Einzelwahrnehmung ihren letzten Zusammenhang findet: Kunst als eine Weise, diese Dimension zu erspüren und das Leben *spirituell* zu erfassen. »Das ist es, was ich will: Meditationsbilder des 20. Jahrhunderts schaffen«, sagte Josef Albers einmal.

Auch Antoni Tàpies hält durch ein materialbezogenes Arbeiten und seine Zeichen- und Formsprache den Betrachter zu einer besonderen Nachdenklichkeit an, damit er ihrer Ursprünglichkeit nachspürt und sich auf dieses ebenso Verrätselnde wie unmittelbar Berührende einläßt. Er greift dabei demonstrativ in den Bereich des Alltäglichen und stellt die Dinge in ihrem ›gewöhnlichen‹ Aussehen dar. Gleichzeitig gestaltet er sie ästhetisch und enthebt sie ihrer alltäglichen Herkunft. Gerade dadurch aber vermittelt er die Erfahrung von Zusammenhängen, die ihm wichtig sind: das mystische Gespür für eine Verbundenheit von allem und jedem. So wird der Mensch zu einer Innenschau angehalten, in der er sein eigenes Maßempfinden und seine eigene Spiritualität freisetzt und sich doch mit allem in Verbindung stehend erfährt.

Auf dem Sinngrund ihres Handelns erklären weder die Religion noch die Kunst das Unbekannte, versehen es mit einem theologischen Etikett oder einem Bildtitel. Das wäre eine Verfälschung ihrer selbst. Und doch sind beide Weisen menschlichen Suchens und Erschaffens nicht beliebig. Im Gegenteil, durch Kunst und Religion wird gleichermaßen das Unbekannte auf eine lebendige, wirksame und bedeutungsvolle Weise unserem Alltagsleben und unserer Vorstellungswelt einverleibt. Das Unbekannte bleibt unbekannt, obwohl es sich an die erworbenen Sprach- und Kommunikationsformen bindet und obwohl es von Künstlern wie Gläubigen bedrängend gestaltet wird. Das Allzuferne ist in der Orientierung, wird aber nie erreicht. Es bleibt immer im Geheimnis, denn es selbst kann nicht aufhören, Geheimnis zu sein. Die Aufgabe der Kunst und die Aufgabe des Glaubens ist es nicht, das Geheimnis in eine vernunftmäßige Klarheit zu führen, »sondern das Unbekannte und das Bekannte zusammen zu einem lebendigen Ganzen zu vereinen, in dem wir immer besser imstande sind, die Schranken unseres äußeren Ichs zu übersteigen.«[3]

Die Texte dieses Buches belegen den eigenen Aufbruch in die Welt der Kunst und die befreiende Entdeckung neuer Zugänge zur Religion in unserer Zeit. Theoretisch werden sie von einem kultursoziologischen Ansatz zusammengehalten, wie er sich aus einer verstehenden Religions- und Wissenssoziologie ergibt. Er entfaltet sich in dem ersten Aufsatz und wird gleich darauf mit Grundfragen der abstrakten Kunst konfrontiert. Ihnen folgen ausgewählte Texte zu Werken einzelner Künstler: Joannis Avramidis, Francis Bacon, Joseph Beuys, James Brown, Alfred Hrdlicka, Michael Irmer, Arnulf Rainer, Arne-Bernd Rhaue. Der letzte Teil legt Rechenschaft von der praktischen Arbeit ab und eröffnet einen frei gewählten Einblick in ein Konvolut von mehr als einhundert Interviews mit Künstlern, wie sie im Laufe der Jahre entstanden sind.

Hier sind es Auszüge aus Gesprächen mit Gerhard Altenbourg, Piero Dorazio, Gilbert & George, Roman Opalka, Frank Stella, Antoni Tàpies und Dorothee von Windheim.

In Dankbarkeit widme ich dieses Buch den Künstlerinnen und Künstlern, denen ich begegnet bin; den vielen Menschen in den Gemeinden, denen ich Pfarrer sein durfte – in Sankt Markus in Frankfurt am Main und Sankt Peter zu Köln – und nicht zuletzt meinen Mitbrüdern im Jesuitenorden, die mich diese Arbeit fördernd und fordernd seit fast zwanzig Jahren tun lassen.

Köln, im Sommer 1995   *Friedhelm Mennekes*

GEMEINSAMKEITEN VON KUNST UND RELIGION

Mythos – Kunst – Religion

GRUNDFORMEN
DER SINNVERMITTLUNG

MYTHOS – WORT UND BEGRIFF

Wie kaum einem anderen Wortfeld der Sprache haftet »Mythos, Mythologie« eine ambivalente Bedeutung an. Ist mit ihm einerseits jede Form von überlieferter Dichtung, Sage und Erzählung aus der Vorzeit einer Kultur gemeint, so hebt in einem anderen Sinn seine Verwendung auf das Dichterische als das Legendäre, Freierfundene, Irrationale und damit Unbedeutende ab. »Mythisch« trägt das Schicksal von »jesuitisch«: es umschreibt eine umkämpfte Sache. Sie reicht von einem Votum für eine rationale Reflexion oder Existenz und wird sogleich zerbrochen unter der Attitüde von verschwommen, verschleiernd, verschlagen.

»Mythisch« sei modisch, so läßt sich allenthalben vernehmen. Damit wird behauptet, Problem wie Sache sei in neuerer Zeit erst wieder entdeckt worden. Dabei ist es so alt wie die Geschichte des menschlichen Geistes selbst; es ist ein ›Dauerbrenner‹ der philosophischen Reflexion, wenngleich nicht zu leugnen ist, daß es Zeiten verstärkter und dann wieder gelassenerer Bemühung um diesen Begriff gegeben hat.

»Mythos« kommt aus dem Antik-Griechischen und hat die Grundbedeutung von Rede, Wort, Äußerung, Ausspruch. »Was sprachst Du für ein Wort?«, heißt es des öfteren bei Homer; für ›Wort‹ steht dann nicht etwa Logos, sondern Mythos.

Mythos kann Erzählung, Mitteilung, Botschaft oder Kunde sein, dann aber auch Überlegung, Gedanke, Wahn, Rat oder

Vorschlag, und nicht zuletzt Gerücht, sagenhafte Erzählung, Fabel, Märchen. Ohne im einzelnen auf die Etymologie des Wortes einzugehen, seien die Hauptstufen seiner Bedeutung angeführt. Danach hat es seiner Wurzel nach zunächst den Sinn von Gedanke.[1] Solange nun ein solcher Gedanke im Bereich des Unausgesprochenen bleibt, also nur ein Vorhaben ist, eine Meinung, eine Idee oder irgendeine andere Form vager und allgemeiner Fixierung, findet er seinen Ausdruck im Wort »Mythos«.

Steht aber eine Erwägung an der Schwelle zur Äußerung, bewegt sich ein Gedanke im Umfeld seiner Formulierung, ohne daß er ausdrücklich reflektiert und präzisiert wird, ist er also gewissermaßen im Steinbruch innerer Anschauung oder bildhafter Orientierung, dann wird er mit dem Wort »Mythos« gefaßt. Der Akzent kann dabei einmal auf der mannigfachen Ausdrucksfärbung als Spruch, Sprichwort, Aussage, Gerede, Gespräch liegen, oder er ist auf eine besondere Form des Inhaltes gesetzt, wobei er außer von seiner eigenen Faktizität zunächst von der Behauptung der Wahrheit seines Inhaltes absieht. »Mythos« hat dann die Bedeutung von alter Geschichte, Sage, Märchen, Fabel, schließlich weitgehend von einer Geschichte, die von Göttern handelt, bzw. Gottheiten, die handelnd auftreten und in Beziehung zur menschlichen Geschichte gesetzt werden.

Das Wort »Mythos« aber läßt sich aus der Strukturierung seiner Bedeutung allein schwer identifizieren. Hilfreicher sind da Abgrenzungen zu benachbarten Wortfeldern, vorab zu »Epos«, »Ergon« und »Logos«. Steht ursprünglich »Mythos« als Gedanke, Inhalt einer Rede, eines Gesprächs im Gegensatz zu »Epos«, das ein bloßes Wort meint oder etwa den Klang einer Rede, so nähern sich im Laufe der Zeit die Wortbedeutungen einander und treten gemeinsam in Gegensatz zu ›Ergon‹ als Tat und Praxis.

Umgekehrt entwickelt sich das Verhältnis zu »Logos«. Hierzu tritt ›Mythos‹, eine anfängliche Verwandtschaft und Ursprungsbedeutung verlassend, mehr und mehr in Gegensatz. In Unterscheidung und in Absetzung zu Logos gewinnt Mythos ein dreifaches Bedeutungsverhältnis: 1. die märchen- oder wunderhafte Geschichte an der Grenze zur glaubhaften Erzählung; 2. die Mythos-Gestalt einer philosophischen Idee, bei Platon etwa die plastische Veranschaulichung des Metaphysischen; und schließlich 3. der volkstümliche Mythos, d. h. der Wahrheitskern, der aus dem ursprünglichen Geschichtenreservoir eines Volkes herauszulesen ist.

Doch so differenziert sich auch der erste Überblick über den Bedeutungskomplex von Mythos präsentiert, im neu aufgebrochenen Interesse an diesem Begriff herrscht der Sinn von Erzählungen, die mit der Selbstwerdung und Identifizierung einzelner Völker und Kulturen zu tun haben, vor. Es sind im systematisierenden Zublick moderner, anthropologisch orientierter Sozialwissenschaften diejenigen Traditionen, innerhalb derer eine Volksgemeinschaft ihren Ort in der Geschichte und in der Welt findet. Zugleich erhellt das diskursive Bemühen um diesen Begriff das Spannungsverhältnis des einzelnen Menschen zu der Gesellschaft, in der er lebt. Mythos ist dann eine Erzählung, die den Vorstellungsbereich des Menschlich-Alltäglichen transzendiert und den Erfahrungshorizont in symbolische Verlängerungen weitet, und steht darum in enger Verbindung mit dem gesamten kulturellen Komplex, der eben ausdrücklich auch Dichtung und bildende Kunst, Religion und Ritual, sowie jegliche Form politisch-gesellschaftlicher Legitimation umfaßt. »Der Mythos ist die ›feste Burg‹ oder, wie Hegel sagt, das ›gesicherte Asyl‹..., in dessen symbolischer Gewißheit die allgegenwärtige Tragik intersubjektiver Kollisionen und die Auflösung aller menschlichen Begebenheiten und Verhältnisse erst erträglich werden«[2], definiert Manfred Frank.

Zu Beginn der Präzisierung eines so komplexen Begriffes wie ›Mythos‹ ist es entscheidend, auch die Beziehung zwischen dem Subjekt, das den Begriff verwendet, und der Bedeutung, die dieses Wort anspricht, in Augenschein zu nehmen. Dies ergibt sich am ehesten aus der Unterscheidung zwischen ›Mythos‹ und ›Mythologie‹. Schon vom deutschen Sprachgebrauch her ist ›Mythologie‹ nicht etwa nur im Sinne der üblichen Sprachschöpfung mit dem Teilwort »-logos« die Wissenschaft vom Mythos, sondern ›Mytho-

logie‹ bedeutet zugleich auch die Gesamtheit der mythischen Über-
lieferungen aus der Vorzeit eines Volkes. Ein wichtiger Aspekt bei
›Mythos‹ ist also dessen Sammeln und Weitergabe. Mit anderen
Worten: konstitutiv für die Bedeutung von ›Mythos‹ ist das praktische Interesse daran. Und dies erfaßt nicht nur sein Erschaffen in
irgendeiner Vorzeit, sondern auch sein interessiertes Aufheben,
sein Sammeln und seine Weitergabe und gerade darin seine permanente Transformation. Während also ›Mythos‹ die Selbstartikula-
tion menschlichen Sinnverstehens in einem konkret geschichtlich
gewachsenen Umfeld ist, in dem der Mensch sich und seine Ordnungen legitimiert und reflektiert und darin eine für den Menschen
unumgängliche Konstante seiner Existenz darstellt, ist »Mythologie« die Artikulation desselben im Bilden, Sammeln und Weitergeben von ›Mythos‹. ›Mythos‹ und ›Mythologie‹ sind darum in eine
ursprüngliche Prozeßeinheit zusammengebunden; im Lichte des
jeweils analytischen »Logos« setzt sich der Mensch in der »Mytho-
Logie« engagiert mit dem »Mythos« auseinander. Weil Mythos
und Mythologie als Prozeß ursprünglich zusammengehören, ist
auch das Verhältnis von »Mythos« und »Logos« nichts Statisches,
sondern stellt sich als dynamischer Prozeß dar, in dem der Mythos
sich wandelt und die Kultur selbst wesentlich Geschichte wird.

MYTHOS UND VERNUNFT

Wenn der Begriff Mythos in der Umgangssprache einen schillernden bis anrüchigen Klang hat, dann hängt das mit der Bedeutungs-
variante des Nebulosen, Märchenhaften, frei Erfundenen zusammen. Im Rahmen einer in der Neuzeit immer stärker rational
argumentierenden Philosophie begegnet die Auseinandersetzung
mit dem Mythos in dem Gegensatzpaar »Logos« und »Mythos«.
Mehr und mehr hat die Reflexion im Zeichen des »Logos« das
griechische Wort »Mythos« als einen Ausdruck jenseits des Wissens und der Wissenschaft abgedrängt.

Das Gegensatzpaar Mythos – Logos wurde zuerst von den Sophisten aufgestellt. Hatte »Logos« von der ursprünglichen Bedeutung her etwas mit Aufsammeln und Aufzählen zu tun, macht sich also innerhalb dieses Sinns mehr und mehr das Reich der Zahlen und der Zahlenverhältnisse breit, so wird dieses Wort immer mehr zur Bezeichnung des Wissenschaftlichen und des Wissens, das auf Begründung und Beweis beruht. Davon setzt sich ein Wissen, das auf bloße Erzählungen zurückgeht, immer mehr ab. Zeigte Plato noch die Möglichkeit tieferer Interpretationen der Mythen auf und benutzte er mythische Bilder und Vorstellungen, um das auszudrücken, was jenseits der Vernunft und des Logos liegt, so ist es vor allem Aristoteles, der den Vorrang jedweden rationalen Denkens vor einer mehr dichterischen Wahrheit herausstellt. Er unterscheidet ›Mythos‹ von theoretischem Wissen und stellt vor allem gegenüber der ursprünglichen Plausibilität der Mythen die Reflexion des ›Logos‹ heraus, die vom Zweifel ausgeht und sich um Beweise bemüht. Nur so wird das Wahre gefunden, was dem »Mythos« mehr und mehr abgesprochen wird. Hans Georg Gadamer spricht im Blick auf die Entstehung der westlichen Zivilisation von drei Aufklärungswellen, in deren Folge die Zuordnung von Mythos und Logos immer mehr auseinanderdriftet. Neben der Aufklärungswelle der radikalen Sophistik im späten 5. Jahrhundert vor Christus ist es vor allem die Aufklärung des 18. Jahrhunderts, die im Rationalismus der französischen Revolutionsepoche ihren Höhepunkt fand, und schließlich die Aufklärungsbewegung des 20. Jahrhunderts, wie sie im Atheismus einer institutionellen Regierung in den modernen atheistischen Staatsordnungen ihre vorläufige Spitze erreicht hat.

Diese Tendenz hat die neuzeitliche These einer evolutionären Entwicklung von einem Zeitalter des Mythos zu einem des Logos hervorgebracht. Sie suggeriert die Erwartung, es sei nur noch eine Frage der Zeit, bis alles Wissen und alle Wirklichkeit dem rationalen Zugriff des Menschen offenstehe. Kein Geringerer als Max Weber hat in immer neuen Anläufen die Abkehr der modernen Welt von allen magischen und mythischen Orientierungen beschrieben und analysiert. In deren Folge sei denn auch die Sphäre persönlichen Handelns und Denkens immer stärker eingeengt worden. Wissenschaft und Fortschritt hätten sich zu legitimen Erben der überkommenen Formen religiöser und mythischer Weltorientierung gemacht. So sehr er auch um den Verlust wußte, den diese Entwicklung mit sich brachte, waren für ihn dennoch die traditionellen mythischen Formen der Weltorientierung inakzeptabel. Der einzelne habe sich demgemäß in einer Art intellektueller Aufrichtigkeit dieser Grundtatsache zu stellen, »daß er in einer gottfremden, prophetenlosen Zeit zu leben das Schicksal hat«.[3]

Wolfgang J. Mommsen bezeichnet Webers Position als eine Haltung, welche die Aufklärung ans Ende gebracht und den Horizont menschlichen Denkens von allen naiven Hoffnungen befreit und auf die emanzipatorische Kraft der Rationalität zurückgeführt hat. »Dies führte Weber schließlich zu einer Haltung, die, wiewohl prinzipiell die Partei der Rationalität ergreifend, doch die ganze Spannweite des Irrationalen, und damit auch aller Formen mythischen Denkens, systematisch als Teil möglicher Wirklichkeit einbezog.«[4]

Gerade die Zuspitzung des Verhältnisses von Mythos und Logos in einen Gegensatz, in dem im Zeichen des Logos der Mythos aufgehoben werden soll, hat sich in eine Sackgasse hineinmanövriert, an deren Ende sich die Einsicht vermittelt, daß durch die Negation dessen, was durch den Begriff »Mythos« abgedeckt wird, diesen Problemen nicht beizukommen ist. Nicht »Entmythologisierung« ist die Forderung der Stunde, sondern Transformation. Es geht darum, dem Mythos in der ihm eigenen Denkform gerecht zu werden, weil er dort, wo der Logos in seine eigenen Aporien stößt, verbindlichere Orientierungen anzudeuten imstande ist. So kommt es denn gerade auch auf dem philosophischen Sektor zu einer ausdrücklichen Anerkennung der Denkformen des Mythischen. Für Leszek Kolakowski gibt es gerade angesichts der Sackgasse, in die der Rationalismus geraten ist, eine Hinkehr zum Mythos. Diese ist geleitet von der Einsicht, daß in einer unmenschlich gewordenen Welt, die von technisch-wissenschaftlicher Rationalität beherrscht ist, Liebe und Tod etwa zu ungelösten und verdrängten Problemen geworden sind. Sowohl die ungebrochene Realität des Todes wie die Vergeblichkeit der Liebe machen die Fremdheit und Gleichgültigkeit der Welt sichtbar.

Das Mythische ist in der Sicht von Kolakowski eine Perspektive, in der die primären Merkmale der modernen Lebenswelt, nämlich Fremdheit, Gleichgültigkeit, Unüberschaubarkeit zu sekundären Merkmalen werden. Diese bewirken, daß »das empirische Sein ein eigenes Gewicht verliert, um als sekundäre Realität in Erscheinung zu treten, als Vermittler einer Chiffre, die von einer nicht-empirischen, mythischen, unbedingten Welt gesendet wird«.[5]

Zu einer stärkeren Differenzierung zwischen Mythos und Wissenschaft als unterschiedlichen Formensystemen kommt auch Ernst Cassirer. In seiner »Philosophie der symbolischen Formen«[6] stellt er dem Formensystem Wissenschaft das des Mythos gegenüber. Diese Konfrontierung soll nicht dazu dienen, das eine Formensystem dem anderen unterzuordnen. Vielmehr soll sich die Autonomie jedes dieser Systeme herausstellen. Gerade aus ihrer Wechselwirkung konstituiere sich die Kultur. Im Anschluß an diese Überlegungen entwickelt Cassirer einen Begriff von Mythos, den er auf alle kulturellen Gebilde (Symbolgefüge) ausdehnen kann, die nicht im strengen Sinn Wissenschaft sind.

Cassirer geht von einer universalen Theorie der Erfahrung aus, und zwar im Anschluß und in kritischer Weiterführung der Transzendentalphilosophie Kants. Dabei sieht er den Mythos als eine historische und anthropologisch bedingte Realität an und versucht, die Bedingungen der Möglichkeit seiner Existenz transzendentalkritisch aufzuhellen. Es geht ihm darum, nach der Einheit des geistigen Prinzips zu fragen, die sich in allen Gestaltungen des mythischen Bewußtseins durchhält. Das ist eine spezifische Weise der Objektivation von Welt, die nicht einfach durch die Wissenschaft überwunden werden kann, sondern in allen Alltagserfahrungen des Menschen und in seinem Alltagsleben fortwirkt. Der Mythos ist für Cassirer eine Lebensform, die mit der Lebenspraxis aufs engste verwoben ist. Er besteht mehr aus Handlungen als aus

Gedanken, Phantasien und Vorstellungen. Er ist also eine an die Lebensform gebundene »Dingform« und von deren historischem Gepräge jeweils konkret bestimmt. Gerade dadurch ist er von einem Vernunftbegriff getragen, der noch vor der analytischen Trennung von Technik, Wissenschaft, Kunst und Moral liegt. Er vereinigt kognitiv-instrumentelle, ästhetisch-expressive und moralisch-praktische Komponenten gleichermaßen.

In seinem Bemühen, die Charakteristika des Mythos herauszustellen, hebt Cassirer vor allem auf die Tatsache ab, daß sich in ihm eine bestimmte Form der Erfahrung interpretiert, in der die Vielheit der Dinge in eine Einheit hinein zusammengeschaut werden. »Der Mythos verharrt vor der Differenz von Schein und Wahrheit. Er kennt keine Unterscheidung von bloß subjektiv Vorgestelltem und wirklich Wahrgenommenem. Traumwelt und Wirklichkeit werden nicht streng auseinandergehalten. Leben und Tod sind ungeschieden ineinander. Zeichen und bezeichnete Sache werden nicht getrennt. Ritus und Kultus ahmen nichts außerhalb ihrer Liegendes nach, sondern sie sind das, was sie bezeichnen.«[7] Ein weiteres Kennzeichen ist das synthetische Denken der Mythologen, in dem alles mit allem in Beziehung gesetzt wird, in dem alles grundsätzlich voneinander abhängt und in die Gemeinschaft alles Lebendigen aufgehoben ist.

Im Mythos wird nach Ernst Cassirer der Gegenstand nicht durch Zurückführung auf seine Gründe begriffen, sondern es gibt nur die schlichte Ergriffenheit. »Im Mythos als ›Anschauungsform‹ vollzieht sich die ›Ur-teilung‹ in die zwei Welten des ›Heiligen‹ und des ›Profanen‹, im ›Mythos als Lebensform‹ die Entwicklung des ›Selbstgefühls‹ des Ich, das sich ›von allem dinglich Gegebenen‹ scheidet.«[8]

Daß im Mythos ein eigener Weg und ein eigener Zugang zur Wirklichkeit des Menschen und der Welt möglich wird, diese Aussage setzt voraus, daß man um Erkenntnisweisen weiß, die außerhalb des im rein methodisch-wissenschaftlich Eingegrenzten liegen. Ernst Cassirer jedenfalls hat in seiner »Philosophie der symbolischen Formen« innerhalb einer neukantianischen Philosophie einen Weg zur Anerkennung dieser außerwissenschaftlichen Formen der Wahrheit gebahnt. Danach gestaltet die mythische Vorstellungswelt die großen geistigen und ethischen Mächte des menschlichen Lebens und weist dem Menschen einen Weg zu einer Ordnung und Beherrschung seiner Wirklichkeit. Obwohl dieser Mythos in der Sicht Cassirers keine andere Ebene des Seins »vorgaukelt« als die der menschlichen Erfahrung, bildet er aber doch eine die Alltagswelt des Menschen regulierende Instanz. Freilich kommt dieser Aspekt in seiner praktischen Ausführung zu kurz.[9] Immerhin kann er aber als Orientierungsfaktor sowohl ein Element der Stabilisierung von Lebensformen wie auch von deren Veränderung sein.

Eine besondere Weise der Beziehung zwischen Logos und Mythos, genauer zwischen Mythos und Rationalität, zeichnet sich ab in der Position von Paul Tillich. Gegenüber der metaphysischen Theorie des Mythos etwa bei Schelling oder der erkenntnistheoretischen Position bei Cassirer setzt er die mythisch-realistische Theorie der Korrelation. Der Mythos, bei Tillich eher von seiner formalen Seite her gesehen, ist für ihn die Ausdrucksform für das Religiöse, genauerhin für den Offenbarungsinhalt. Danach ist im Mythos das aus Elementen der Wirklichkeit aufgebaute Symbol für das im religiösen Akt gemeinte Unbedingte. Der Mythos ist somit immer schon auf das unbedingt Reale gerichtet. Das Verhältnis von Mythos und Religion steht nun im Zeichen einer besonderen Rationalität, d. h. in einer eigentümlichen Dialektik. Während eine intellektualistische Auffassung der Religion dazu neigt, ihr Wesen im Mythos zu sehen, gibt es eine emotionale Auffassung der Religion, die auf wissenschaftliche und künstlerische Elemente im Mythos hinweist, welche mit Religion nichts zu tun haben. Der Mythos sei also für die Religion etwas Sekundäres. In der Sicht Tillichs sind beide Auffassungen eine Verkürzung der Sachlage. Vielmehr sei wichtig, eine Theorie der Korrelation zu entwerfen, die besagt, daß »jeder religiöse Akt auf einen religiösen Gegenstand bezogen ist, und religiöser Gegenstand nur das im religiösen Akt Gemeinte ist.«[10]

Das rationale Element in diesem korrelativen Verhältnis von Religion und Mythos besteht in einem Protest gegen den Mythos, der der Religion immanent ist. Immer wieder wird er aus prophetischer Sicht erhoben. »Die im Mythos enthaltene Vergegenständlichung des Göttlichen in Raum, Zeit und Menschenbildlichkeit wird von der prophetischen Frömmigkeit bekämpft, von der mystischen überboten, von der philosophischen als unwürdig und widersinnig dargetan. Die Korrelation (...) scheint von der Religion selbst zerbrochen zu werden.«[11] Doch die prophetische Kritik am Mythos hebt diesen nicht auf, und er bleibt auch nach der Kritik bestehen. Somit bleibt auch die Korrelation von Religion und Mythos aufrechterhalten, wenngleich in neuer Weise. Das ist der besondere Kern des Mythos, das Göttliche, welches das Unbedingte zu erfassen gibt, das aber nur anschaubar wird in Symbolen, welche als solche raum-zeitlichen Charakter haben. »Der Mythos ist überwunden, aber die mythische Substanz ist geblieben (...) Anstelle des ungebrochenen ist der gebrochene Mythos getreten, gebrochen durch das Bewußtsein um die unbedingte Transzendenz des Göttlichen. Vom Standpunkt des ungebrochenen Mythos aus muß die Religion gegen den Mythos protestieren, und vom Standpunkt des gebrochenen Mythos aus ist das Mythische ein Element aller Religion, ist Mythos religiöse Kategorie.«[12]

Von hier aus gesehen ergibt sich eine neue Verhältnisbestimmung von Mythos und Wissenschaft. »Je mehr die Wissenschaft sich auf sich selbst zurückzieht, je mehr sie die Welt vergegenständlicht und rational durchdringt, desto mehr drängt sie das mythische Element in den Hintergrund. Ihr Ziel ist eine unmythische Weltanschauung (...) Aber ihrem Bemühen ist eine absolute Grenze gesetzt: in jedem Ding ist ein Element ›Sein‹, ein Unauflösliches, Urgegebenes, eine Mächtigkeit, die auch in der rationalsten Durchdringung noch aufleuchtet, die den mythischen Hintergrund des Erkennens zeigt und die Verbindung mit dem mythischen Element der Religion ermöglicht.«[13]

Der »gebrochene Mythos« bei Tillich überwindet also das wörtliche Fürwahrhalten und stellt in seiner Gebrochenheit genau die

Form dar, die vom Standpunkt eines vernunftbezogenen Denkens aus allein möglich ist. Der »gebrochene Mythos« bleibt aber Mythos, denn außerhalb des Mythos gibt es keine Möglichkeit, nicht-eingrenzend und von vornherein verkürzend von den Grundfragen des Menschen zu sprechen. Die ganze Wirklichkeit des Menschen ist nur zugänglich in mythologischen und symbolischen Begriffen. Darum muß auch der moderne Mensch neben seinem rationalen Wissen und seinen wissenschaftlichen Methoden über ein Reservoir mythischer Bilder und Anschauungen verfügen. Nicht »Mythos oder Vernunft« heißt die Devise, sondern »Mythos und Vernunft«. Erst ein Zusammenwirken beider Komponenten des menschlichen Geistes garantiert dessen Überleben und sein Überdauern.

Die Defensive, in die der Mythos in seiner philosophischen Verhältnisbestimmung gegenüber der Vernunft geraten war, hat Johannes Heinrichs vollends aufgehoben. Im Rahmen seiner philosophischen Semiotik, in der er in umfassender Weise die menschlichen Sinnprozesse analysiert,[14] versteht er Mythos als eine Form, in der Sinngehalte ›transportiert‹ werden können, um sie auf einer breiten Basis kommunikabel zu machen.[15] Der Mythos ist ihre allgemeinverständliche Darstellungsform und unterscheidet sich von begrifflicher Philosophie und Theologie einerseits wie von meditativer und kultischer Praxis andererseits. In allen diesen Formen geht es um die Explikation eines umfassenden Sinnes. In ihm wird alles Erscheinende potentiell als ein Zeichen des absolut unbedingten Sinns verstanden, indem das reflektierende Subjekt nicht nur aktiv eine individuelle Sinnerfahrung ausdrückt, sondern selbst zum Sinnmedium, zum »Spiegel für Sinn als ein Anderes, Unverfügbares«[16] wird, das als solches allgemein verstehbar wird.

»Nicht wohlausgedachten Mythen sind wir gefolgt und haben euch so die Macht und Ankunft unseres Herrn Jesus Christus kundgetan, sondern wir waren Zeugen seiner Erhabenheit geworden« (2 Petr 1,16).

Dieser Satz aus dem Neuen Testament macht deutlich, daß auch die Beziehung des christlichen Glaubens zum Komplex des Mythos zumindest ambivalent ist. Jedenfalls gibt es eine Reihe von Formulierungen im Neuen Testament und in den frühchristlichen Schriften, die auf einen Gegensatz zwischen Mythos und christlicher Botschaft hindeuten. Wie Heinrich Schlier herausstellt, hat man ihr von Anfang an offenbar vorgeworfen, sie trage Mythen vor. »Von Anfang an hat man diesen Vorwurf aber auch zurückgewiesen, und zwar im deutlichen Bewußtsein des qualitativen Unterschiedes zwischen Mythos und Heilsgeschehen.«[17] Modern ausgedrückt ließe sich formulieren, daß es eine Sinnvariante des christlichen Glaubens ausmacht, dem evolutionären Modell der Aufhebung des einen in das andere zu huldigen, weil in ihr geglaubt wird, daß sich am Ende der heidnische Mythos in das Licht des christlichen Logos aufheben ließe. Doch mehr und mehr hat sich auch im Christentum eine andere Sinnvariante durchgesetzt, die von der These einer komplementären Zuordnung dieser beiden Sinnelemente ausgeht, ja mit Bezug auf den Inhalt den höheren Rang des Mythos vor einem rational verstandenen Logos herausstellt. Der evolutionären Zuordnung ist das heiß umstrittene und heftig diskutierte Programm der Entmythologisierung von Rudolf Bultmann zuzuschreiben. Nach ihm ist »das urchristliche Denken ganz vom Mythos beherrscht (...) Es stammt zum größten Teil aus alter mythologischer Tradition, die jetzt mit neuem Sinn belebt wird«.[18]

Bultmann erkennt also richtig, daß das mythologische Weltbild eine selbstverständliche Voraussetzung des urchristlichen Denkens ist. Als Mythologie gilt ihm dabei jede Art von Rede, »die beansprucht, vom Handeln jenseitiger Mächte zu reden als von einem Handeln, das in der dem objektivierenden Blick vorliegenden Welt beobachtbar, konstatierbar ist«.[19] Und in diesem Licht wurden die neuzeitlichen Autoren und auch die Gestalt Jesu mythisch interpretiert, wobei der Mythos hauptsächlich dazu diente, Jesu Gestalt ins Göttliche zu steigern.

Dieses mythologische Weltbild sei aber – so Bultmann – unter den Bedingungen der Neuzeit nicht mehr akzeptabel und vertretbar. Dennoch aber besitze die Verkündigung des Neuen Testaments eine Wahrheit, die von dem für den modernen Menschen veralteten und unannehmbaren mythischen Weltbild unabhängig ist. Um zu diesem Kern zu gelangen, müsse die christliche Verkündigung entmythologisiert werden. Dieses betreibt er mit einer kompromißlosen Bibelkritik unter dem Postulat einer einheitlichen und wissenschaftlichen Weltanschauung mit einer naturwissenschaftlichen Rationalität und unter dem Einfluß der Existentialphilosophie Martin Heideggers.

Die Diskussion um Bultmanns Entmythologisierungsprogramm ist schier unübersehbar geworden.[20] Doch hat sich im Ergebnis eine neue positive Verhältnisbestimmung des ›Logos‹ zum ›Mythos‹ ergeben, die der Heidelberger Theologe Hermann Timm in die folgende Formulierung bringt: »Die tonlose Eindimensionalität der Entmythologisierung resultiert (...) aus einer Angleichung der Glaubensreflexion an die experimentalwissenschaftliche Rationalität. Der Vorteil ist groß. Er besteht darin, daß die entweltlichende Offenbarung und die verweltlichende Wissenschaft sich gegenseitig durch ihre gänzliche Inkommensurabilität abstützen... Aber der Preis ist nicht minder hoch, nämlich eine extreme Dissoziation des Ästhetischen und des Religiösen. Und damit kann eine Epiphaniereligion wie das Christentum auf Dauer nicht bestehen. Deshalb die überfällige Re-mythologisierung im Interesse einer breiteren, mehrdimensionalen Wahrnehmung der Glaubenswelt.«[21]

Diese Einsicht, die sich mehr und mehr als eine sententia communis in der Auseinandersetzung durchsetzt, führt zu einem anderen Modell der Verhältnisbestimmung von Mythos und Religion, nämlich einem kommensurablen, dialektischen.

Nach dieser Verhältnisbestimmung ist am Mythos seine allgemeine Form der Sinnreflexion von seinem religiösen Gehalt zu unterscheiden. Während im evolutionären Modell der Verhältnisbestimmung der Mythos lediglich eine Vorform wissenschaftlicher oder metaphysischer Welterklärung ist, die dann durch andere Wissensformen überwunden wird, besteht nach dem Korrelationsmodell ein ständiges Wechselverhältnis vom Allgemeinen zum Besonderen. Danach ist der Mythos eine lebendige, anschauliche und ereignishafte Vorstellung vom Göttlichen und dem davon ausgehenden Verhältnis zur Welt und zum Menschen. In ihr gibt sich zu »erkennen«, was im Grunde alles Erkennen und Begreifen übersteigt. »Jetzt schauen wir nur wie in einen Spiegel und sehen rätselhafte Umrisse, dann aber schauen wir von Angesicht zu Angesicht. Jetzt erkenne ich unvollkommen, dann aber werde ich durch und durch erkennen.« (1 Kor 13,12)

Den Aspekt des Ereignishaften und des lebendigen Vollzugs in der Mythologie verdeutlicht die Analyse der Sinnprozesse von Johannes Heinrichs. Er hat eine Präzisierung der Unterscheidung von Form und Gehalt beim Mythos eingebracht. Geht es inhaltlich darum, den umfassenden Sinn, das Unbedingte, das Religiöse begreifbar zu machen, so besteht seine Form in seinen geschichtlichen Erscheinungsweisen als Sagen, Erzählungen, Märchen, Symbolen, Bildern, mit denen er in die allgemeinen Kommunikationsstrukturen einer konkreten Kultur hineinreicht.

Doch diese Inhaltlichkeit vermittelt sich nur in einem weiteren formalen Strukturmoment, nämlich in der Gegenläufigkeit von Subjekt und Sinn im Vollzug. Was damit gemeint ist, läßt sich aus der Unterscheidung von Kunst und Mystik als Sinnprozesse verdeutlichen. Heinrichs faßt Kunst nicht als »schönen Ausdruck«, sondern als eine besonders intensive Form von Ausdruckshandeln. Mit Hans Wagner versteht er die Kunst als »Selbstbeziehung des Subjekts auf sich als leidendes, zerrissenes und unglückliches Bewußtsein. Sie hat Reflexionsstruktur, ist aber nicht theoretisch denkende Reflexion. In der Selbstbeziehung des Subjekts auf sich, welche Kunst heißt, wird das leidende, zerrissene und unglückliche Bewußtsein des Subjekts nicht Gegenstand theoretischen Bedenkens, sondern Gehalt der Äußerung, Gegenstand der Einbildung und zuletzt der Darstellung.« Dieses Ausdruckshandeln der Kunst ist aber nun ein Handeln mit transsubjektiver Reflexion, es ist ein Metahandeln. Die Kunst weist im Vollzug ihres Produzierens und Rezipierens zwar eine übersprachliche Reflexionsstruktur auf, doch kreist sie gewissermaßen immer noch stark um das Subjekt.

Dagegen zeichnet sich der Sinnprozeß der Mystik durch eine Geläufigkeit des Wirkens von Subjekt einerseits und Sinnmedium menschlicher Vollzüge (in seiner Allgemeinheit und Unbedingtheit) andererseits aus.[22] Sie besteht in der Gegensatzeinheit von Aktivität und Passivität, von Spontaneität und Rezeptivität, von Setzen und Voraussetzen des Sinns. Dieses formale Element der Gegenläufigkeit, das für den Inhalt des Mythos konstitutive Bedeutung hat, ist aber wieder nur dann kommunizierbar, wenn es an gesellschaftlich tradierte und verteilte Mythen gebunden ist, an denen sich das religiöse Interesse festmachen kann, d. h. es ist an vorgegebene syntaktische Muster, Erzählungen, Begriffs- und Bildformen gebunden, wie sie sich in den Mythen tradieren.

Nun bilden allerdings die religiöse Erfahrung der Mystik und der Ausdruck dieses spirituellen Geschehens ein Gegensatzpaar, das sich ausschließt. »Ausdruck« hat mit Aktivität, mit Gestalten und Formulieren zu tun; »Mystik« mit Schweigen, gestaltloser Anschauung, bewegungslosem Versunkensein. Dort jedoch, wo sich eine spirituelle Erfahrung sozusagen aus dem Schweigen ›herabläßt‹ in die Sprache, die künstlerische Schöpfung, den Aus-druck, dort gibt sie sich in eine Form, in der das Unbedingte, das ganz Andere sichtbar und verstehbar wird. Genau das macht ja die Sinnspitze des Mythos als einer allgemeinen Form des Religiösen aus, daß sie diesen mystischen Gehalt mitteilt.

Im Lichte einer solchen Zuordnung von mythischem Gehalt und rational verantworteter Mythologie ist es für den Theologen nicht mehr problematisch, mythische Elemente in der biblischen Vorstellungswelt zu identifizieren. Dazu gehören im Alten Testament nicht nur eine Reihe von Vorstellungen der kanaanäischen Religion, wie sie mit den Kultstätten und deren Lokallegenden zusammenhängen, sondern auch die Formen und Bilder von himmlischen Zwischenwesen, von bösen Geistern und anderen synkretistischen Bewegungen, die immer wieder von einer puritanischen und prophetischen Richtung kritisiert wurden. Oft war die Übertragung mythischer Motive etwa auf Jahwe in der Wirkung gleichbedeutend mit einer Entmythisierung. Ähnlich ist es auch im Neuen Testament. Auch hier können als mythische Vorstellungen festgemacht werden: Himmel und Hölle, gute und böse übernatürliche Mächte, eschatologische Zukunftsvisionen, kosmische Erlösungserwartungen; aber auch viele Einzelheiten im Leben Jesu tragen mythologische Züge, so etwa die Kindheitsgeschichten, die Berichte von der Taufe, der Versuchung, der Auferstehung und der Himmelfahrt.

Heinrich Schlier hat die im Grundsätzlichen positive Verhältnisbestimmung von Mythos und christlichem Glauben auf einen entscheidenden Punkt gebracht, und zwar auf den der Geschichte. Während der Mythos als Form eigentlich keine geschichtlichen Ereignisse kennt, sondern nur ein symbolisches Geschehen verkündet, das in der zyklischen Zeitvorstellung einer immer gleichen Präsenz dominiert, hebt es die christliche Verkündigung in ihrem linearen Zeitverständnis auf das geschichtliche Ereignis der Auferstehung Jesu Christi, des Gekreuzigten, von den Toten ab. Die Auferstehung ist das »eschatologische Ereignis des realen Durchbruchs der Person Jesu Christi durch den realen Tod, der Aufgang Jesu Christi in das den Tod transzendierende und so erschöpfende reale Leben (...) Die Auferweckung Jesu Christi von den Toten vollendet als reales Ereignis das reale Geschehen des Kreuzes und offenbart es auf diese Weise in seinem wahren, unverdeckten Wesen.«[23]

In diesem Sinn spricht Schlier dann auch von einem Mythos, der an sein Ende gebracht worden ist, ein Mythos, dessen Verheißungsdimension als natürliche Offenbarung in Jesus Christus seine

Erfüllung gefunden hat. Die Anschaulichkeit des Mythos als eines seiner formalen Merkmale geht in die unüberbietbare Anschaulichkeit der Erscheinung Gottes im konkreten Menschen Jesus und seiner Geschichte auf.

Religion und christliche Offenbarung sind also in dieser Sicht kein Gegensatz, vielmehr macht sie als vermittelnde Rede und Verkündigung vom Mythos als mythologischer Rede Gebrauch. »Die Offenbarung ist das Nein zum Mythos (in seiner inhaltlichen Form, F. M.), zu seiner undifferenzierten Verhältnisbestimmung des Göttlichen und Menschlichen im Sein und im Handeln. Im Bekenntnis des Einen und Dreifaltigen Gottes, in der Ablehnung der Götter und der Götterverehrung spricht die Offenbarung die absolute Souveränität und Freiheit Gottes gegenüber der Welt aus und beschreibt diese ganz unmythisch als Schöpfung.« [24]

Diese Mythologie differenziert sich zum geschichtlichen Prozeß bei Paul Tillich, wie bereits angedeutet wurde. Vom Standpunkt des »gebrochenen Mythos« aus ist jede mythische Rede von religiöser Relevanz. Sie ist eine »Formschöpfung«, in der sich die »innere Mächtigkeit und Bedeutsamkeit« des unbedingten Gehaltes zur Erfahrung gibt. Unter der Wirkung religiöser Formkritik verlieren die Formschöpfungen immer mehr ihre Offenbarungsqualität. »Die Offenbarung wird zu einer speziellen Wirkung der gottheitlichen Wesen, die sich vermittels des Offenbarungswunders vollzieht. Anstelle der immer gegenwärtigen Manifestation des Göttlichen tritt das Offenbarungsdokument, das seine Entstehung göttlicher Inspiration verdankt.« [25]

MYTHOS UND GESELLSCHAFT

Die vorstehenden Abgrenzungen haben sich im großen und ganzen auf der begrifflichen Ebene bewegt, sie operierten aus dem Selbstverstehen von Philosophie und Religionswissenschaft bzw. Theologie und nahmen von dorther Verhältnisbestimmungen zum Sinnbereich des Mythos vor. Dabei war der Gedanke leitend, dem Mythos im Verhältnis zu Vernunft und Religion sein Eigenrecht zu belassen und ihn nicht in den einen oder anderen Sinn hin aufzuheben. Es war eine Begriffsbestimmung durch Positionen von außen. Im folgenden geht es darum, den Sinn und die Notwendigkeit des Mythos aus gesellschaftlicher Rücksicht auszuweisen. Dabei ist eine verstehende Soziologie und eine phänomenologische Methode der Weg, der beschritten wird. Das mythologische Denken wird sich hier als ein Element gesellschaftlicher Sinnfindung erweisen. Dies soll in kritischer Auseinandersetzung mit der Wissenssoziologie, vor allem mit der Position von Thomas Luckmann, geschehen. Er selbst steht in einer geistesgeschichtlichen Entwicklungslinie, für die die Titel »interpretative Soziologie«, »Funktionalismus« und »Sozialphänomenologie« ebenso charakteristisch sind wie die Namen Max Weber, Emile Durkheim, Edmund Husserl, Alfred Schütz, George Herbert Mead u. a.

Ausgangspunkt der Überlegungen sei die Frage nach den Beziehungen zwischen dem einzelnen und der Gesellschaft, in der er lebt. Sie gilt es, soziologisch zu erhellen und zu erklären. Im groben Überblick stellen sich gleich zwei Beobachtungen ein, die sich anscheinend ausschließen: Ohnmacht und Souveränität. Ohnmacht – insofern gesellschaftliche Regelungen und Fakten die Freiheit des einzelnen empfindlich beschränken und einschneidend brechen; Souveränität – insofern alles gesellschaftlich Gegebene vom Zusammenwirken einzelner abzuhängen scheint.

Was den Ohnmachtsaspekt betrifft, so ist es eine beschreibbare Tatsache, daß die Gesellschaft dem Menschen in Form einer Fülle von sozialen Tatsachen vorgegeben ist, ein festgefügtes Ganzes mit Institutionen, Organisationen, gesetzlichen Regelungen, aber auch mit Sitte und Ordnung, mit einem konkreten Wert- und Normgefüge. Dies sind nur einige der »harten« gesellschaftlichen Tatbestände, an denen der einzelne seine Begrenzungen findet. Sie haben einen Charakter von eigener (objektiver) Wirklichkeit, und kein Geringerer als der große französische Soziologe Emile Durkheim betrachtete es als die erste und grundlegendste Regel in der Soziologie, »die soziologischen Tatbestände wie Dinge zu betrachten«, was soviel heißt, daß eine abstrakte und geistige Wirklichkeit mit den Mitteln einer positiven Wissenschaft erfaßt werden soll.[26]

Zieht sich der Mensch angesichts dieser Realitäten nicht schmollend in seine eigene Ohnmacht zurück, sondern fragt nach den Gründen derartiger Gegebenheiten, dann kann sich ihm der Aspekt schnell ändern, denn er wird mit Max Weber erkennen, daß die sog. »harten Realitäten« der Gesellschaft einem Sinnzusammenhang entstammen, der als solcher das Resultat menschlichen Handelns ist.[27]

Die Gesellschaft wird also nicht nur als eine objektive Gegenständlichkeit gesehen, sondern zugleich auch als der Raum subjektiver Aktivität. Im Unterschied zu Durkheim macht es für Max Weber das Ziel soziologischen Denkens aus, den Sinnzusammenhang des menschlichen Handelns zu erfassen. Eine solche Position kann sich u. a. auf die konstitutionelle Anlage des Menschen zum Handeln berufen, besteht sie doch in der grundsätzlichen Herausforderung, den ständig unvorhersehbaren Umständen des Alltags zu begegnen. Es sind Umstände, die der Mensch in der »unendlichen Mannigfaltigkeit der offenen Welt antrifft, und die er in freier Erfindungskraft und Beweglichkeit nach sich, seinen Interessen und Bedürfnissen hin umarbeitet.«[28]

Die Frage, die sich angesichts der Gesellschaft als Ganzheit aus objektiven Tatbeständen und als ein Resultat subjektiver Aktivität und Spontaneität ergibt, ist die nach ihrer Möglichkeit und ihren Bindungen. Konkret wird gefragt, wie es möglich ist, daß subjektiv gemeinter Sinn zu objektiver Faktizität wird. Zur Beantwortung sei die Frage auf die Ebene des Wissens und der Bewußtseinsanalyse gehoben. Sie erschließt sich im Licht der Wissenssoziologie als eine Zweiheit von gesellschaftlich begründetem Wissen und Handeln. Im Rahmen dieser Analyse wird sich der gesellschaftliche Ort des Mythos, der Religion und der Kunst bestimmen lassen und sich deren Funktionen in der Gesellschaft wie für das Bewußtsein des einzelnen erschließen.

Wenn es darum geht, das Verhältnis des einzelnen zu seiner

Gesellschaft, die ihn umgibt, zu bestimmen, ist mit dieser Frage der Sinnraum des Menschen abgesteckt, den er mit seinem Handeln ausfüllt. Im Handeln erschließt sich der Zusammenhang des Menschen mit seiner Natur und seiner Umwelt. Nicht erst seit der Verhaltensforschung und seit der neuzeitlichen Kulturanthropologie erweist sich das Handeln als »das eigentlich ausschlaggebende menschliche Schlüsselphänomen«.[29]

Wie man das Handeln auf den Begriff bringen und zumindest in einer ersten Annäherung zu bestimmen suchen kann, so läßt sich – kulturgeschichtlich – sagen, daß sich in ihm der Mensch in der ihm vorgegebenen Natur einfindet und diese zu »seiner« Natur, zur Kultur umwandelt. Doch ist eine solche Bestimmung des Handelns als Ausgleich »organischer Bedürftigkeit« noch zu verkürzt. Sie beschreibt zwar die Stellung des Menschen zu seiner Umwelt, aber sie macht noch keine Angaben über seine Stellung in der Welt überhaupt. Über die bloße Bewältigung der Probleme aus der nächsten Umwelt hinaus ist das Handeln ein allgemeiner menschlicher Grundvorgang der Kommunikation, der geistiges Werden und Sein überhaupt ermöglicht. Im Handeln hat jeder geistige Vorgang des Menschen seinen Grund; es umschließt nicht nur das technische Tun, sondern auch das Denken und jede Form von geistiger Tätigkeit. Es hat darum nicht nur eine subjektive Dimension, sondern auch eine soziale, da es immer auch auf das Handeln und Verhalten anderer bezogen ist und sich an diesem orientiert. Genau das ist es, was mit Max Weber die Sinnbezogenheit des Handelns ausmacht.[30]

Dieser Sinnbezug verweist auf ein anderes Grunddatum des menschlichen Handelns, nämlich das Wissen, das die Handlung leitet. Wir tun ja gewöhnlich etwas, nachdem wir uns zuvor ein »Bild« von dem gemacht haben, was wir mit unserem Handeln anstreben. Wir machen uns eine Zielvorstellung, und wir sehen diese in ihrer Beziehung zu dem Impuls zu unserem Alltag, der uns zu diesem realen Handeln anhält. Es stehen uns zur Erreichung eines Zieles verschiedene Wege zur Verwirklichung zur Verfügung, aber wir wählen dann einen aus. Schließlich handeln wir.

Die soziale Dimension des Menschen wird auf der Basis der beiden Grunddaten Wissen und Handeln in einem geschichtlichen Rahmen geschaffen. Der Mensch macht seine Erfahrung, theoretisiert sie in Wissen, hebt sie sozusagen damit auf, um sie dann bei Gelegenheit in ein neues Handeln umzusetzen. In diesem Vorgang, in dem der Mensch seine praktischen Erfahrungen typisiert, habitualisiert und institutionalisiert, konstituiert er ein Zweifaches: die praktische Einrichtung (als Verhaltenstypisierung oder Institution) und die ›Logik‹ derselben, d. h. ihr Erklärungswissen. Im Augenblick der Entstehung einer durch Erfahrung erwirkten Wissensform besteht ein direkter Zusammenhang zwischen dem Handeln und dem Wissen davon. Doch geht dieser meist im Verlauf der weiteren Geschichte verloren. Die Herkunft und Begründung einer Erfahrung wird vergessen. Dann besteht nur noch die ›dumpfe‹ Präsenz des Wissens; es ist ein konvertierbares ›know-how‹. Sie tritt dem Menschen als sedimentierte Wissensform entgegen, und er kann bzw. er muß sie als ein Faktum entgegennehmen.

Um eine solche Annahme zu erleichtern, lagert sich um solche Wissensformen eine andere, nämlich eine ›Erklärung‹. Sie ist nachträglich produziert. Ihr Sinn besteht vornehmlich darin, deren Vorhandensein zu rechtfertigen. Das geschieht dann zumeist durch sachfremde Erklärungen, wie etwa die Verankerung der politischen Herrschaft im Willen Gottes oder in naturhaft notwendiger Funktionalität. Das Bewußtsein von der menschlichen Herkunft solcher Erklärungen geht dann dabei oft verloren. Deshalb wird in solchen Fällen auch oft von Verdinglichung gesprochen.

Das Wissen läßt sich nun klassifizieren und strukturieren. Man unterscheidet erklärendes Wissen und rechtfertigendes Wissen. So lagert sich z. B. über den Gegenstand etwa einer Fahne das erklärende Wissen ihrer Farbaufteilung und Struktur, sowie das rechtfertigende Wissen als Symbol einer Nation. Über die traditionelle Rolle des Vaters lagert sich das erklärende Wissen um seine Funktion in Ernährung und Erziehung etwa, wie das rechtfertigende Wissen um seine Autorität, die am Ende auch religiös abgestützt sein kann.

Wo Institutionen und sonstige gesellschaftlich konstruierte Verhaltensschemata und Typifizierungen nachfolgenden Generationen weitergegeben werden müssen, spätestens also bei der Sozialisation, bedürfen solche gesellschaftlichen Einrichtungen der »Erklärung« und »Rechtfertigung«. Sie müssen die »Sinnhaftigkeit« von Institutionen ›einsichtig‹ machen, damit sie vom einzelnen Individuum übernommen werden können. Solche Legitimationen breiten sich in Form von kognitiven und normativen Interpretationen sozusagen schützend über die Institution.

Auf der obersten Stufe finden wir mythologisch gefaßte Sinngehalte, welche die verschiedensten Wissensbereiche in eine Einheit integrieren. Während nun auf den unteren und mittleren Stufen sich das Wissen in der Alltagserfahrung des Handelns und des Zusammenlebens mit anderen als plausibel ergibt, sind die Sinnwelten in Bereichen verankert, die außerhalb des Erfahrungsbereiches gründen. Sie stellen ein mythologisches, sinnweltliches Bezugssystem dar, das einen Erklärungsrahmen für alle möglichen Situationen menschlichen Lebens abgibt. Jedes Ereignis bekommt durch diesen Rahmen seinen Stellenwert, selbst das Marginale. Durch einen solchen Bezugsrahmen ›wird die Welt verstehbar‹, weil jetzt alles innerhalb eines Horizontes ablaufen und vorkommen kann.

Auf die Notwendigkeit einer derart einheitsstiftenden Reflexion hat in anderem Zusammenhang schon Immanuel Kant hingewiesen, und zwar in seiner Konzeption des ›Ich denke‹: »Daß ich denke, muß alle meine Vorstellungen begleiten können; denn sonst würde etwas in mir vorgestellt werden, was gar nicht gedacht werden könnte, welches ebensoviel heißt, als die Vorstellung würde entweder unmöglich, oder wenigstens für mich nicht sein.«[31]

Diese einheitsstiftende Reflexion, das ›Ich denke‹, bindet also die Vielfalt nebeneinander liegender oder sogar auseinander strebender Wissensbereiche in eine Einheit zurück, bzw. holt sie in einem alles Wissen überhaupt überspannenden Wissen ein. Dies geschieht unter verschiedenen historischen Bedingungen und gestaltet sich in einer mythologischen und religiösen Vorstellungswelt, einem ›heiligen Kosmos‹, in dem die Zusammenschau ihre konkrete Gestaltung findet. Sie überlagert die gesamte gesellschaftliche Wirklichkeit und durchsetzt mit ihren Bildern, Symbolen und Chiffren mehr oder weniger alle anderen Detailbereiche. Unter anderem dient sie zumeist auch dazu, die bestehenden sozialen und politischen Verhältnisse zu sanktionieren und zu legitimieren.

Thomas Luckmann hat diese allgemein sinnstiftende Funktion als Religion begriffen. »Religion (ist) allgemein nur nach ihrer Funktion für den Menschen bestimmbar, welche Form sie historisch auch annehmen mag.«[32] Die »Transzendenz der biologischen Natur« macht für ihn das religiöse Phänomen aus. Er meint damit die Person- und deshalb Menschwerdung des einzelnen. An dieser These hat sich eine Auseinandersetzung um das substantielle Element im Religionsbegriff entzündet. Luckmann hat sich dabei mit seiner rein funktionalen Betrachtung nicht durchsetzen können.[33] Vor allem konnte er nicht überzeugend den Unterschied zwischen der allgemeinen Form der Weltansicht und der Religion dartun. Dieser Schwierigkeit ist er aber enthoben, wenn er nicht Religion, sondern Mythologie mit der übergreifenden Sinnreflexion einer Gesellschaft identifiziert. Und dann wäre nicht Religion, sondern Mythos »etwas Objektives, nämlich ein versprachlichtes, verstehbares und mittelbares Formwerk, vermöge dessen der einzelne zur Person wird, an dem er sich als handelndes, als politisches Wesen orientiert, und an dem er den Sinn seines Einzeldaseins ablesen kann«.[34] Religion ist dann nämlich wieder bei ihrer Sache, sie ist der Aspekt der transzendenten Verwiesenheit gerade inmitten seines Konstruierens von Sinn. In ihr weiß sich der reflektierende Mensch als Handelnder verwiesen auf ein anderes, sei es das ganz Andere, sei es etwas Transzendentes, sei es ein allgemeiner Grund, sei es ein persönlicher Gott. Sie führt von einer dialektischen Lösung der Subjekt-Objekt-Problematik zu einer dialogischen. Mythologie ist dann Selbstvollzug des Menschen und Vollzug der objektiven Wirklichkeit der Gesellschaft im dialektischen Zueinander. Religion thematisiert in diesem Zueinander ›das Andere‹ als das, auf das sich der Mensch dialogisch verwiesen erfährt. Mythologie ist Selbsttranszendenz im Prozeß dialektischer Wirklichkeitsbewältigung als Sinnvollzug. Religion ist eine spezifische Form dieser Selbsttranszendenz, und zwar im mystischen Prozeß dialogischer Wirklichkeitsbewältigung.

Geschichtliche Formen solcher gesellschaftlicher Sinnwelten sind also Mythen, Religionen, politische Orientierungssysteme, wissenschaftliche Methodologien oder wissenschaftliche Weltbilder. Sie anzunehmen bzw. sie kritisch aufzugreifen, bedeutet, zu ihnen eine Beziehung herzustellen, und das heißt: für das subjektive Erleben Sinn zu konstruieren. Sinn konstituiert sich (auch soziologisch gesehen) da, wo eine (empirische) Einzelerfahrung mit einer (nicht-empirischen) Symbolwelt kombiniert wird. In dem Moment ist eine Erfahrung sinnvoll, wo sie in einen Bezug zu einem Schema gesetzt wird. Dann ereignet sich ein (ontologisches) Bejahen eines Vorkommnisses. Diese Bejahung ist Sinnerfahrung. Der subjektive Aufbau seines persönlichen Wissens beruht für den Menschen teils auf gesellschaftlicher Vermittlung, teils aber auch auf eigener Leistung. Der Mensch ist da Person, wo er diese subjektive Gestaltung aktiv in die Hand nimmt bzw. passiv mitvollzieht. Dies geschieht vornehmlich im intersubjektiven Erfahrungsaustausch und Lebensvollzug. In diesem Zusammenhang bezieht er Stellung zu einem intersubjektiven Bezugsystem und in einem solchen. Damit statuiert er sein Ich und seine Freiheit. Er handelt innerhalb dieses Rahmens und kann zur Verantwortung gezogen werden; denn erst ein derart intersubjektiv geteiltes System macht Verstehen möglich und sinnvoll. In diesem Sinne ›bindet‹ sich das Ich an seine soziale Umwelt und gewinnt zugleich die Eigenständigkeit seiner Freiheit, was seine Identität ausmacht.

Während nun in archaischen Gesellschaften eine weitgehende Überlagerung zwischen einer herrschenden Weltdeutung und dem Verhalten der Bevölkerung kennzeichnend ist und die einzelnen Personen sozusagen in einer überschaubaren Totalität stehen, liegt bereits bei den traditionellen Hochkulturen eine erste Ausdifferenzierung vor. Teilbereiche beginnen auseinanderzutreten und verlieren mehr und mehr den Zusammenhang, was z. B. für die Wirtschaft und Politik gilt. Doch war in solchen Hochkulturen der theoretisch monopolisierte Verarbeitungs- und Deutungskomplex noch etwa in den nationalen Mythologien intakt. Mit ihrem Einfluß konnte der Prozeß der Ausgliederung gesellschaftlicher Teilbereiche auch weitgehend zurückgehalten werden, bis ihr Auseinanderfall schließlich zu einem Charakteristikum der Neuzeit wurde. Das Christentum verlor dabei mehr und mehr seine Kraft zur Integration. Der moderne Kapitalismus, der Nationalstaat und die selbständigen Universitäten sind nur die augenfälligsten Erscheinungen dieser Entwicklung. Staat und Wirtschaft, aber auch Wissenschaft und Kultur befreiten sich zunehmend von der religiösen und mythologischen Weltdeutung. Die gesellschaftlichen Sektoren regelten ihre Bereiche durch ›eigene‹ Reflexion, die so meist dem Typ der zweckrationalorientierten Normen verpflichtet waren. Der Differenzierung der Gesellschaftsstruktur lief somit die des Deutungswissens parallel. Der mythologische Kosmos wurde gesprengt und fiel in nur noch lokal bedeutsame Einheiten auseinander. Eine Alternative trat nicht auf. Einstweilen deutet ein jeder sein Reich selbständig. Die politischen Richtungen entwerfen Grundsatzprogramme, verantwortungsbewußte Wissenschaftler treffen sich in »Clubs« (wie in dem von Rom), Kirchen halten ihre Synoden und Konzilien, und Künstler, die sich für diese Entwicklung einen Sinn bewahrt haben, versuchen sich als »individuelle Mythologen«. Alle haben sie das gemeinsame Ziel einer die Teilwelt übergreifenden Reflexion, doch alle machen sie die gleiche Erfahrung der Ohnmacht und Vergeblichkeit ihrer Bemühungen. Die Teilreflexionen finden zu keiner gesamtgesellschaftlichen Relevanz. Und nach dem Versiegen aller Hoffnungen, die sich in den letzten Generationen auf die Entwicklung der Rationalität und der Technisierung gestützt hatten, werden andere Quellen der Sinnfindung gesucht, in deren Folge es zu einer Wiederbesinnung auf die traditionellen Vorgaben der Mythen, Religionen und künstlerischen Hervorbringungen kommt.

Im Blick auf die Kunst der siebziger Jahre hat Gottfried Boehm das Stichwort »Mythos« verwandt, um die vielfältigen Ansätze dieses Neuaufbruchs zu mehr Inhalt und Gegenständlichkeit auf einen gemeinsamen Nenner zu bringen. Formulierungen wie »Individuelle Mythologien«, »Spurensicherung« variieren diese Einheit; Ausstellungstitel wie »Zeichen und Mythen«, »Mythos und Ritual«, sowie neuerdings »Märchen, Mythen, Monster« versuchen, den Ertrag dieser Bemühungen um das Transrationale vorzustellen bzw. transparent zu machen.[35] In der Tat zeigt sich unter solchen Titeln das Ringen mancher Gegenwartskünstler, sich den kulturellen Herausforderungen unserer Zeit zu stellen. Sie tun es einigen Philosophen, Theologen und Soziologen gleich, die selbstgesteckten Grenzen der Erfahrung und der Reflexion zu sprengen und darüber hinauszusehen. Sie suchen zu begreifen, was dem technisch-rationalen Zugriff abhanden gekommen ist, und postulieren eine erweiterte Erkenntnis, der gegenüber der Anspruch auf eigene Wahrheit nicht freiweg abgesprochen wird. Die Reflexion richtet sich nicht mehr nur auf den Raum ausmeßbarer Objektivität, sondern bezieht sich zugleich auf die Daseinsbestimmungen des Menschen und seiner Freiheit.

Wo immer aber sich Menschen auf die elementaren Grundlagen ihrer selbst eingelassen haben, nahm die Auseinandersetzung mythologische Züge an. Gerade die Schwierigkeit einer exakten Formulierung, die Not, das Geschaute und Erahnte auf den Begriff zu bringen, ließen nach anderen Formen als dem rein begrifflichen Denken suchen, nach Ausdrucksmöglichkeiten, wie sie unter formalen Aspekten die Mythen beinhalten. Es ist die Suche nach dem Bild und nach dem Symbol, das das Unaussprechliche einfängt. In den Mythen sedimentiert sich von alters her die immer gleiche, kontinuierlich und beständig in Symbolen wirksame Kraft des Menschen, nach sich selbst und dem Sinn seines Lebens zu fragen. Insofern hat die Kunst nicht minder Bilder geschaffen als die

Theologen: Figurationen, die nicht sich selber meinen, sondern eine Wirklichkeit und eine Energie, die hinter ihnen liegt und dort aufleuchtet, und zugleich in ihrem Licht durch die Ebene des bloßen Augenscheins hindurchzusehen auf das, worauf sie gründet und was ihr Ordnung gibt. Freilich geschah dies in der solchem Bemühen immer eigenen Unsicherheit und Verkürzung. Die Dichtung wie die Kunst, die sich im Mythos ausdrückt, hat vornehmlich nicht das Inszenarium ihrer oft von reicher Phantasie vermittelten Bildwelt zum Ziel, sondern vielmehr die inmitten solcher bildnerischen Ohnmacht angezielte geistige Wirklichkeit, die darüber hinaus zielt. Gerade inmitten solcher ikonographischer Transzendierungen gelang es, die geistigen Kräfte zu mobilisieren, die solchen Fragen auf den Grund gehen, nämlich durch die Bilder und Phantasiewelten hindurch »das wahrhaft übermächtig Wirkliche (...) als lebend und handelnd« darzustellen.[36]

Nun ist unter den Bedingungen der modernen Gesellschaft das Monopol eines einheitlichen Deutungsangebotes zerbrochen. Im Zuge des gesellschaftlichen Segmentierungsprozesses wurde der Zusammenhang von Wissen und Leben gelockert und schließlich aufgehoben. Damit wurde das deutende Wissen sozusagen in die eigene Isolation entlassen. Die Bindungen zwischen den Anhängern verschiedener ›Sinnprovinzen‹ und den Gehalten sind zunehmend lockerer und immer weniger durch traditionelle Bindungsmechanismen abgestützt. Die Konkurrenz der Angebote untergräbt die Autorität der herrschenden Sinnmuster, deren Attraktivität entweder durch Liberalisierung oder durch Intransigenz in nicht selten hilflos scheinenden Aktionen aufpoliert werden sollen. Das Ergebnis ist der Verlust einer Sinnreflexion auf der Basis der ganzen Gesellschaft. Selbst wo diese darangegangen ist, sich eine ›anonyme Sinnwelt‹ aufzubauen und sich auf der Basis allgemeiner und ziemlich vager kultureller Grundsätze zu einigen, die sich mit Stichworten wie Rationalität, Effizienz, Toleranz, Bedürfnisbefriedigung, Autonomie des Denkens umreißen läßt, ist diese in eine Sackgasse geraten und eben dabei, sich in einer vielbeschworenen großen, aber im Grunde nichtssagenden »geistigen Wende« auf die

Korrektur ihrer selbst zu besinnen. Charakterisierender jedoch als dieser Versuch einer gesellschaftlichen Konsensbildung durch abgelagerte wie vage Grundüberzeugungen ist die Beobachtung, daß in den einzelnen segmentierten Institutionsbereichen inhaltsbezogene Versuche unternommen werden, eigene und neue Sinnwelten aufzubauen, die aber eigentlich keinen subjektiv einleuchtenden Legitimationszusammenhang bei ihren Anhängern finden.[37] Daraus zieht Joseph Campbell die Folgerung, daß durch diesen Pluralismus kein geteilter Mythos mehr zu bilden bzw. zu zitieren ist. »Unsere heutige Welt ist so heterogen, daß nur wenige Menschen die gleichen Erfahrungen machen. Der Pluralismus macht einen einenden Mythos nicht möglich.«[38] Erika Billeter greift jedoch eine Folgerung Campbells auf, die nicht in die Resignation, sondern in eine Konzentration der kreativen Kräfte mündet. Wenn nämlich schon eine solche Mythologie nicht wieder einzusetzen ist, dann könne der Mensch wenigstens zu jener Quelle zurückkehren, der die Mythologie entspringt: der schöpferischen Imagination.

Mit dem Stichwort ›individuelle Mythologie‹ scheint ein Kreis von Kunsttheoretikern diese kultursoziologischen Daten überspringen zu wollen. Wenn es heute auch keine gemeinsamen Mythen mehr gäbe, so würde die moderne Gesellschaft ihr Leben doch durch Mythen steuern. Für Erika Billeter war es früher die Gruppe, die den einzelnen bestimmte; heute steuere jedoch der einzelne selbst sein Leben. Daher ruft sie den einzelnen dazu auf, seine eigene Erfahrung zu machen, um sie dann an eine Gemeinschaft zu vermitteln. Es ist aber die Frage, ob diese persönlichen Erfahrungen und ihre Vermittlung von der Gemeinschaft überhaupt verstanden werden kann. Als Harald Szeemann diesen Begriff ›individuelle Mythologie‹ formulierte, hoffte er darauf, daß er Verwirrung stiften werde, »weil in ihm die Egozentrik den Anspruch stellt, eine allgemein gültige Sprache zu sprechen«.[39] Doch ist dies nicht eingetreten, denn »individuelle Mythen« gibt es nicht. Der Begriff ist in sich ein Widerspruch. Mythologien lassen sich nicht ›schaffen‹, sondern sie werden in dem ›transindividuellen Raum des Kollektiven‹ »gefunden«, »erklärt«, »verkündet« oder eben auch nur mit brutaler Gewalt durchgesetzt. Die »individuellen Mythologien« als »die Versuche des einzelnen, der großen Unordnung die eigene Ordnung gegenüberzustellen«,[40] nehmen sich aus wie der kleine Junge, der am Strand das große Meer in seine Kuhle zu schöpfen versucht.

Harald Szeemann selbst war sich offensichtlich dieser Ohnmacht bewußt, denn er räumte ein, daß es noch keine Form für eine allgemein gültige Sprache gebe.[41] Und so ist denn doch der gut gemeinte und verantwortungsorientierte Begriff am ehesten mit Bazon Brock zu verstehen, und zwar als die Aneignung tradierter Mythen durch einzelne Künstler. »Und so weit wir noch nicht die Wissenschaft und die Partei, die Kirche oder die Menschheit sprechen lassen können (...), bleibt es ja die Aufgabe der einzelnen Personen und Subjekte, sich die Mythen anzueignen.«[42]

Auch Gottfried Boehm scheint an die Möglichkeit eigener künstlerischer Mythenbildung zu glauben. In seiner These von der Mythopoiese verweist er auf die Reflexion des künstlerischen Mediums und der künstlerischen Selbsterfahrung. »In der Mythopoiese vollzieht sich der Prozeß einer Übersetzung, bei dem Aporetik und Grenzen unserer eigenen Erfahrung als Bild von etwas erscheint, das uns übertrifft. Was uns aber übertrifft, entstammt der Kraft und Übermacht unserer eigenen Existenz, die im machtvollen Leben mythischer Figuranten oder Figurationen wie eine eigene Welt erscheint.«[43] So sehr Boehm auch bei dem Hinweis auf die reflektorische Kraft des künstlerischen Bemühens zuzustimmen ist, so sehr sich auch authentische Prozesse bei der Übersetzung von Lebenserfahrung und Lebensdeutung ereignen, so sehr auch gerade diese Kraft für den gesellschaftlichen Prozeß einer Mythopoiese ein wichtiges konstitutives Element ist, so liegt doch der entscheidende Aspekt für eine Mythenbildung im Soziologischen, nämlich dem der Transformation individueller Interpretamente ins Kollektivbewußtsein. Im Begriff des Mythos sind sowohl der geschichtlich entstandene inhaltliche Aspekt wie der in der Sinnreflexion des Menschen liegende formale Aspekt wichtig. Mythos läßt sich nicht in die eine oder andere Richtung auflösen.

Im einen Fall wird er zu wirklicher Mythologie, im anderen bleibt er lediglich eine persönliche und subjektive Lebensreflexion, die freilich wegweisende Bedeutungen haben kann. Mythos also ist der Ineinsfall von beidem: von individuellem Schöpfen und von kollektivem Annehmen. Freilich, das individuelle Interesse ist bei den Künstlern wie bei anderen kritischen Zeitgenossen wacher denn je, und für eine gesellschaftliche Sensibilisierung solcher Prozesse scheint die Zeit immer reifer zu werden.

Was sind denn nun im einzelnen für eine kollektive Mythenbildung relevante Aspekte in der zeitgenössischen Kunst? Die entscheidende Künstlerpersönlichkeit im kreativen Umgang mit der Sinnfrage ist Joseph Beuys. Es ist sein ausgemachtes Ziel, Erkenntnis- und Wahrheitskräfte im Menschen in Gang zu bringen, die ihm durch die Engführung der materialistischen Lebensweise und der naturwissenschaftlichen Denkart verlorengegangen sind. Er klagt die ungebrochene Lebendigkeit für toterklärte Realitäten, einschließlich der Gottes, ein. Für ihn sind »diese einfachen instinktiven Kräfte (...), die die Menschen früher hatten, (...) lebendiger als je zuvor«.[44] Mit diesem Vorgehen will er nicht die intellektuellen Erkenntniskriterien gegen die rationalen eintauschen, vielmehr geht es ihm um eine Ausweitung der Erfahrung und der Weltbegegnung. »Ohne den christlichen Stoff, das Element des Lebens, des Geistes und der Imagination, Inspiration, Intuition ist eine positive Bewußtseinsentwicklung nicht möglich.«[45] Um diese wiederzuerwecken, durchsetzt er sein Werk mit zahlreichen mythischen Anspielungen, Archetypen, Symbolen und sinnhaften Zeichen. Sie sind für ihn Bausteine für das Reich des Spirituellen, das er wiederentdecken will und das ihn die Energie der mythischen Kräfte aufstrahlen läßt. Filz, Fett, Wachs und andere organische Stoffe sind solche Elemente.

Der Mann, der »dem toten Hasen die Bilder erklärt«, der sich mit einem Kojoten in einen Käfig einsperren läßt, oder der in der späteren politischen Ausweitung zur Integrationsfigur der Freien Internationalen Universität wird; der Meister »einer neuen Vorstellung des Plastischen: amorph, verformbar, auflösbar, streng zu bemessen, ungestaltet, schmelzend, kristallin«, wird bei seiner Arbeit von nichts mehr geleitet als von dem Ziel, die verlorengegangene Dimension des Mythischen wieder als lebenbringende Kraft des Menschen freizusetzen. In diesem Bemühen verbindet sich in der Person von Joseph Beuys der Künstler mit dem Philosophen zu einer Person, das ästhetische Konzept und die gesellschaftspolitische Praxis zu einer Einheit. Was ihn auszeichnet, ist aber nicht nur die künstlerisch bedeutsame Kreativität, sondern eine aus tiefer Sorge um die menschliche Zukunft getragene Suche nach der Kommunikation der Gesellschaft. Es ist seine Kraft, die verschütteten Bewußtseinselemente des Kollektiven anzusprechen, zu verlebendigen, zu gestalten und zu präsentieren. Und über seine zahlreichen Irritationen hinaus dürfte es wohl genau diese Kraft sein, welche Betroffenheit, ja Berührtsein bei vielen Menschen auslöst, die er bis an die Grenzen ihrer verdrängten Bereiche mobilisiert und zu Begeisterung wie Protest freisetzt.

Doch zahlreich sind auch andere lebensdeutende Elemente in der zeitgenössischen Kunst. Herauszuheben ist hierbei vor allem die gegenüber früher verstärkt gespürte Verpflichtung, sich den tiefen Unbedingtheiten der Kunst zu stellen, die freilich nicht immer dem Mythos im strengen Sinn verpflichtet sind. Ewald Mataré, Louis Soutter, Francis Bacon, Emil Schumacher stehen hier stellvertretend für andere. Deutlich ist aber auch die ausdrückliche Aufnahme von mythologischen oder antiken Inhalten z. B. bei Werner Tübke und Julius Kaesdorf. Sie stehen dort in ihrer ureigensten Eigenschaft als Ausdrucksmittel für ein existentiell ehrliches Lebensgefühl. In ihnen wenden sich die Künstler den Grundthemen menschlichen Lebens wie Geburt und Tod, Unterwegssein, Autorität, Spiel und Distanz und ähnlichen Bezügen zu. Neben einer Orientierung an inhaltlich gefüllten Formen gibt es aber auch eine Hinwendung zum Objekt, das aus alter Zeit überkommen ist und dessen Spuren und Relikte aufgehoben und gesichert werden. Arthur Stoll, Franz Eggenschwiler und Dorothee von Windheim seien hier genannt. Hede Bühl schafft aus einer tiefen Verankerung in ägyptischer und assyrischer Formwelt heraus ihre Statuen, die zeitüberdauernd eine ungebrochene Aussagekraft bis in die heutige Zeit hinein besitzen. Franz Gutmann greift auf Formelemente seiner Schwarzwälder Heimat zurück. Georg Meistermann und Johannes Schreiter, die neben ihrem malerischen Werk vor allem durch ihre Glasfenster bekannt geworden sind, setzen in ihren Arbeiten, die nicht selten die bis auf den heutigen Tag lebendigen Stätten religiöser Verinnerlichung gestalten, die alten Grundthemen des Menschlichen neu ins Bild. Bei Gilbert & George sowie bei Thomas Bayrle entlädt sich die zeitgenössische Angst und Regression des modernen, vor allem des jungen Menschen. Es findet seine Form in einer Mischung von emotionaler Weichheit und zynischer Brutalität. Sie greifen dabei ebenso auf alte Symbole zurück, wie sie neue zu finden trachten. Ben Willikens schließlich treibt die existentielle Spannung, wie sie sich aus der Dissonanz zwischen einer aufgebrochenen Suche nach Verwesentlichung und der alltäglichen Erfahrung der Entleerung ergibt. Seine Bilder machen diesen Widerspruch auf eine sehr krasse Weise deutlich und verstärken mit künstlerischen Mitteln den Ausdruck der Not. Indem er dieses Sinnempfinden ins Bild setzt, formuliert er auf seine Weise die Fragwürdigkeit des modernen Lebens, die bei der Rückbesinnung auf die Mythen Pate gestanden hat.

In den vorstehenden Ausführungen war von einer Rückkehr zum Mythos und einer Neubesinnung auf die orientierenden Grundlagen unserer Kultur die Rede. Dies war der Ausgangspunkt zu einer grundsätzlichen Reflexion auf den Begriff des Mythos und seiner Verankerung und Funktion im Rahmen einer Konstruktion der Wirklichkeit der menschlichen Lebenswelt. Im Blick auf die modernen Lebensbedingungen war dabei die Rede von einem dehumanisierten, mehr und mehr inhaltlosen Gesellschaftssystem und seiner modernen Logik, die diese mit entschiedener Rationalität auf die Formel beziehungsloser Organisation und Institution treibt. Der damit einhergehende Verlust an inhaltlichen Vorstellungen und bildlicher Anschaulichkeit lief auf eine immer ungenügendere Zusammenschau des Lebens und der Reflexion der Sinnprozesse hinaus. Verschiedene Ansätze, dieses Sinndefizit zu behe-

ben, endeten in einem Pluralismus der Sinnantworten und Weltan-
schauungen. Dem Grundproblem des Pluralismus, über verschiedene Orientierungen hinaus Wege zu einer Kommunikation auf
breitester gesamtgesellschaftlicher Grundlage aufzuzeigen, läßt
sich ohne das »Material« solcher Kommunikation nicht beikom-
men. Philosophen wie Johannes Heinrichs verweisen dieses Problem auf die Ebene der Metakommunikation und bemühen sich,
diesen Dialog als solchen gesinnungsmäßig zu fundieren und inhaltlich auszufüllen. Das humane Interesse an überkommenen
Religionen und Mythen selektiert aus ihnen heraus die kommuni-
kative Kraft, die in ihnen enthalten ist, und fundiert die zwischen-
menschliche Kommunikation in transzendentalen Bezügen. Gegen
die Gefahr der durchorganisierten Langeweile eines theorie- und
im Grunde inhaltlosen Gesellschaftssystems, das nur sein eigenes,
aber leerbleibendes Funktionieren feiert, ist die Hingabe, Begeisterung und Liebe als Maß und Inbegriff der menschlichen Werte zu
postulieren, deren die Menschen im Aufkommen dieses Gesellschaftssystems verlustig gegangen sind.

Die Wiederbeschäftigung mit den Mythen mag da, wo sie nicht
zu Lasten der reflektierenden Vernunft geht, als ein Anfang einer
allgemeinen Rückbesinnung auf die tragenden Werte und Funda-
mente unserer Kultur gesehen werden. Daß damit noch keine
Lösungen parat sind, versteht sich aus vorstehenden Zusammenhängen, doch bietet die neuentdeckte Arbeit am Mythos die
Chance, jenes öffentliche Interesse zu wecken, das nötig ist, damit
es die individuellen Interpretationen sensibler Zeitgenossen auf die
Ebene einer mythologischen Relevanz hebt. Diese Hoffnung gründet sich auf eine in tiefer Erfahrung abgestützte Vision von der
Kraft des Mythischen selbst, wie sie markant und wegweisend der
jüdische Philosoph Martin Buber im Blick auf ein mythisch und
religiös zu erfassendes Du ausgesprochen hat:

»Jede große völkerumfassende Kultur ruht auf einem ursprünglichen Begegnungsereignis, auf einer einmal an ihrem Quellpunkt
erfolgten Antwort an das Du, auf einem Wesensakt des Geistes.
Dieser, verstärkt durch die gleichgerichtete Kraft der nachfolgen-

den Geschlechter, schafft eine eigentümliche Fassung des Kosmos im Geist – erst durch ihn wird Kosmos des Menschen immer wieder möglich; nun erst immer wieder kann der Mensch aus getroster Seele in einer eigentümlichen Fassung des Raums Gotteshäuser und Menschenhäuser bauen, kann die schwingende Zeit mit neuen Hymnen und Liedern füllen und die Gemeinschaft der Menschen selber zur Gestalt bilden. Aber eben nur, solang er jenen Wesensakt im eigenen Leben tuend und leidend besitzt, solang er selbst in die Beziehung eingeht: so lang ist er frei und somit schöpferisch.«[46]

Kontemplative Formen
künstlerischen Weltverstehens

Zu allen Zeiten machen sich Menschen Gedanken über das Ganze dessen, was sie umgibt. Die Notwendigkeit dazu resultiert aus dem Bedürfnis des einzelnen, sich in der Welt, in der er lebt, zurechtzufinden. Aufgrund seiner »Instinkt-Ungesichertheit« muß er selbst seinen Standort am Horizont dessen, was ihn betrifft und umgibt, fixieren. Dieser Horizont hat verschiedene Dimensionen: geografische wie geschichtliche, persönliche wie gesellschaftliche, intellektuelle wie weltanschauliche. Überall stellen sich Fragen. Sie haben das Ziel, dem Unbekannten, dem Rätselhaften, dem Undurchschaubaren auf die Spur zu kommen.

Diese Fragen überfordern den einzelnen. Deshalb gibt es in jeder Gesellschaft Spezialisten, die sich damit befassen. Es sind berufsmäßige Lebensdeuter, einerlei ob sie nun als Priester bestellt oder als Philosoph beamtet sind, ob sie als Politiker gewählt oder nur als Astrologe aufgesucht werden.

Solche Spezialisten agieren nicht im luftleeren Raum. Sie berufen sich meistens auf ihre Vorgänger oder sind in Denksystemen oder Schultraditionen verankert. Den höchsten organisatorischen Entwicklungsgrad haben dabei ohne Zweifel die Religionen, die in der Geschichte sehr komplexe Institutionen etabliert haben, in denen diese Fragen nach Theorie und Praxis behandelt werden. Die christlichen Kirchen etwa verfügen über ganze Verteilersysteme, die das Deute-Wissen unter die Leute bringen und ihnen mit ihren Antworten gewissermaßen ›auf den Leib rücken‹. In Missionsstationen und pastoralen Zentren haben sie eine ganze Palette von Angeboten parat, auf die der einzelne in allen Fragen seiner Sinnbedürfnisse zurückgreifen kann.

Grundsätzlich läßt sich eine Gesellschaftsform, in der eine einzige Weltdeutung als verbindlich gilt, von einer anderen unterscheiden, in der mehrere Deutesysteme miteinander konkurrieren. Im ersten Fall werden alle anstehenden Probleme unter einem einheitlichen Gesichtspunkt behandelt. Auch die Differenzierungen der Deutungen in philosophische oder religiöse sind ausgeglichen und aufeinander bezogen. Politik, Welt- und Sinndeutung sind aus einem Guß. Ein einheitliches System interpretiert alles. Eine einzige Weltanschauung ist total etabliert und herrscht totalitär.

Anders ist es in der pluralistisch strukturierten Gesellschaft. Dort sind ehemals vorherrschende Deutungen durch die Probe des Zweifels gegangen, wie es beispielsweise im ausgehenden Mittelalter in Europa der Fall war. Die Neuzeit ist hier dadurch charakterisiert, daß sich nicht mehr nur systemimmanente Fragen stellten, sondern daß das in den Vordergrund trat, was die Menschen unmittelbar beschäftigte. Es machte sich ein Interesse an einer am Menschen ausgerichteten Weltdeutung bemerkbar. Von hier aus war der Weg zu den unabhängigen Wissenschaften nicht mehr weit. Auch die Reflexion selbst wurde der Kritik unterzogen. Philosophie und Soziologie versuchen jetzt, das Denken selbst denkend zu begreifen. Im Blick auf eine gesellschaftliche und nicht mehr religiöse Konstruktion der Wirklichkeit gibt es im Grunde keine heiligen und sanktionierten Legitimationen mehr, sondern alle gesellschaftlichen Einrichtungen sind als menschliche Produkte zu begreifen.[1]

Die Restbestände von ›göttlichen Ordnungen‹ und außerweltlichen Begründungen irdischer Zustände sind außer Kraft gesetzt. Die Welt begegnet ihrem aufgeklärten Bewohner als ein Geflecht von Subjekt und Objekt, das auf allen Stufen menschliche Prägungen trägt.

Wie immer, in der modernen westlichen Gesellschaft findet sich jetzt eine ganze Palette von Deutungsangeboten. Sie sind teils nach außen hin offen, teils setzen sie sich sektenhaft voneinander ab. Sie geben sich liberal oder sind orthodox in ihren Traditionen verhaf-

Gaston Chaissac: Vier *Totems*, 1959–1963. Die *Totems* sind lebensgroße
Figuren aus langen Brettern, die, um einen Altar gereiht, Zeugen wie
Opfer der Kreuzigung sind.

tet. Sie stehen zu sich selbst in kritischer Distanz oder sind dogmatisch fixiert. Über alle Verschiedenheiten hinweg lassen sich aber in diesen Gesellschaften auch gewisse Konsensbereiche festmachen, die quer zu den bestehenden weltanschaulichen Alternativen von allen mehr oder weniger ›gehalten‹ werden. Dazu gehört ein Bekenntnis zur Idee der Demokratie ebenso wie z. B. eine humane Orientierung; dazu zählen ein subjektives Freiheitsbedürfnis und der Sinn für eine ausgleichende Gerechtigkeit und eine weltweite Verständigung um Frieden.

Neben solchen Berührungspunkten kommen die meisten dieser Richtungen auch darin überein, daß sie übergreifende Fragen zum Ganzen der Welt und einer menschenwürdigen Gesellschaft stellen und behandeln. Dabei macht es zunächst formal keinen Unterschied, ob dieses Ganze und Allgemeine klassisch als das ›Eine‹, das ›Wahre‹, das ›Gute‹ betrachtet wird oder ob es sich um eine moderne Reflexion des Denkens, der Freiheit, der Gesellschaft oder der Zukunft handelt. Gemeinsam ist allen Versuchen eine Orientierung an übergreifenden Zusammenhängen, gemeinsam ist ihnen aber auch das erkenntnistheoretische Problem, in den Begriff der Erfahrung Ahnungen, Empfindungen und andere nicht-empirische Erkenntnisformen aufzunehmen. Kunst und Religion sind in diesem Zusammenhang die wichtigsten Kräfte, die sich um eine entsprechende Ausweitung des Erfahrungsbegriffs bemühen. Bei ihnen spielt daher die konzentrierte Wahrnehmung und die meditative Durchdringung der Welt eine entscheidende Rolle. Sie schlägt sich in mythologischen und religiösen Bezügen nieder, in Chiffren, Symbolen oder Zeichen bzw. in künstlerischen Formen und Bildern. Mit diesen Mitteln wird in das normalhin Unbegreifbare ein »Heiliger Kosmos« hineinkonstruiert. Er unterscheidet, wertet, ordnet; er überlagert als oberste symbolische Sinnwelt mehr oder weniger alle anderen gesellschaftlichen Wissensbereiche. Dadurch transzendiert das Individuum seine biologische Existenz, gewinnt es sein Selbstbewußtsein und seine Freiheit. Religion, Kunst und Philosophie schaffen so – wie Thomas Luckmann es formuliert – »ein versprachlichtes, verstehbares und mittelbares

Formwerk, vermöge dessen der einzelne zur Person wird, an dem er sich als handelndes, als politisches Wesen orientiert und an dem er den Sinn seines Einzeldaseins ablesen kann«.[2] Eine solche Weltanschauung resultiert aus der Selbsttranszendenz des Menschen im Prozeß der Wirklichkeitsbewältigung als Sinnvollzug. Dabei handelt es sich bei der Religion um eine kontemplative Form dieser Selbsttranszendenz, bei der Kunst um eine gestalterische und bei der Philosophie um eine vernunftbezogene.

So sehr sich auch Parallelerscheinungen zwischen den verschiedenen weltanschaulichen Gruppen in der modernen Gesellschaft benennen lassen, so wenig ist die Tatsache zu übersehen, daß diese parallelen Vorgänge kaum voneinander Notiz, geschweige denn aufeinander Bezug nehmen. Die unterschiedlichen Reflexionsweisen haben sich verselbständigt und voneinander isoliert. Sie betreiben die Betrachtung des einen in je eigener Sprache, sie operieren in den eigenen Traditionssträngen und diskutieren sie in ihren eingefahrenen Alternativen. Der Differenzierung der Gesellschaftsstruktur läuft die des Deutungswissens parallel. Übergreifende Einsichten gibt es nur im Vagen. Gedacht wird getrennt. Die Politiker entwerfen Grundsatzprogramme, die Kirchen halten Synoden ab, die Wissenschaftler treffen sich in Clubs, und in den Museen werden die Künstler zu großen und thematisch breitangelegten Ausstellungen zusammengeholt: *West-Kunst, Paris – New York, New Spirit in Painting* oder *Kunst nach '45* heißen die Projekte. Der Aufwand ist jeweils groß, die gesellschaftliche Reichweite bleibt begrenzt. Dennoch gibt es Berührungspunkte. Einige liegen zwischen Religion und Kunst, vor allem zwischen Abstraktion und Kontemplation. Darauf sei im folgenden näher eingegangen.

Religion greift inmitten des menschlichen Bemühens um Sinn und Selbstverstehen den Aspekt des transzendenten Verwiesenseins auf. Darin weiß sich der reflektierende Mensch als Handelnder auf ein Anderes seiner selbst verwiesen, sei dies ein allgemeiner Grund, etwas ›ganz anderes‹ oder ein persönlicher Gott. Religion thematisiert in diesem Zueinander ›das andere‹ als das, auf das sich der Mensch dialogisch verwiesen erfährt. Sie ist eine spezifische Form der Selbsttranszendenz, und zwar im Prozeß kontemplativ-mystischer Wirklichkeitsbewältigung.[3]

Das Wort ›Mystik‹ deutet von seinem ursprünglichen Wortsinn her auf das Erfassen von etwas Verborgenem hin. Nach religiösem Verständnis ist es das Erfassen des verborgenen Urgrundes der Welt, eines letzten Prinzips, das sich aufgrund von Offenbarungen zu erspüren gibt und das es unter Aufbietung aller konzentrierenden Fähigkeiten zu ertasten gilt. Zunächst ist diese Form der Wahrnehmung eine Technik, nämlich die Ausrichtung aller geistigen und körperlichen Wahrnehmungskräfte auf einen Punkt hin, in dem alles seinen Zusammenhang findet. Dieser Form der Aufmerksamkeit liegt eine Abkehr von veräußerlichten Vollzügen des Alltags zugrunde, die oft auch mit einem Verzicht auf Zerstreuung oder anderen Formen der Askese in Verbindung steht. Sie ist darüber hinaus auf eine Einschränkung der Aktivität und auf eine gesteigerte passive Wahrnehmung gerichtet. Es geht ihr um die Wirklichkeit und ihre Tiefendimension. Unter wissenssoziologischem Aspekt besteht sie in einer unmittelbar erlebten Plausibilität, in einem »ekstatischen und unmittelbaren Identifikationswissen in Anschauung und Gefühl« (Max Scheler). Sprache und andere Formen der bildlichen Durchdringung sind ihr eigentlich nur unzureichende Darstellungsmittel. Als individuelles Erlebnis ist es nicht kommunizierbar. Es ist ein persönliches Innewerden, ein privates Bewußtwerden des Göttlichen, die Erfahrung einer transzendenten Geborgenheit in tiefster Intimität. Die klassische Theologie nennt es »cognitio Dei experimentalis«, also etwas Konkretes und Einmaliges. Diese Erfahrung ist nicht beliebig wiederholbar, und zwar schon aus dem Grunde, weil dieses Erlebnis von einem theologischen Standpunkt aus betrachtet ein dialogisches Geschehen ist, das man durch Aktivität allein nicht erzwingen kann. Es handelt sich wesentlich um ein gnadenhaftes Geschehen. Darum hat die alte Theologie immer zwischen einer erworbenen und einer eingegossenen Gnade unterschieden. Letztere ist grundsätzlich unverfügbar. Deshalb ist der verweilende Zublick in der betrachtenden Übung oft, ja zumeist, von Leere, Dunkel und von einem langen Warten bestimmt. Es ist die Negativität eines Schweigens, das aber seinen Sinn nicht in sich selbst trägt, sondern in christlicher Sicht immer schon aufgehoben und ›gebrochen‹ ist durch den Glauben an die grundsätzlich vollzogene Annahme durch Gott, der sich dem Menschen zur Erfahrung gibt, wenngleich er immer und stets zugleich der ist, der in einem letzten und undurchdringlichen Geheimnis verborgen bleibt.

Neben einer Fülle von möglichen Unterscheidungen des Begriffs ›Mystik‹, etwa zwischen naturhafter, monistischer oder theistischer Mystik, ist für unseren Zusammenhang die Abgrenzung zu ›Kontemplation‹, ›Meditation‹ und ›Konzentration‹ wichtig. Erst so werden die Gegensatzeinheiten deutlich, zwischen denen alles geistliche Leben abläuft.

Bei der ›Konzentration‹ handelt es sich um einen geistigen Prozeß, in dem sich das Bewußtsein auf einen Punkt ausrichtet. Es lenkt die Aufmerksamkeit auf einen bestimmten Gegenstand. Alle sinnlichen und geistigen Kräfte werden dabei mobilisiert, um in hoher geistiger Anspannung diesen zu erfassen, z. B. einen Baum. Er wird ja nicht nur in seiner sinnlichen Erscheinung wahrgenommen, d. h. in seiner Höhe, seiner Ausdehnung, seinem Zustand, sondern er begegnet auch in seiner abstrakten Idee, als Art, als Einheit, die zu anderer Zeit und an einem anderen Ort eine andere Gestalt einnehmen kann. Sich auf einen Baum zu konzentrieren, zwingt dazu, alle sinnlichen und geistigen Kräfte, alle Erkenntnisinteressen und Motivationen aufzubieten, um diese Einheit als das zu erfassen, was sie ›an sich‹ und ›für mich‹ ist. ›Konzentration‹ ist somit eine methodische Kategorie und eine reflektierende zugleich. Sie ist eine Art des Vorgehens und sie ist unter ethischem Aspekt zugleich die bestmögliche Weise desselben. Der ›Konzentration‹ ist darum immer auch ein kritisches Element eigen, nämlich das der reflexen Begleitung ihres Vollzugs.

Die ›Meditation‹ unterscheidet sich von dieser Form der Wahrnehmung, insofern sie den Zielpunkt darstellt, auf den alle Konzentration hinausläuft. Die Meditation ist der Vollzug all der

Kräfte, die bei aller Konzentration aufgeboten werden. In der Meditation verliert sich das meditierende Subjekt in eine passive und zugleich teilnehmende Erkenntnis eines Gegenstandes, es versenkt sich so sehr in sein Objekt, daß dieses ihn ergreift und in die Anschauung einholt. Es vergißt sich dabei selbst und kommt schließlich – nach einer Art Erwachen – wieder zu sich selbst zurück, freilich bereichert und ›beladen‹ mit den Erfahrungen des Außer-sich-seins. Meditation, so verstanden, ist als Relationsbegriff zur Konzentration das nicht-reflexe Erfahren eines Gegenstandes, der dann in der Konzentration und später in der Kontemplation eingeholt wird.

Der ›Kontemplation‹, wie sie hier in systematisierender Absicht verstanden wird, ist wiederum eine Reflexivität eigen. Wenn man so will, kann man sagen, daß in der Kontemplation die ›Ergebnisse‹ der Meditation eingeholt werden. Sie werden methodisch reflektiert und in den Gesamtbestand des Wissens und der Erfahrung integriert. Die Kontemplation ist also ein methodisch reflektiertes Erkennen, ein »konzentriert-beschauliches Nachdenken« (Duden). Ihr Gegenstand ist die diskursive Betrachtung der meditativen Wahrnehmung. Sie ist eine Form des kritischen Selbstbewußtseins, in dem sich z. B. das Subjekt über die Notwendigkeit einer allumfassenden Sinnfindung und einer letzten ethischen Ausrichtung seiner Existenz bewußt wird. ›Kontemplation‹ ist also hier als die kritische Selbststeuerung des Erkennens und des erkennenden Subjektes verstanden. Hier richtet sich das erkennende Ich auf das Letzte und Eine und Entscheidende und Wesentliche aus. Hier entwickelt sich das spezifische Interesse an gerade diesem ›Gegenstand‹.

In der ›Mystik‹ wiederum kann dieses Interesse und diese Absicht in den Vollzug gelangen. Mystisches Erkennen ist auf ›unio‹ und auf ›Erfüllung‹ in der Ekstase der Vereinigung aus. In ihr versinkt die ›Seele‹ in ein Empfinden für das Göttliche. Dieser Augenblick ist aber dunkel, unerkennbar und letztlich unbeschreibbar. Er ist und bleibt im Geheimnis. Er kann nur mit lebendigem Herzen und kritischer Vernunft erlebt werden und bleibt doch als mystischer Weg zugleich »ein Weg der Seele in die Einsamkeit, in Schweigen und Abgeschiedenheit, in die Erledigung, Entblößung und Verlassenheit von allen irdischen und leiblichen Dingen, in die innere Entleerung und Gelassenheit von allen geistlichen Dingen, endlich in die ›dunkle Nacht der Seele‹«.[4]

Bei einer so verstandenen Mystik ist aber zwischen einer allgemeinen und einer spezifisch-offenbarungsgeleiteten Mystik zu unterscheiden. In der Ersteren findet das Erfassen des ›Einen‹ und ›Letzten‹ im Allgemeinen statt, in der Letzteren im Licht einer konkreten Offenbarung und in der Konsequenz einer konkreten Hingabe.

›Mystik‹ wird also hier als eine aktuelle Erfahrung des ›Einen‹ und ›Letzten‹ der Welt verstanden, in der die Vielheiten des Lebens ihren Zusammenhang finden. Dieser begegnet als etwas ›ganz und gar anderes‹, eine Begegnung, in der die Möglichkeit einer intersubjektiven Erfahrung des Göttlichen beschlossen liegt.

Auch die Kunst hat es wesentlich mit dem Entwerfen von Formen zu tun, auch sie lebt aus der Gestaltung von geistigem Erleben. Selbst wenn sie nicht allein den Blick auf das Ganze und Letzte richtet, bleibt es doch ihre spezifische Funktion und ihre ›Not‹, das ›Wahre‹ und ›Eine‹ und ›Gute‹ in einen entsprechenden Ausdruck hinein zu gestalten: in Dichtung und Musik, in Aktion und Geste, in Skulptur, Bild, Sequenz, Inszenierung. Die Methode ist dabei wesentlich die der Abstraktion. Sie bedeutet, den bloßen Augenschein hinter sich zu lassen, um so einem bestimmten Gegenstand oder einer Gegebenheit auf ihren Grund zu kommen. Abstraktion hat zwei Handlungsweisen zu ihrer Voraussetzung, Verzicht und Kreation: Verzicht auf alle Gewöhnung und Formerwartung; Kreation als Konzentration auf alle erfindende Phantasie. Wie die Wege einer kontemplativen Erfassung der Welt unendlich sind, so die Möglichkeiten des Künstlers, seine eigene abstrakte Formwelt zu finden. Jeder Künstler entwickelt dabei seinen persönlichen Stil und seine eigene ›Sprache‹. Einige Beispiele aus dem Ausstellungsprogramm der Kunst-Station Sankt Peter Köln mögen dies verdeutlichen.[5]

Albers' Quadrate entsichern den Betrachter, zugleich aber weisen sie ihn als den eigentlichen Träger der Erkenntnis aus. In ihm finden die verschiedenen Seherlebnisse ihre letzte Einheit. Sie eröffnen ihm einen Kosmos unendlicher Tiefe, die freilich in ihrer Wechselwirkung auf ihn zukommt und ihn zu berühren scheint. Letztlich setzt Albers in seinen Arbeiten die Farbe als Farbe frei und bringt sie als solche zur Wahrnehmung. Die Farben haben bei ihm eine »emotionale Bedeutung«. Das Blau etwa gewinnt einen kosmischen Sinn. »The cosmos moves me always closer here to this blue.« Hinter der Relativität des Erkennens eröffnet sich ihm die Welt des Religiösen, in der die Relativität des einzelnen ihren letzten Zusammenhang findet: Kunst als eine Weise, diese Dimension zu erspüren und das Leben »spirituell« zu erfassen.

Was bei Albers die Farbe in ihrer Wechselwirkung evoziert, und zwar besonders dann, wenn es sich um verschiedene Werte ein und derselben Farbe handelt, das bewirken die Farbräume bei Piero Dorazio. Auch hier muß sich der Betrachter lange einsehen, bis er diese zwischen den einzelnen Farbstreifen entdeckt, um darin gewissermaßen eintreten zu können. Sie entbergen ein besonders feines und farblich immer wieder anders zu charakterisierendes Licht. Es bewirkt eine Atmosphäre besonderer Art, die den Betrachter dazu anhält, diese Seherfahrung zu vertiefen. Die Bilder nehmen ihn in ihrer Farbigkeit gefangen, er sieht sich in sie ein und ›er-sieht‹ sich jene Licht-Räume, die für den flüchtigen Betrachter unerreichbar bleiben. Sie vereinen Bild und Betrachter und lassen ihn eine Ruhe und Stimmung erahnen, so daß er zu sich kommt und sich eingefangen weiß in die Bezüge einer Ordnung und eines Zusammenklanges. Gerade diese Formen der Selbsterfahrung lassen den Menschen erahnen, wer er ist und wo er im Kosmos des Ganzen der Welt steht. Er vermag sich in solchen Sehvorgängen jenes Selbstwertgefühl zu erwirken, auf das es diesem Maler so sehr ankommt. Diese Bilder sind in einer Atmosphäre der Besinnung und der Kontemplation entstanden. Sie sind von einer Dichte, die den, der sie einfühlend betrachtet, in jene Verwiesenheiten hineinnimmt, der sie entstammen und auf die sie angelegt sind.

Josef Albers: *Homage to the Square*, 1965. Die *Quadrate* stellen in den
Wechselwirkungen ihrer Farbe für den Künstler die neuen
»Meditationsbilder des 20. Jahrhunderts« dar.

So sehr Albers und Dorazio den Betrachter in die Bildwirklichkeit selbst hineinziehen, so sehr sie sich auf sein Leben beziehen, so sehr sind sie aber doch Realitäten eigener Art. Sie bilden nichts ab, sondern sie wirken durch das, was sie sind: Farben und Formen. Ein Maler, der es auf diese ›Bedeutungslosigkeiten‹ ganz besonders abgesehen hat, ist Frank Stella. Er will keine Tiefgründigkeiten evozieren, und er will eigentlich auch keine Wirkungen auslösen. Er betreibt Malerei um ihrer selbst willen. »What you see is what you see.« Und doch schlagen sich in seinen Bildern immer wieder starke Konzentrationen nieder. Das gilt besonders für die Phase der »black-paintings«. Er hat sie auf ganz einfache Formen reduziert. Nach klaren Mustern zieht er seine schwarzen Farbbahnen. Sie sind ein konsequenter Weg zur Verdichtung, und zwar sowohl im Sinne einer technischen Vereinfachung wie dem einer formalen Ausweitung. Immer wieder hat er mit neuen Formlösungen überrascht, durch den radikalen Verzicht auf Formbeziehungen innerhalb des Bildes wie durch den Ausbruch aus den rechteckigen Bildgrenzen. Er hält diese Formen in seinen Serien konsequent durch, ohne dabei in eine Sackgasse zu geraten. Wenn er glaubt, eine Formsequenz ›ausgereizt‹ zu haben, geht er zu einer anderen über. Stella weiß unter Aufbietung von großer konzentrierender Kraft einen nicht zu brechenden Arbeitseifer mit reicher Phantasie zu verbinden. Gerade seine letzten Werke zeigen, zu welchen immer wieder neu überraschenden Formerfindungen er fähig ist. Er lebt eine ›contemplatio in actione‹, ohne daß er sie ausdrücklich artikuliert. Er entdeckt sich selbst in einem nicht endenden Strom von Schöpfungen voller poetischer Kraft und lebendiger Intensität. Stella abstrahiert von allen Inhalten und verlegt seine Arbeit radikal auf den Punkt, wo sich das Leben selbst als das behauptet, was größer ist als alle menschliche Kraft. Anstrengung, Arbeit und Entschiedenheit sind lediglich der Versuch, dem Leben selbst dort nahezukommen, wo es sich als die größere Realität um so intensiver behauptet.

Liegt bei Stella die Abstraktion in der unsichtbaren Stringenz, mit der er sich in die Variationsmöglichkeiten einer bestimmten

Serie begibt, wird diese bei Erwin Heerich unmittelbar deutlich. So verletzlich seine Kartonplastiken und so sensibel gezogen seine Zeichnungen wirken mögen, so leicht legen sie sich in ihrer Wirkung dem Auge nahe. Heerichs Werke sind von einer großen Stille. Sie ruhen in sich, und sie sitzen ebenso behutsam wie selbstverständlich auf. Es ist eine sichtbar reduzierte Kunst, in der sich der Künstler selbst zurückzunehmen scheint. Das Originale an den Arbeiten ist der Gedanke, sagt er. Der Rest sei nachahmbar. Signiert ist allenfalls der Entwurf.

Was Heerichs Arbeiten kennzeichnet, ist ihr Maß, das der Künstler an menschlichen Proportionen festzumachen sucht. Sie entbergen etwas Bekanntes, wiewohl es vergessen zu sein scheint. Sie wiederholen das Ursprüngliche, ein altes Maßwerk, wie es jahrhundertelang für das Handwerk grundlegend und selbstverständlich war, etwa die Form eines Kruges, die sich in vielen Kulturen und zu unterschiedlichen Zeiten als eine allen Verschiedenheiten überlegene Form behauptet hat, eine Form, die sowohl mit ihrer Funktion wie in ihren Proportionen ›stimmt‹. Kunst muß bei Heerich am menschlichen Alltag angebunden sein. So ist »Kunst des Menschlichen« eine Korrektur und ein Anspruch zugleich. Sie ist eine Korrektur gegenüber einem etablierten Formgefühl, und sie ist ein Anspruch, dieses Formgefühl unter Rückgriff auf alte Entstehungszusammenhänge und Proportionsverhältnisse wiederzuerringen. Doch auch diese Bezüge erschließen sich nur in einem stillen Betrachten und in einem langsamen Annähern an die einzelne Arbeit. Es gilt, einer Kultur der Überproduktion und des Reichtums, die zugleich eine Kultur des Hungers und ohnmächtiger Massen ist, das rechte Gefühl für Maß und Geordnetsein, für ausgeglichene Verhältnisse zurückzugewinnen. Dieser Sinn und dieses Gefühl sind jedermann zugänglich, weil sie in jedem Menschen schlummern. Er kann sie verlebendigen, sofern er sich darauf einläßt. »Ich schaffe eigentlich nicht Dinge neu, sondern gebe nur den Dingen Raum, die längst existieren.«

Von einer ähnlichen Ausrichtung ist auch das Werk von Cees Andriessen. Auf wenige Formen und Farben reduziert, entstammt es einer Anspannung, die auf Verdichtung und Konzentration aus ist. Seine Malerei besteht in dem Prozeß einer immer weitergetriebenen Reduzierung. Gleichzeitig ist sie als Malvorgang von einem starken existentiellen Ringen um sich selbst bestimmt. Andriessen will ins Einfache, und er will in die Tiefe zugleich. Er sucht seinen eigenen Grund in dem Grund von allem. Das Weiß des Blattes, von dem er ausgeht, ist ihm ein Symbol für den Urgrund. Vor ihm muß sich der Mensch behaupten und seinen Selbststand gewinnen. Hier ist die Antwort auf die Frage zu erringen, wer der Mensch ist und was den Sinn seines Seins als einzelner und als Gemeinschaftswesen ausmacht. In dieser Konfrontation stellt sich eine eigene Formsprache ein. Sie ist karg und spröde und verweist bei aller Einfachheit auf den Maler, der allein aus seinem Inneren heraus die Kriterien für seine Arbeit bezieht. Andriessens Schaffen lebt aus einem hohen Arbeitsethos und einem strengen Anspruch an sich selbst, eine Einstellung, die sich auch dem Betrachter nahelegt und die von ihm fordert, vor diesen Bildern eine gleich unerbittliche Ausdauer freizusetzen, um ihrem Geheimnis auf die Spur zu kommen.

Zur Kunst, die sich ganz auf sich selbst hin abstrahiert hat, gehört auch das Werk von Hans Steinbrenner. Zunächst arbeitete er auf eher traditionelle Weise, um sich mit den Klassikern der abstrakten Kunst auseinanderzusetzen. In immer neuen Variationen wurden Längen-, Breiten- und Höhenmaße zueinander in Proportionen gesetzt, bis sie sich immer mehr minimalisierten. Am Ende befand er sich in einer Sackgasse, wie er bekennt. Es war das Ende in der Formel: Höhe mal Breite mal Tiefe: der Punkt Null für einen Bildhauer, die Form eines Quaders. Seltsamerweise war diese künstlerische Krise identisch mit einer persönlichen. Werk und Person befanden sich an einem Scheideweg. Unter Aufbietung aller Kräfte gelang ihm der Ausbruch. Ein neues Maß brach durch, diesmal eindeutig orientiert am Menschlichen. Die Figuren wurden aufrechter. Es war wie ein Aufstehen. Ohne den Menschen in seiner äußeren Gestalt abzubilden, gaben sie mehr und mehr sein inneres Maß wieder. Wie auch schon bei Erwin Heerich geht es Steinbrenner darum, den Menschen von seinen falschen Abstraktionen zu befreien. Es gilt, den Augenschein zu durchschreiten auf das hin, was dahinter liegt, auf den Grund, »bis man auf den Gottesgrund kommt«. Nur so ließen sich die Entfremdungen der Moderne überwinden, nur so erfahre der Mensch, daß alle Gegenständlichkeit, die Welt der sog. harten Fakten, von den Menschen gemacht wurden. Nur auf den Menschen bezogen, finden sie ihren Sinn – oder verlieren ihn. Kunst ist bei Steinbrenner in ihrer eigentlichen Funktion: Sie soll in hartem persönlichem Ringen durch den Künstler dem Menschen visuelle Orientierungs- und Vorstellungshilfen geben, damit er vor den alltäglichen Problemen nicht kapituliert, sondern Hilfe zur Meisterung seiner persönlichen Krisen findet. Das macht für Steinbrenner die ethische Dimension der Kunst aus.

Das Material von Klaus Simon ist das Holz. Der Umgang mit ›seinem Material‹ ist ihm eine Quelle zur Konzentration, das Tun – gefüllte Ruhe. Seine Arbeitsweise ist vergleichbar mit der Monotonie eines Rosenkranzgebetes oder einer ›meditatio in via‹, wo unter der Eintönigkeit eines langen Gehens die Anstrengung vergessen wird und sich die Möglichkeit zu einer neuen Besinnung eröffnet. Es ist eine Versenkung im Tun, wie es früher auch im Handwerk vorzufinden war.

Neben der Aktualisierung alter Symbole in Schiff, Arche oder Baum gibt es bei Klaus Simon eine imaginäre Figur. Sie ist das Ergebnis seiner Aufschichtungen. Diese ergeben Wandungen, die er außen rundet und glättet und zu einer Art Torso formt, fast als wolle er einen Baum nur durch eine Baumrinde darstellen. Diese Formen tragen Anklänge an die menschliche Figur. Ihr Inneres ist durch einen gesetzten Spalt einsehbar. Das einfallende Licht legt dadurch die rohen Aufbauelemente frei, während sie außen glatt geschliffen und farblich gefaßt sind. »Ummantelungen« nennt er sie. Sie wirken wie Persönlichkeitspanzer, wie Figurenmasken, Umhüllungen, Verhäutungen. Gerade die eingesägten Spalten und Zeichen sind eingearbeitete Fenster zum Inneren. Daß dabei das ein oder andere Zeichen archaischen Ursprungs ist, verweist auf die in früheren Zeiten stärker verbreitete Lebenseinheit des Menschen mit der Natur. Diese Einblicksmöglichkeiten wirken wie ein Fingerzeig an den Betrachter, selbst zu einer Quelle für eine Figur zu werden. Mit seinem Blick kann er sie in die »Ummantelungen« hineinsehen.

Die Suche nach solchen neuen Zeichen und Chiffren für den Menschen macht auch die Leitidee des Schaffens von Franz Bernhard aus. Es sind graziöse Formen, die oft die Schwere des Materials vergessen lassen. Durch die Verbindung von rohem Holz und geschmiedetem Eisen bringt er zwei Grundmaterialien unserer Zivilisation zueinander und legt ihre Aussagefähigkeit frei. So spröde sein Material, so grazil leicht, fast schwebend sind seine Skulpturen. Es liegt ein statischer Ausdruck in ihnen. Sie behaupten sich an dem Platz, an den sie gestellt sind, und doch scheinen sie immerfort auf der Hut zu sein, bereit zum Sprung oder zur Flucht, ebenso scheu wie ängstlich, aber doch in den Raum greifend, der ihnen neuen Schutz und neue Einnistung zu verheißen scheint. Die Figuren Bernhards sind passiv und aktiv zugleich. Sie wirken keinesfalls ohnmächtig, wenngleich sie die Bedrohung zu spüren scheinen, die sie umgibt. Aber es bleibt ihnen die Möglichkeit zur Reaktion und zur Aktion, zu Spiel und Phantasie, es bleibt etwas Positives und Souveränes, das am Ende Hoffnung und Zuversicht ausstrahlt. Sie scheinen im Innern immer wieder neu eine nicht zu brechende Kraft freizusetzen, und sie spiegeln dabei etwas von dem Mut wieder, den dieser Künstler zu sich selber hat. Mag die Bedrohung auch noch so groß sein, es bleibt im Letzten die Fähigkeit zur Gestaltung, es bleibt eine Orientierung am inneren Maß, das sich in der ganzen Bandbreite sinnlicher Kräfte, die dem Menschen zuhanden sind, zu ertasten gibt. Bernhards Figuren leben aus einem Zutrauen zum Leben, aus einem Grundvertrauen, das letztlich der Schlüssel zur Zuversicht in das Leben und in die Zukunft ist.

»Alles, was einen Wert hat, entsteht durch Konzentration.« Das ist ein Bekenntnis des Österreichers Josef Mikl. Daher ist es ihm eine Notwendigkeit, ›Räume‹ zu finden, in denen er dieser Konzentration nachgehen kann. Schon in den frühen fünfziger Jahren

Hans Arp:
Skulpturen
und Bilder.
Eine Ausstellung
zu seinem
100. Geburtstag
1986 im alten
Wartesaal des
Hauptbahnhofs, in
der Kunst-Station
Frankfurt/M. Hbf.

hatte er diese Zusammenhänge mit seinen Malerfreunden Wolfgang Hollegha, Markus Prachensky und Arnulf Rainer erörtert und praktiziert. Wichtig war ihm damals die Begegnung mit Otto Mauer, dem Theologen und Domprediger am Wiener Stephansdom. Auf zahlreichen Tagungen und in langen Gesprächen hatte er die spirituelle Dimension seines Arbeitens entdeckt. Wie im geistlichen Leben, so ist auch im malerischen Prozeß das Wartenkönnen entscheidend. Die ›Nacht der Seele‹ hat in der Dunkelheit der malerischen Inspiration und im Schweigen der Sinne ihre Entsprechung. Wer hier nicht auszuhalten weiß, wird nicht zu den Kräften finden, mit denen allein es zu einer ausdrucksstarken künstlerischen Formfindung kommt.

Für Mikl liegt ein wichtiger Weg in der Vereinfachung. Schon sehr früh drängte sich ihm die Arbeit an der menschlichen Figur auf. Er sah sie in der Kriegs- und Nachkriegszeit in den Trümmern und abgestürzten Flugzeugen; fragil, zerbrochen, verbrannt. Mit seinen dunklen Strichen und seinen meist hellen gelb-roten Variationen vermochte er sie zu heben und in immer wieder neue Formzusammenhänge zu bringen bis hin zu einem Pantokrator, der an byzantinische Vorläufer erinnert. Aber auch in einfachen Gegenständen des Lebens, in Früchten und Pflanzen wußte er das Ganze der Welt zu greifen. Obwohl abstrakter Künstler, hat er nie die Gegenständlichkeit verlassen, fast wie ein Mönch, dem die Lektüre der Schrift lieber ist als alles ›Schweben‹ in der freien Erhebung.

Friedrich Panzer hat lange gebraucht, bis er zu sich und einer bleibenden Formsprache fand. Er durchwanderte viele Stationen, geographisch wie künstlerisch. Dabei hat er sich von ganz entscheidenden Eindrücken prägen lassen. Am wichtigsten war ihm dabei der Italienaufenthalt, eine Umwelt, die ihn als Künstler lange gebunden hat. Der Überstieg in das originale Erleben der alten Kunstwerke wie die Begegnung mit der italienischen Landschaft waren für ihn überwältigend. Sein Farbempfinden hat sich dort entfaltet, eine Vorliebe für ein helles, rot-erdfarbenes Braun brach durch. Die Pop-Art und eine längere Amerikareise entdeckten ihm die Alltagsgegenstände in ihrer Relevanz für die Malerei. Hier tat sich ihm die Spannung zwischen der Welt des Belanglosen und den zeitüberdauernden Wertigkeiten auf. Das Verbindende war der Blick nach innen, der Blick in den Aufbau der Gegenstände. Jetzt überträgt er sie in die Bildrealität, in Linien, Flächen, Formen, Farben. Er fängt sie mit einem für ihn charakteristischen Weiß ein, das oftmals wie ein Schleier wirkt. Dabei schafft er den Gegenstand neu, lädt die Formen auf, macht sie »dicht«, wie er sagt, so daß sie fähig werden, dem Betrachter zu begegnen.

Viele Künstler suchen der komplexen Struktur des Lebens in einer angemessenen Formfindung gerecht zu werden. Dabei geht es nicht nur um abstrakte Theorien und Ideen, sondern um eine plastische Anschauung. Dies ist ein entscheidender Aspekt im künstlerischen Schaffen von Eduard Micus. Seine Arbeit ist seit vielen Jahren durch eine Zweiteilung seiner Bilder charakterisiert. Er teilt eine Fläche, ein Blatt, eine Leinwand, ein Stück Karton, eine Holzkonstruktion in zwei Teile und bearbeitet zunächst davon nur eine. Die andere stellt er dazu in eine Spannung. Diese drückt sich durch eine sehr unterschiedliche Bearbeitungsweise aus. So ergeben sich Gegensätze wie ›gefüllt‹ und ›leer‹, ›farbig‹ und ›monochrom‹, ›positiv‹ und ›negativ‹. Beide Seiten leben aus ihrer Beziehung zueinander. Sie setzen sich im ganzen Sinngehalt einer Dialektik zueinander frei. Durch diese Formsprache kommt Micus der Realität in ihren Gegensätzen nahe. So gelingt es ihm, auch Negativaspekte einzufangen. Er weiß das Chaos anzusprechen und es auf eine Geordnetheit hin zu beziehen. Kreativität gegenüber dem anscheinend Unbewältigbaren und Unfaßbaren ist ihm wichtig. Er hat den Blick dabei sowohl auf die persönlichen wie auf die politischen Spannungen gerichtet. Kunst ist für ihn ein Weg zur Kreativität und zur Souveränität gegenüber dem Leben. Dazu gilt es als erstes, das Leben anzunehmen wie es ist. Dies fordert dann den Menschen heraus, und es ist an ihm, diese Herausforderung zu bewältigen, indem er seinen ganzen Kern mobilisiert. Dieser Kern aber erschließt sich vor allem im Empfinden und Fühlen, nicht allein im Denken.

Kunst als unvoreingenommene Annahme des Lebens ist auch die Leitvorstellung von Rudolf Schoofs. Sie konkretisiert sich für ihn in der Bearbeitung eines Motivs, das seit Jahren immer wiederkehrt: die Stadt. Die verschiedenen Stadtbilder oder Straßenmotive lehnen sich zwar an einzelne Orte an, doch handelt es sich nie um irgendeine Art von nostalgischem Festhalten, sondern es ist immer ein Ausgangspunkt, eine neue Welt zu errichten. Die Ausarbeitung eines Bildes gehorcht eigenen Gesetzen, bei der eine Form die andere hervorruft. Die Formen bedingen sich gegenseitig; zwischen ihnen ergeben sich Beziehungen, die nichts mehr mit den Nachbarschaften im Bildmotiv zu tun haben. Es ist eine eigenständische, eine künstlerische Durchformung des Gegenstandes. Schoofs spricht in diesem Zusammenhang von einer malbezogenen Nachdenklichkeit. Auf der anderen Seite liegt in diesen Bildern eine ungebrochene Annahme der Realität der Stadt. Hier steht kein Kulturpessimismus Pate, hier wird kein Klagelied über die Verrohung des Menschen in den Städten erhoben, im Gegenteil: in den Straßenschluchten, Fassaden, Plätzen bricht eine Schönheit ganz eigener Art auf, ein Dickicht aus Verschiedenheiten, ein Auf und Ab, hier liegt Dunkles bei Hellem, zweigt sich Verwirrendes ins Detail und besteht doch eine Gliederung und eine offene Planung. Trotz aller Eigenständigkeit im Kleinen gibt es Beziehungen zum Großen, entsteht ein Dialog zwischen Idee und Leben, zwischen Theorie und Praxis. »Non coerceri maximo tamen contineri a minimo Divinum est«, lautet der Wahlspruch des Loyola, vom Größten nicht eingefangen und vom Kleinsten nicht gefangengehalten zu werden, das macht das Göttliche aus. Die Kunst Rudolf Schoofs atmet den Geist dieser Lebenssicht.[6]

Wenn sich bei Rudolf Schoofs das Leben vor allem unter dem Aspekt der Stadt erschließt, so ist das Kernthema bei Roman Opalka die Zeit. In ihr kommt der geschichtliche Aspekt des Lebens in den Blick, das Wachsen und Werden und Vergehen. Die Zeit bedeutet ihm mehr als die Summe von Augenblicken. Sie ist eine »thermodynamische Realität«, überall anwesend, ohne Richtung. Die Zeit zu zeigen, dieses Thema künstlerisch zu bewältigen, das ist sein Programm, und es verlangt von ihm ebenso Askese und Verzicht wie Hingabe und vollkommene Identifikation. In der Tat, diese Bilder strahlen etwas von geistlicher Entschiedenheit aus. Sie sind konsequent in ein konkretes Schema eingespannt, innerhalb dessen dieser Maler in ruhiger Rhythmik seine Zahlen entfaltet, in der wachsenden Verklärung der Farbigkeit die Progression der Zeit. Alles fließt und steht doch in einem großen übergreifenden Zusammenhang. Es ist eine philosophische und zugleich kontemplative Lebenshaltung, die hier zu ihrer künstlerischen Gestalt findet. Die Bilder konfrontieren mit dem Unendlichen und Transzendenten. Tod und Leben werden wieder zusammengebracht. Sie fallen nicht mehr in künstliche Ängste auseinander, sie versöhnen sich, werden wie in alten religiösen Gebeten zu Geschwistern. Es ist wie in der israelitischen Weisheit, die sich im Angesicht Jahwes von der Not um den Tod befreit weiß und in der Lage ist, sich von den landläufigen Befürchtungen um den Tod zu distanzieren.[7] Opalkas Arbeiten ziehen den Betrachter von sich selbst ab und rufen ihn in die Anschauung des Horizontes, der sein Leben umfängt. Er erfährt, daß er von einem ›anderen‹ umgriffen ist, und erhält eine Wegweisung, von der er sein gegenwärtiges Leben gelassener sehen und zugleich bejahender leben kann.

Bei nicht wenigen Vertretern der Kunst des 20. Jahrhunderts finden sich ausgesprochen emanzipatorische Interessen. »Mein Tun ist der Wille, etwas zu erkennen«, sagt W. Gies. Kunst ist ihm Weltdeutung, Bewußtseinsgestaltung, Anleitung zum Sehen, Verstehen und Begreifen. Sie ist dabei nicht-intellektuelles Erkennen, angesiedelt an der Nahtstelle zwischen Erkennen und Erfahren.

Von dieser Komplexität sind die Bilder bei Gies geprägt, getragen von dunklen Farben, die nahe an das Schwarz angesetzt oder mit ihm vermischt sind. Daraus brechen andere hervor, das Rot und das Gelb vor allem. Die Arbeiten selbst sind auf die Mitte hin zentriert. Hier findet sich oft ein zweites Bild, das teils als eine neue Einheit hineingemalt oder darüber kollagiert ist. Nicht selten taucht eine Figur auf. Diese Kunst zielt auf den Menschen und das Menschliche hin. So sinnlich die Formen von Gies sind, so intellektuell ist dennoch am Ende seine Orientierung. Beide Erkenntnisweisen finden bei ihm zu einer Einheit. Gies erwartet viel von sich und holt Ausdrucksstarkes aus sich heraus. Er glaubt sich auf sein ›Innerstes‹ verwiesen. In diesem Sinn ist seine Kunst psychologisch motiviert. Sie lebt aus den Anlagen im Innern, aus Ahnungen, Inspirationen, sie lebt aus dem Kern, der Phantasie wie Hoffnung freisetzt. Mit diesem inneren Zentrum steht er in einer ständigen Spannung. Daraufhin arbeitet er, von dorther lebt er als Künstler. Dieses Innere präsentiert sich als etwas Quasi-Personales, nach dem er greift. Seinen Anregungen tritt er gegenüber wie einer Person, die »Bedürfnisse und Erregungen« weckt. Es ist wie ein geistiger Dialog, der geistliche Züge trägt.

Die Welt und das Leben als Gabe wie Aufgabe sind die Schlüssel zum Werk von Gerhard Altenbourg. Das bedeutet aber nicht nur einen Ruf zur Tat, sondern vor allem zum passiven Wahrnehmen: zum Hinhören, Hinsehen, Erfahren. Nur in der Gegenläufigkeit von Theorie und Praxis erschließt sich die Wirklichkeit in ihrer Fülle. Die Welt ist ganz und gar Schöpfung und doch zugleich eine Herausforderung an den Menschen, sie nach Maßgabe des Geistigen zu prägen und geprägt zu halten.

Altenbourg ist tief davon durchdrungen, daß die Welt zunächst wahr-zu-nehmen ist. Die Natur selbst ist die erste Realität, die es aufzuspüren gilt. Seine Landschaftsbilder gestalten etwas von dieser Kontemplation der Natur. Es sind zugleich Wahrnehmungen und Erfahrungen. Je mehr er sich dabei als Zeichner in der äußeren Gestaltung zurücknimmt, um so deutlicher wird seine innere Beziehung. Die Natur ist ihm ein heiliger Raum, ein Kosmos, der Geistiges atmet. Die klassischen religiösen Kategorien des ›tremendum‹ und des ›fascinosum‹ bestimmen gleichermaßen die sehr dichten und doch verhaltenen Zeichnungen.

Er braucht dazu sehr viel Zeit, demonstrativ verschwenderisch für eine Kultur, die gerade die Zeit für das Viele verplant und sich deshalb um die Chance bringt, das Eine zu treffen. Altenbourgs Schaffen ist nicht ergebnisorientiert. Er lebt aus dem Arbeiten selbst. Das Zeichnen, der Zeichenvorgang läßt ihn aus dem Gewohnten aussteigen und zu einer intensiveren Wahrnehmung gelangen. Es hört sich an wie eine Anleitung zur geistlichen Erfahrung. »Wir müssen in den Entzug gehen, (...) Fülle entsteht durch Entzug.«

Dennoch läßt sich das, was in dieser Versenkung verborgen ist, nicht einfachhin kommunizieren. Die Tiefen des Lebens und der Welt sind nur in einem Geheimnis zu fassen und müssen zugleich darin beschlossen bleiben. Auch bei Altenbourg ist alles im Geheimnis belassen. In Ironie kleidet er oftmals den Bildtitel. Es ist wie eine Verhüllung, wie eine Scheu, die die inneren Empfindungen und Gewißheiten nicht bloßstellen will und sie dem ungebetenen und oberflächlichen Betrachter zu entziehen trachtet. »Sagt es niemand, nur den Weisen, weil die Menge leicht verhöhnt.« Ironie als Spurenverwischung und Indizverdichtung zugleich?

Was aus dem Unbewußten eines Künstlers auftaucht, gestaltet sich durch seine Arbeit in ein Bild hinein, ohne dabei einfachhin ein Protokoll dieses inneren Erlebens zu sein. Die Bilder selbst bestehen immer auch aus ihrem bildgemäßen Aufbau, d. h. sie sind Abstraktion von unmittelbar Geschautem und von der erworbenen Weise, dieses Einmalige in eine allgemeine Sprache hinein zu formulieren. Im Zentrum gibt es keine Wiederholungen. Deshalb ist das Werk eines Künstlers, der sich der Gestaltung des Inneren verschrieben hat, so reich an Form und Inhalt. Davon legt vor allem das Werk von Antoni Tàpies ein beredtes Zeugnis ab. Seit langem ist er sich der Krise der Religionen im Westen bewußt und sucht sie mit dem ihm eigenen Ernst konstruktiv aufzuarbeiten. Die Atomisierung des einzelnen in der modernen Industriegesellschaft kann nur überwunden werden, wenn er zu den verlorengegangenen Einheitsbezügen zurückfindet. Wo die etablierten Religionen diese Einheiten nicht mehr glaubhaft vermitteln können, muß der Mensch andere Kräfte suchen, die dieser lebensnotwendigen Aufgabe gewachsen sind. Dazu gehört die Kunst. Dazu zählen aber auch die im Westen weniger vertretenen Religionen des Ostens. Sie begreifen das Ganze in einer Weise, die dem modernen naturwissenschaftlichen Denken nahesteht. Sie leben aus einem einheitlichen Kraftfeld, in dem letztlich alles miteinander in Beziehung steht. Tàpies sucht aus dieser Lebenssicht heraus seine Arbeiten zu gestalten. Sie sollen den Menschen zu einer Innenschau anhalten und anleiten, sein eigenes Maßempfinden und seine eigene Innerlichkeit und Spiritualität freizusetzen.

Tàpies hält durch ein materialbezogenes Arbeiten und durch eine Zeichen- und Formsprache den Betrachter zum Verweilen vor seinen Bildern an, um ihrem Ursprünglichkeitscharakter nachzuspüren und sich auf dieses ebenso verrätselnde wie unmittelbar berührende Feld einzulassen. Er greift dazu oft in den Bereich des Alltäglichen und stellt die Dinge in ihrem ›gewöhnlichen‹ Aussehen dar. Gleichzeitig gestaltet er sie ästhetisch und enthebt sie ihrer Alltäglichkeit. Gerade dadurch vermittelt er Einsicht und Durchblick für jene Zusammenhänge, die ihm wichtig sind. Es ist eine Welt der mystischen Verbundenheit von allem und jedem, wie sie vielleicht in der Materialität und Körperhaftigkeit seines reliefartigen Bildgrundes ihre beeindruckendste Wirkung findet.

Dieser religiöse Aspekt als der eigentliche Transzendenzbezug ist bei allen genannten Künstlern vorhanden, auch wenn er nicht immer ausdrücklich ausgesprochen wird oder sich nicht in einer eingespielten Weise theologisch artikuliert. Die Kunst wird bei Opalka als der genuinere Weg zur Religion angesehen. Er unterscheidet sich allerdings von dem, der von den westlichen Religionsgemeinschaften beschritten wird. »Ich glaube, daß die Kunst eine große Chance hat, die Menschen, die eine Beziehung zur Mystik haben, tiefer zu verstehen. Sie versteht den Menschen besser.« Die Kunst ist für Opalka weniger rational und nicht so stark intellektualisiert wie die Theologie oder die gängige religiöse Praxis. Nicht von ungefähr wird in den Gesprächen immer wieder bedauert, daß gerade die katholische Kirche nach dem Zweiten Vatikanischen Konzil den Weg der Rationalisierung und der Aufklärung beschritten hat. In kirchlichen Kreisen wird ein solches Statement zwar gerne als ein Zeichen ›distanzierter Kirchlichkeit‹ abgewehrt und abgewertet, doch ist bei vielen Künstlern deutlich der Anspruch an die Religionsgemeinschaft herauszuhören, daß der religiösen Kultur wesentlich eigen ist, gestalterische, künstlerische, sinnenhafte Vollzüge in die rituelle Praxis einzubeziehen. Auf dem religiösen Sektor gibt es freilich Stimmen genug, die in diesen Chor miteinstimmen würden. Das Plädoyer für die »Anwendung der Sinne« bei Ignatius von Loyola ist dafür nur ein Beispiel. Leider ist diese Übung weitenteils auf das Niveau gruppendynamischer Gefühlstrips heruntergesunken. Von einer Kultur der Sinne jedenfalls ist dort wenig zu spüren. Davon zeugt meistens schon die Einrichtung der Räume, in denen diese Übungen ›trainiert‹ werden.

ENTSPRECHUNGEN

So sehr sich schon optisch die Räume der ›Kunst‹ und der ›Religion‹ voneinander unterscheiden, so sehr sich auch grundsätzlich über die Distanz zwischen beiden Bereichen klagen läßt, so sehr gibt es über alle Differenzen hinweg auch Berührungspunkte. Eine dieser Überschneidungen liegt in der religiösen Funktion, die sie ausfüllen können. In Kunst und Religion befaßt sich der Mensch mit sich und seiner Welt, transzendiert seine biologische Existenz, greift über seine unmittelbar gegebene Umwelt hinaus und konstituiert sein Weltbild, raisoniert und kommuniziert über »Gott und die Welt«.

Hans-Urs von Balthasar hat das Verhältnis zwischen den verschiedenen Formen solcher Bemühungen auf den Begriff zu bringen versucht.[8] Dabei standen zwar die konkreten Offenbarungsreligionen im Blick, doch gelten die Kriterien, die er für die gemeinsamen Strukturen benennt, weitgehend auch für die religiösen Dimensionen der Kunst. Das ist vor allem dann der Fall, wenn der Begriff der Religion unter dem Blickwinkel der Soziologie gesehen wird.[9] Danach lassen sich folgende Gemeinsamkeiten festhalten: Religion und Kunst sind 1. traditionsorientiert; beide leben 2. aus einem ›Aufbruch‹ heraus; sie versuchen 3. sich für diese Art der Wahrnehmung ›freizumachen‹; 4. ›schauen‹ und ›betrachten‹ sie beide; 5. erleben sie so etwas wie eine ›Einigung‹, und 6. reflektieren sie die Spannung zwischen dieser Einigung und ihrer »Reflexion«.

1. Wenn unter ›Religion‹ die Selbsttranszendenz des Menschen und die Begegnung mit dem ›ganz Anderen‹ verstanden wird, dann gibt es innerhalb ihrer praktischen Vollzüge jene Richtung, die als Kontemplation bezeichnet wird. Ungeachtet ihrer vielfältigen Ausformungen[10] kann sie als ein erfahrungsorientiertes Begreifen dieses ›Anderen‹ verstanden werden. Sie ist »die das gewöhnliche Bewußtsein und die verstandesmäßige Erkenntnis übersteigende, unmittelbare Erfahrung der göttlichen oder transzendenten Realität«.[11] Wo ihr in der Erfahrung dieses religiöse Urphänomen direkt bewußt wird, ist sie ein »Erleben von größter Intensität und lebendigster Innerlichkeit«.[12] Auch unter der Perspektive einer Offenbarung bleibt allerdings immer das Paradox, wie es zwischen der Inadäquatheit irdischer Ausdrucksformen für ein ganz und gar außerirdisches, transzendentales Urerlebnis besteht.

Dieses Paradox der Erkenntnis hat auch eine existentielle Entsprechung. Sie besteht im Geheimnis der »Negativität einer Sprache der Annahme, in der der Mensch schon gnadenhaft geborgen ist, zu der er aber nicht gelangt, weil seine eigene größte Nähe ihm verborgen bleibt«.[13]

Was nun für die religiöse Erfahrung als solche gilt, das wird auch dort sichtbar, wo sich diese mit einer künstlerischen mischt. Auch hier artikuliert sich das Paradox und die Distanz zwischen Erfahrung und ihrer Gestaltung. Diese Distanz gilt es daher eigens zu reflektieren. Dies geschieht in einer regen Auseinandersetzung mit ähnlichen Erfahrungen, zumal bei den sog. Meistern eines spirituellen Lebens. Wer nicht nur die Bilder, sondern auch die Äußerungen zahlreicher Künstler zu ihren Arbeiten kennt, weiß, wie stark sich viele von ihnen mit der entsprechenden mystischen Literatur befaßt haben. Das gilt für Mark Rothko, Barnett Newman, Yves Klein ebenso wie für Joseph Beuys, Arnulf Rainer oder Gotthard Graubner. Sie greifen dabei freilich auf Religionen außerhalb ihres Lebensbereiches zurück, d. h. auf den Islam, den Buddhismus und die anderen Religionen des Ostens. Stoßen sie dabei im Osten immer wieder auf Lao-Tse, so im Westen auf Meister Eckhart.

2. Philosophische Aspekte und religiöse Perspektiven lassen sich nicht nebenbei verfolgen. Ihnen muß man sich ›widmen‹, dazu muß man mit Entschiedenheit aufbrechen. Das ist bei den Künstlern der Fall, die diesen Spuren nachgehen. Sie zahlen dafür einen Preis an ›Sperrigkeit‹ und an ›Spröde‹, was oft auf alles andere als auf Gefallen bei den Galeristen stößt. Für den Künstler aber ist ein solcher Weg nur um den Preis der Selbstaufgabe zu verlassen oder zu modifizieren.

3. Kontemplative Kunst kann nur aus der Mitte eines praktischen Vollzugs heraus entstehen. Dazu gehören das Schweigen und das Betrachten, dazu gehören aber auch Disziplin und Askese. Der Mensch, der den Zusammenhang im Ganzen erspüren und gestalten will, muß sich aktiv leer machen, der muß sich »leeren«, wie Eduard Micus seinen Lehrer Willi Baumeister zitiert. Trends, Sammlererwartungen oder Marktgesetze sind dabei keine Helfer. Die Biografien vieler Künstler belegen dieses sehr beeindruckend. Stärker aber strahlen das viele Kunstwerke aus, die dieses Schweigen zu spüren geben. Selbst Menschen, die im Betrachten moderner Kunst ungeübt sind, wissen es unmittelbar zu erfassen, sofern sie sich solcher Qualität nur öffnen.

4. Sich innerlich freimachen, zu betrachten und in der »Schau« zu verweilen, ist eine Seite; die andere, und zwar für den Künstler vor allem spezifische, ist die, das Geschaute zu gestalten, in eine mitteilbare Form zu bringen. Das macht für den Künstler eine besondere ›Not‹ aus. Er kann nicht im Vagen stehenbleiben oder in der unbeschreiblichen Anschauung verharren. Als Künstler muß er sich äußern, er muß herausbringen, was in ihm ist, und zwar anschaulich und verstehbar. Die Geschichte der Prophetie berichtet von vergleichbaren Schwierigkeiten bei mystischen Erfahrungen, wenn diese ›bezeugt‹ werden sollen. Der Künstler wie der Prophet müssen aus dem Bereich des Intimen und Privaten heraustreten und von dem, was sie innerlich erfahren haben, Kunde geben.

5. Jeder Äußerung muß aber eine Einigung vorausgehen. Die innere religiöse Erfahrung wird in der Identität dessen, der sich zu einer Aufgabe berufen fühlt, reflektiert, geprägt und geformt. Nur in diesem Sendungsbewußtsein findet er zu der Kraft, sie an andere weitergeben zu können. Er muß die innere Erfahrung annehmen, sie als seine akzeptieren. Er muß mit ihr ringen und sie wirklich zu seiner eigenen Erfahrung machen. Die Gespräche, mehr noch die Arbeiten und die Persönlichkeiten einzelner Künstler zeigen, wie sehr sie von ihrer Aufgabe durchdrungen sind. Bei einigen schlägt sich das in einer breiten Publikationstätigkeit nieder, in denen sie ihre Intentionen und ihr Selbstverständnis verdeutlichen und sich mit den Auffassungen anderer auseinandersetzen.

6. Zwischen dem inneren Erleben und der ganzen Person, der dieses zuteil wird, entsteht immer eine Spannung. Diese muß bewältigt werden. Dazu sind oft die Erfahrungen anderer hilfreich. Das führt über die innere Auseinandersetzung hinaus zur Reflexion und zur Diskussion mit anderen. Sie wird ›gewendet‹, problematisiert, geklärt. Der Künstler wie der geistliche Mensch stehen daher immer auch mit ihrer Zeit und ihrer Kultur in Verbindung. Sie fungiert als eine Art Horizont, auf den hin sie ihr Erleben bedenken, formulieren und gestalten. Es stellen sich aber von dorther auch Fragen und entstehen Erwartungen. Sie können diesen Prozeß des Verstehens befruchten. Der Künstler wie der Geistliche stehen in einem historischen Kontext. Dieser hat seine eigene Sprache und begründet eine besondere geistige Atmosphäre. Soweit der Künstler als Zeitgenosse daran partizipiert, gehen diese gesellschaftlichen Tatbestände in sein künstlerisches Schaffen ein.

Es gibt religiöse Erfahrungen in diversen historischen Kontexten. Sie können aus sehr entfernten Zeiten belegt sein oder sich heute ereignen. Sie sind geprägt von den verschiedensten theologischen Begriffen, von philosophischen oder künstlerischen Traditionen; sie können sich äußern in Schrift oder Bild, in Geste oder Musik, an ›heiligen Orten‹ oder mitten im Leben. Sofern diese Erfahrungen sich auf die Erfassung des ›Einen‹ richten, lassen sie sich miteinander vergleichen, gibt es gemeinsame Strukturen. Das bedeutet freilich nicht, daß es im Spezifischen nicht auch Unterschiede gibt. Bei allen Gemeinsamkeiten unterscheidet sich die christliche Erfahrung von den anderen in einem Punkt: Christliche Kontemplation ist immer die Betrachtung Jesu Christi, sie ist Christusmystik, letztlich Weggemeinschaft mit Jesus Christus, d. h. Teilhabe an seinem Leiden und Sterben und an seiner Auferstehung. Sie ist somit beides in einem: Leidens- und Lichtmystik. Freilich kann sie als solche auch wesentlich welthafte Züge tragen, kann sie die Welt als einen Ort der Heiligung und in ihrer Transparenz auf Gott hin erfassen; doch zugleich kann und muß sie sich immer wieder nach innen hin zurücknehmen und konkretisieren. Christus ist für die christliche Spiritualität letztlich die entscheidende Inkarnation Gottes. Dieses Element bleibt stets ein kritischer Vorbehalt gegenüber aller Vereinigungsmystik. Von daher begründet sich auch wesentlich die ethische Ausrichtung aller christlichen Innerlichkeit. Sie ist am Grad der Gottes- und Nächstenliebe zu messen und nicht an der Intensität des religiösen Erlebens. Sie hat von daher stets ein gespanntes Verhältnis zu jeder Art von Esoterik.

Doch bei allen Unterschieden überwiegen die Gemeinsamkeiten und Parallelen. Es bleibt das verbindende Fundament in der religiösen Erfahrung als solcher. Keine geistige Gemeinschaft kann dieses Geheimnis für sich allein beanspruchen. In christlicher Sicht steht Gottes Zuwendung grundsätzlich allen Menschen offen. Damit ist es auch unmöglich zu unterscheiden, was lediglich eine tiefe Einsicht und was möglicherweise eine Gotteserfahrung ist. Es macht keinen Unterschied aus, ob sich eine solche Erfahrung innerhalb oder außerhalb einer Kirche ereignet; es macht keinen Unterschied, ob ein geistliches Erleben sich in einen rein religiösen Ausdruck gestaltet oder sich in die Form eines philosophischen Gedankens, einer wissenschaftlichen Einsicht oder einer künstlerischen Prägung kleidet. Niemand kann es dem lebendigen Gott verwehren, sich dem Menschen, wo immer er steht, in einer Schau kundzutun.[14] Wer daher an der Erkenntnis dieses Gottes oder auch nur an der Wahrheit der Welt und des Lebens interessiert ist, kann sich in kein System einschließen, sondern ist angewiesen auf die ganze Breite menschlichen Bemühens um die Welt und das Leben des Menschen in ihr. Vor diesem Geheimnis ist jeder zu jeder Zeit auf die Erfahrungen eines gemeinsamen Suchens angewiesen. Die Kunst bindet dabei in dem ihr eigenen Zwang zur Form die religiöse Innerlichkeit an die Realität. Sie hält sie sozusagen am Boden, bewahrt sie vor Weltflucht und ekstatischen Eskapaden als l'art pour l'art. Die in solchen Erlebnissen aufbrechenden geistigen Energien verweist sie vielmehr auf die Widersprüche dieser Welt und auf die Aufgabe, diese zu lösen. Die Kunst macht geistliche Tatbestände wie Stille, Tiefe, Dichte usw. ansichtig. Sie bringt so Unsichtbares in Form und Farbe und Spannung und Proportionen. Sie bindet das Staunen und führt das Ahnen zur Tat.

Kunst und Religion können sich in gemeinsamem Wirken bei ihrer Sache halten. Die Religion weiß dabei das ›Schöne‹ an das ›Wahre‹, ›Eine‹ und ›Gute‹ zu binden.[15] Die Kunst kann das Geoffenbarte und Geschaute vor dem Abfall in Fanatismus, Autoritarismus und in die Arroganz einer absolut gewähnten Erkenntnis bewahren.

SPURENSICHERUNGEN

Der Zweifel im Bild

ÜBER EIN NEUES ZUEINANDER VON
RELIGION UND KUNST

Wenn es um die Verhältnisbestimmung von Religion und Kunst heute geht, dann hat der weltläufige Zeitgenosse schnell seine Schemata bei der Hand. Es sind zwei Sichtweisen, die sich ausschließen. Bei aller lebendigen Vergangenheit: heute sind sie getrennt. Sie gehen sich aus dem Weg und grüßen sich allenfalls aus der Ferne. Im Blick auf das Thema wird die Religion dem Glauben, die Kunst dem Zweifel zugeordnet. Religion greift für den aufgeklärten Beobachter im kirchlichen Würgegriff auf unverantwortbare Dogmen zurück, während die Kunst sich ihre Gewißheiten zweifelnd und mit bohrenden Fragen erst mühsam erringen muß. Doch auch allwissende Fanatiker auf der anderen Seite haben sich ihr Weltbild zurechtgezimmert: Für sie ist ausgemacht, daß die Religion selbst längst im Besitz und unter der Verpflichtung der Wahrheit steht, während die Kunst nichts anderes sei als eine Stätte der »Selbstzelebration«, die Künstler setzten ihre eigenen Ängste ins Werk um, das wiederum ihre »Desorientierung und ihr Ringen mit chaotischen Mächten« spiegele, es sei ein »Ringen um Gestaltfindung in einer sich auflösenden und auseinanderbrechenden Gesellschaft« (Heinrich Pfeiffer).

Wie alle Schematisierungen haben auch solche Zuordnungen den Charakter verblüffender Formulierungen, aber zu kurz greifender Durchblicke. Nur ein differenziertes Bedenken dessen, was Religion und was Kunst ist, kann hier das Unterscheidende, aber auch das Verbindende präziser beschreiben und neue Zuordnungen in den Blick heben.

Spätestens seit dem Beginn dieses Jahrhunderts ist sich die Kunst ihrer Fähigkeiten bewußt geworden, an der Gestaltung von Welt-entwürfen mitzuwirken. Ihr wurde klar, daß in einem Zeitalter des Aufbruchs in grundsätzlich erneuerte Formen des Weltverstehens gerade sie es war, die es mit dem Entwerfen solcher Formen zu tun hatte. Sehr schnell entwickelte sich bei vielen Künstlern geradezu ein Sendungsbewußtsein, daß sie die bislang verborgenen Zugänge entwerfen könnten, um das noch Unbekannte sichtbar zu machen. Nicht von ungefähr waren viele dieser Persönlichkeiten der ersten Stunde von einem religiösen Sendungsbewußtsein durchdrungen: Wassily Kandinsky, Franz Marc, Hans Arp, Sophie Taeuber oder später Piet Mondrian; weiterhin sind in diesem Zusammenhang Francis Bacon, Joseph Beuys, Antoni Tàpies unter anderen zu nennen. Die Kunst entfaltete sich zu einer Grundform, sich zum Ganzen der Wirklichkeit einzustellen und kreativ zu verhalten. Ihre »Konstruktion« war nun nicht mehr nur eine Aufgabe analytischer und abstrakter Philosophie und Soziologie, geschweige denn Theologie, sondern sie war praktischerweise eine der Kunst. In immer neue Formen erschlossen sich die Weltentwürfe, oft kritisch und verzweifelt (Dada, Grosz, Dix), nicht selten im Bewußtsein, eine neue Zeit zu künden (Brancusi, Beuys), und immer wieder auch mit dem Hinweis, daß die alten Systeme zu eng waren und versagt hatten; sie gelte es jetzt durch neue und breiter angelegte Systeme zu ergänzen (Albers, Mataré und Dorazio).

Auch die Religion ist grundsätzlich nichts anderes, als sich dem Ganzen der Wirklichkeit gegenüberzustellen. Unter Zuhilfenahme inspirierter Traditionen ist sie die Option, daß zum Ganzen wahrnehmbarer Realität noch die nichtwahrnehmbare des Transzendenten hinzukomme. Sie verneint die Alleingültigkeit des Sichtbaren und behauptet die transzendente Realität als das Eigentliche des Lebens und der Welt. Ja, dieses ›Eigentliche‹ sei das Tragende und alle Wirklichkeit erst Ermöglichende. Nur von hier aus gewinne der Mensch sein Maß, das über das Alltägliche und Erfahrbare hinausreiche, das den Menschen ins Menschliche rufe und ihm eine Perspektive über alles Erfahrbare hinaus eröffne.

Die Wirklichkeitsbewältigung der Kunst klammert die Religion nicht aus. Bis auf wenige Ausnahmen (etwa Francis Bacon) halten sich die Künstler für die religiöse Fragestellung durchaus offen, wenngleich sie diese nicht in einem etablierten kirchlichen System bekennen oder reflektieren. Es ist gerade die Distanz zu jeder Form einer konfessionalisierten Religion, die sie auszeichnet. Ihre Basis ist nicht eine bestimmte dogmatische Tradition, sondern die freie Hinwendung und der distanzierte Bezug zu einer einzelnen Religion oder zu mehreren. Ihre Spannung zu den bestehenden Religionen kennzeichnet sich vor allem durch ein Nein zu deren dogmatischen Formen.

Der Kern dieser Distanz liegt im Zweifel an ihrer Sinnhaftigkeit und im Verneinen ihrer Plausibilität. Religiöse Überzeugungen sind für sie den künstlerischen Auffassungen ähnlich. Sie seien mühsam errungen und immer eingebettet in einem grundsätzlichen Zweifel. Die künstlerische, religiöse, wie jede geistige Suche vollziehe sich in der Dialektik von Position und Negation, von Setzen und Hinterfragen, von Zutrauen und Zweifel. Der Zweifel ist das eigentliche »movens«, die treibende Kraft des schöpferischen Tuns, die unruhige, nie zufriedengestellte Kreativität, die gerade auf dem Wege sich selbst erfährt. Kunst als Erforschung der primären inneren Wirklichkeit, oder besser: Erforschung und Weiterentwicklung unserer Mittel zur Wirklichkeitsgestaltung; Kunst also, die immer wieder zur Gestaltung von Gestaltlosem ansetzt, wie Hermann Kern es einmal formuliert hat.

Die Reflexion des Zweifels als ein wichtiges konstruktives Element der geistigen Tätigkeit des Menschen ist aber nicht nur in der modernen Kunst oder in allen neuzeitlichen Aktivitäten wie etwa der Wissenschaft zu Hause, sie bestimmt auch die Theologie. Das Stichwort »Zweifel« findet sich in allen größeren theologischen Wörterbüchern, ja es hat im Rahmen einer Fundamentaltheologie ein eigenes Kapitel. Dieses wird oft in Zusammenhang mit dem Thema »Anfechtung des Glaubens« behandelt. Es findet in den frühchristlichen Schriften der Bibel einen breiten Ort. Unmißverständlich wird hier davon gesprochen, daß sich der Glaube in der

Anfechtung des Alltags zu bewähren habe. Es ist die Anfechtung angesichts des Unglaubens, des theoretischen Zweifels wie der inneren Unsicherheit. Ihnen gilt die Verheißung des Apostels: »Selig der Mann, der die Anfechtung erduldet; nachdem er bewährt ist, wird er die Krone empfangen, welche Gott denen bereitet hat, die ihn lieben« (Jak 1,12). Noch deutlicher spricht sich die Nähe von Glauben und Zweifel in dem Ausspruch des Mannes aus, der nach der Heilung seines Kindes, auf seinen Glauben hin befragt, ausruft: »Ich glaube, Herr, hilf meinem Unglauben« (Mk 9,24).

Die innere Gewißheit des Religiösen ruht in der Kommunikation einer Glaubensgemeinschaft und wird in die Plausibilität der subjektiven Weltsicht eingebunden. Diese Einbindung ist ein Ergebnis von Erfahrungen, Handlungen und Reaktionen in verschiedenen Lernvorgängen. Am Ende haben diese geistigen Aktivitäten existentielle Dimensionen und sind Teil eines differenzierten Geflechts erworbener Wissensstrukturen. Sie aufrecht und lebendig zu erhalten, ist Aufgabe eines geistigen Regeseins. Doch ist es, wie alle geistigen Vorgänge, immer wieder bedrängt von Gewöhnung und Langeweile, von Grenzerlebnissen und Vanitas-Anmutungen oder auch schlicht von einer intellektuellen Müdigkeit. Jede innere Gewißheit ist krisenhaften Entwicklungen ausgesetzt. Dies gilt gerade auch für die religiösen Überzeugungen, deren Funktion es immer nur sein kann, dem unerreichbaren religiösen Geheimnis gegenüber sich geheimnisbezogen zu bewähren. Alle »Gewißheit« muß die Ungesichertheit eines solchen geheimnisbezogenen Wissens aushalten. Und gerade darin ist der Grund zu sehen, daß alle Religion immer wieder dem Wandel ausgesetzt ist. Formen erstarren; Überzeugungen erweisen sich als irrelevant; Infragestellungen immunisieren; Einwände schlagen durch; und nur im stets neuen Ausgriff und Wiedererringen vertraut gewordener und eingewöhnter Sicherheiten kommt der Glaube wieder zustande, sozusagen im Schmerz einer permanenten Geburt. Der katholische Theologe Karl Rahner beschreibt den Dauerkonflikt des religiös orientierten Menschen: »Die Argumentation des Daseins selber läßt den Menschen einsam werden, wie ins Leere gestellt (...), seiner

Freiheit ausgeliefert und dieser dennoch nicht versichert, wie umgeben von einem unendlichen Meer der Finsternis (...), brüchig arm, vom Schmerz seiner Kontingenz durchbebt, immer aufs Neue seiner Abhängigkeit (...) überführt.«[1]

Es sind im letzten die Grenzerfahrungen und die bewußt gesehene Endlichkeit, die den Menschen in einen permanenten Zweifel stellen und ihm die erworbenen Sicherheiten und Gewißheiten je neu aufgeben als Frage und als Problem.

Der evangelische Theologe Paul Tillich kommt auf eine Grundunterscheidung im Zweifel zu sprechen; er unterscheidet einen essentiellen Zweifel von einem existentiellen. Den ersten verbindet er mit dem methodischen Zweifel der Wissenschaften; er geht auf Descartes zurück. Dieser Zweifel sei der Ausdruck einer allgemeinen Unsicherheit des Menschen, die sich in der Kontingenz aller seiner Lebensvollzüge nahelege, zeige sich bei der Wahl menschlicher Beziehungen, in der Unbestimmtheit des Gefühls und im Wagnis einer jeden Entscheidung. Schließlich erscheine sie im Zweifel an sich selbst und an der Welt als solcher, sie erscheine als Zweifel am Sein als Sein.

Die moderne Reflexion des Zweifels entwickelt diesen zu einer weltanschaulichen Position. In existentialistischer Weise wird versucht, diesem Zweifel offen zu begegnen und ihn zu verantworten. Die meisten Menschen suchen sich aber einen Fluchtweg, indem sie für ihre Gewißheiten Verteidigungsmaßnahmen aufbauen, die »teils brutal, teils fanatisch, teils unsauber sind. Auf jeden Fall aber ungenügend und zerstörerisch, denn es gibt in der Endlichkeit weder Sicherheit noch Gewißheit«.[2]

Auch im religiösen Bereich gibt es solche selbstfabrizierten Sicherheiten, die sich abkapseln und dogmatistisch behaupten. Im Rahmen einer Auseinandersetzung mit Luthers Auffassung von der Anfechtung spricht der evangelische Theologe Gerhard Ebeling von einem »selbstverkrümmten Menschen«. Der verkrümmte Mensch, »der sich selbst vor Gott behaupten und rechtfertigen und so gegen Gott sichern will, der sich also ausrechnet und Gott vorrechnet, wie Gott über ihn und wie er über Gott zu urteilen hat

– dieser Mensch mag zwar die Existenz Gottes als feststehend betrachten, er mag auch seine eigene Existenz vor Gott für gesichert halten, er bleibt dennoch der Mensch in Ungewißheit«.[3]

Der Zweifel thematisiert sich, wie wir gesehen haben, in der Theologie nicht weniger als in der Kunst. Theoretisch ist er jedem religiösen Glauben immanent, ja ein kritisch religiöser Zeitgenosse unserer Tage, Graham Greene, bekennt sogar in einem Gespräch »über Gott und die Welt«, daß »Zweifel für die Menschheit wichtiger waren« als der Glaube. Dennoch sieht es in der Praxis anders aus. Der Zweifel spielt auf den Kanzeln wie im Alltag der meisten Gläubigen eine untergeordnete Rolle. Religion ist weithin ein Synonym für Fanatismus, Dogmatismus und Kritiklosigkeit. Die wirklichen Anwälte kirchlicher Selbstbezweiflung haben es schwer. Eine Kultur des Zweifelns gibt es in der Kirche so gut wie nicht. Um so mehr und um so systematisierter ist sie in der Kunst zu Hause. Zwei Einblicke sollen das im folgenden belegen.

Der englische Maler Francis Bacon (geb. 1908) geht seit Jahrzehnten in seinen Bildern ausdrücklich jede Form der Selbsttäuschung des Menschen an. Er bezweifelt frontal die dogmatisierten Traditionen und verflachten Konventionen, mit denen dieser seit Generationen versucht, seiner Einsamkeit zu entfliehen und der Erkenntnis aller Nichtigkeit des Lebens auszuweichen. Demgegenüber will sich Bacon konfrontieren mit den Realitäten von Angst, Verzweiflung und abgründiger Langeweile. Bacon bezweifelt grundweg die Sinnhaftigkeit jedweden religiösen Glaubens, auch wenn er einräumt, daß die Religion den Menschen zu einer Hingabe fähig mache, jedoch um den Preis der falschen Vorstellungen, der Autosuggestion und der Illusion. Für diesen Maler ist allein die Kunst in der Lage, angesichts solcher nihilistischer Perspektiven Bedeutungen für den Augenblick zu schaffen. »Ich halte das Leben für eine völlig sinnlose Angelegenheit. Es hat keinen Sinn, auch wenn man für sich selbst einen Sinn schaffen kann, das muß man dann aber schon selbst machen.«[4]

Bacon schafft den Sinn in seiner Kunst, er schafft ihn aus einem intensiven Leben und aus dem Malen aus der jeweils augenblickli-

Francis Bacon: *Triptych '71. In Memory of John Dyer*, 1971. Jedes der drei Bilder steht für sich selbst, sie sollen im Dreitafel-Gerüst mit malerischer Gewalt innere Erregungen bannen.

chen Situation heraus. Wichtig sind ihm dabei die Kategorie des Zufalls wie der Rückgriff auf mythologische Traditionen. Sein Umgang mit ihnen ist freilich distanziert, kritisch gebrochen. Er zitiert sie nicht; er transportiert sie nicht; er setzt sich mit ihnen auseinander, eben so wie er sich mit Literatur befaßt, ohne sie illustrierend zu verwerten. Die alten Themen inspirieren ihn, das ist alles.

Eines der Motive, mit denen er sich in den verschiedensten Phasen seines Schaffens auseinandersetzt, ist das des Kreuzes. Das war in der Vorkriegsphase der Fall, es zieht sich über die Jahre 1944 mit *Drei Studien für Figuren am Fuße einer Kreuzigung* (Abb. 1) und 1950 mit *Fragment einer Kreuzigung* bis in die sechziger Jahre hinein, um dann gegen Ende der achtziger Jahre zu verschwinden; in jüngster Zeit erfolgte die Wiederaufnahme des Themas von 1944 (Abb. 2). In allen Bearbeitungen dieses Motivs ist das Kreuz seiner ursprünglichen Zusammenhänge entkleidet. Der »aufgeklärte« Bacon entfernt alle historischen Reminiszenzen. Sie sind für ihn obsolet geworden und haben ihre Kraft verloren. Die Kreuzigung ist reduziert auf das formale Element einer Exposition und einer letzten Einsamkeit. Auf der rechten Tafel der *Drei Studien zu einer Kreuzigung* von 1962 kriecht ein auf ein Kadaverstück reduziertes Lebewesen wie ein Wurm auf das aufgerichtete Brett hinunter. Das eigentliche Kreuz ist nicht zu sehen; im Zentrum steht ohnehin ein Bett mit einer in sich verkrümmten menschlichen Figur. Das Thema ist durch Bacons Zweifel hindurchgegangen. Seine Figuren stimmen mit der christlichen Ikonographie nicht mehr überein. Alles Geschichtliche ist abstrahiert, letztlich bleibt nur noch die leere Form, die nach dem Durchgang durch die atheistische Distanzierung frei geworden ist, Existentiales des modernen Menschen aufzunehmen, dies zur Empfindung zu bringen.

Bacons Malerei bietet für den Betrachter, der sich auf seine Distanzierungen einläßt, einen ästhetischen Rahmen, in dem man sein eigenes Ahnen und Erleben einordnen kann: Tod und Leben, Vergeblichkeit und Glück, Nüchternheit und Wahn, Begeisterung und Enttäuschung, Glauben und Zweifel. Artikulationen gibt es für diesen Post-Religiosen nur im Vagen. Bestimmung nur im Geahnten, ein Begreifen nur von dem, was sich entzieht. Und doch weiß sich die vom radikalen Zweifel geprägte Weltsicht eines Bacon dem Abfall in das endgültig Nihilistische zu entziehen. Im Gestalten schwingt er sich aus dem »Optimismus des Nervenmaterials« auf in ein erneutes Durchhalten im Augenblick.

Bacons Weltsicht hat die Trennung mit dem christlich-religiösen Erbe schon früh vollzogen und zeit seines Lebens ganz entschieden durchgehalten. Dennoch haben seine im Zweifel errungenen künstlerischen Gewißheiten einen religiösen Charakter. Sie sind ein persönliches Ausgreifen nach Verstehen und Kommunikation. Es ist ein zweifelndes Ausgreifen nach Halt und Rahmen im künstlerischen Tun. Gerade darin ist er ganz und gar Existentialist, obwohl er in dieser weltanschaulichen Position nicht aufgeht und sich auch einer solchen Etikettierung entziehen würde. Bacon distanziert sich von jeder begrifflichen Einkreisung wie von einer Theoretisierung des Lebens als solcher. Und doch gibt er das Leben in seiner Sicht sogleich zu einer neuen und befreienden Identifikation frei. Obwohl Francis Bacon darauf besteht, daß er keinerlei Botschaft übermittle, tragen seine Werke nach dem Zeugnis eines seiner besten Freunde und Kenner, Michel Leiris, dazu bei zu erspüren, was für einen Menschen ohne Illusionen die Tatsache des Existierens bedeutet.

Der Zweifel im Bild, der bildgewordene Zweifel – kaum ein Werk trifft so stark ins Zentrum dieser Vorstellung wie das des Österreichers Arnulf Rainer (geb. 1929). Das kommt vor allem in den Arbeiten mit religiösen Bezügen zum Ausdruck: bei der Kreuz- und bei den Christusgesichts-Übermalungen. In diesen Werken geht er den Weg der Dialektik von Verbergen und Enthüllen.

Das Kreuz ist für Rainer zunächst und zuerst ein anthropologisches Grundzeichen. Es ist ein graphischer Markierungspunkt und eine rechtwinklige Überschneidung von zwei Linien. Dann, und erst dann ist es auch ein christliches Symbol. Verneinung und Behauptung, Abstoßen und Anziehen, Auslöschen und Markieren sind Dimensionen seiner Kreationen aus Unsicherheit und Zweifel, aus Schmerz und innerer Not, aus Provokation und Befriedung. Sein Ausgangspunkt ist das Unvollkommene, das Verletzte, das Geschundene, das Verzerrte ebenso wie das Reine, das Heilige. Seine Kreuz- und Christusgesichts-Übermalungen (Abb. 3) entstammen stets einer bis zur Verzweiflung getriebenen inneren Auseinandersetzung.

Um die Systematik des Zweifelns in seinen Arbeiten näher zu erschließen, bietet es sich an, zwei Namen zu nennen, die für Rainer wichtig geworden sind: Louis Chardon und Emile Cioran. Anfang der fünfziger Jahre hat Arnulf Rainer sich mit dem französischen Mystiker, dem Dominikaner Louis Chardon (1595–1651), auseinandergesetzt, dessen Denken ihm in Henri Brémonds Werk *Das wesentliche Gebet* begegnete. »Die Mystik«, so spricht Chardon seine geistige Ausgangslage an, »ist wie ein Vogel, der nirgends hingehört und nirgends einen Ort der Ruhe findet. Springt er ins Meer, verfolgen ihn die Fische, erreicht er das Land, treiben ihn die Landtiere davon, entflieht er in die Luft, dann wollen die anderen Vögel ihn nicht dulden.«

Den Gegenpol zu Louis Chardon bildet der französisch-rumänische Philosoph Emile M. Cioran, 1911 in Siebenbürgen geboren, seit 1937 in Paris; er ist bekannt als ein Denker von äußerster Radikalität. Cioran lebt aus einem bitteren Weltschmerz, der ihm zur tiefen Erfahrung geworden ist. Im Zentrum seiner Schriften steht das Bekenntnis zur Destruktivität des Geistes. »Sobald der Geist sich in Bewegung setzt, nimmt er den Platz Gottes und alles Sonstigen ein. Er ist Indiskretion, Übergriff, Profanierung. Er ›arbeitet‹ nicht, er zersetzt. Die Spannung, die sein Vorgehen verrät, beweist Brutalität und Unerbittlichkeit.«[5] Cioran verletzt und ficht an, was dem landläufigen Zeitgenossen hoch und heilig ist. Alles ist ihm Trug, selbst das Denken, das den Trug zu entlarven sucht, ist Trug und Selbstbetrug.

Was ist für Arnulf Rainer die Grundbedeutung des Kreuzes? Ein positiver Bezugspunkt findet sich bei Louis Chardon: »Man empfängt das Kreuz nicht mehr als Ursache der Trübsal, sondern als Pfand der Gegenwart des lebendigen Gottes, die um so durchdrin-

Arnulf Rainer: *Kruzifikation*, 1980–83. Dieses Altar-Kruzifix auf ungehobelten Brettern wirkt wie eine werkimmanente Abkehr von der dunklen Nacht auf Golgotha.

gender (...) wird, je weniger sie als Tröstung wahrnehmbar wird.«[6]

Zugleich aber verhüllt sich diese positive Deutung unter das Dunkel des verbitterten Zweifels bei Emile Cioran: »Christus wird von Tag zu Tag fader; seine Lehre und seine Milde werden uns lästig; seine Wunderwerke und seine Göttlichkeit verleiten zum Lächeln. Das Kreuz neigt sich: vom Symbol wird es wieder zur Materie und kehrt damit in die Ordnung des Zerfalls zurück... Ich träume von einem All, das verschont bleibt von himmlischen Vergiftungen, von einem All ohne Kreuz und Glauben.«[7]

Eines der Elemente, die Arnulf Rainer von Louis Chardon übernimmt, ist die Spannungseinheit von Weltnähe und Weltdistanz. Einerseits sucht er – in den Worten Chardons – den Augenblick, »wo das Denken sein Fragen einstellt und sich schweigend dem Mysterium (...) beugt«. Andererseits aber ist er »willens, diese gern geleistete Kapitulation dennoch so sehr wie möglich zu verzögern«. Chardon läßt nichts im Geheimnis beschlossen, was er ihm entreißen könnte. Bis an die Schwelle der großen Finsternis sucht er vorzudringen.

Wiederum genau diese Gegensatzpole sind es, welche die inneren Kämpfe Ciorans ausmachen. »Ich habe versucht«, so schreibt er, »in einer Gnade zu stehen, in irgendeiner Gnade; ich war willens, Schluß zu machen mit allen Fragen und unterzutauchen in einem Licht der Ungewißheit, in irgendeinem über den Intellekt erhabenen Licht. Doch wie ihn ausstoßen, jenen Seufzer der Glückseligkeit, der alles Fragen übertrifft, wenn keine Schönheit dich erleuchtet, und wenn Gott und die Engel Blinde sind?«[8]

Wer die religiösen Arbeitsvorlagen von Arnulf Rainer betrachtet, ist von ihrem Ernst berührt. Wer die Übermalungen und Bearbeitungen auf sich wirken läßt, erspürt die Spannung zwischen Vorlage und künstlerischer Auseinandersetzung. Es sind Aggression und Ruhe, Ablehnung und Akzeptanz, die durchschlagen; ein Attackieren, das bis ins Schlagen geht, ein zaghaftes Berühren, das Spuren von Liebkosungen zeigt. Die Arbeiten von Arnulf Rainer entstammen der Verlebendigung dieser existentiellen Gegensätze.

Das Ausagieren dieser Gegensätze ist die Weise, wie Rainer eine fotografische Vorlage, ein älteres Kunstwerk, ein Thema ausschöpft, »umkreisend und durchdringend«. Arnulf Rainer bringt die Spannungen, um die es ihm dabei geht, selbst in einem unveröffentlichten Brief zum Ausdruck: »Die vielen Kreuze, die ich da in letzter Zeit fabrizierte, kommen nicht aus einem hoffnungsfrohen Impetus oder gar aus christlichem Bekenntnis und Missionseifer zustande, sondern aus einer permanenten inneren Verlegenheit, einer spirituellen Not und Dürre. Leere, kreative Scham, Motivationsmangel beherrschen mich. Ich mag nicht mehr farb- und formfrohe Bilder produzieren. Keine neuen Serien, keine neuen Wege, keine Selbstüberraschungen. Ich bin auf nichts mehr neugierig, lediglich eine gewisse Weiterbetätigung, am besten immer dasselbe. Repetieren, stereotypes Wiederholen im Rosenkranzstil. So kam es also zu diesem Kreuzbildgeleier. Wem die Melancholie wie ein dicker schwerer Teigpatzen im Genick liegt, findet manchmal Kraft zu allerlei Verrenkungen und Krümmungen, um sich freizuschütteln. Es ist der Wurm in mir, der diese schiefen Figuren gebar. Das meiste aber entstand nicht anders als die Gesten einer alten Frau, die sich immer wieder bekreuzigt, weil sie die große Not kommen sieht.«[9]

Am Beispiel zweier Künstler ist auf die künstlerische Kraft, die aus dem Zweifel resultiert, hingewiesen worden. Viele weitere Beispiele lassen sich anführen, von Andy Warhol bis Werner Tübke, von Alfred Hrdlicka bis Frank Stella, von Antonio Saura bis Georg Baselitz. Der Zweifel hat gerade in den Künsten zur Kultur gefunden. Er geht dabei über das essentielle Niveau der bloßen Methodik hinaus und behauptet sich mutig als Zweifel an den bestehenden Lebensformen und deren Programmierungen schlechthin. Insofern ist er ein Stück »ernstes Leben«, das sich nicht scheut, suchend und bohrend den modernen Lebensbedingungen auf den Grund und dem Dauernden und überzeitlich Gültigen authentisch auf die Spur zu kommen.

Der Zweifel hat sich in diesem Jahrhundert in Gestalt gebracht.

Er hat sich in vielen literarischen Positionen geäußert und ist in vielen künstlerischen Werken ins Bild gekommen. Weithin ist dieser Zweifel ausgegangen von der Auseinandersetzung mit den bestehenden Institutionen und traditionellen Autoritäten. Obwohl die meisten Künstler die religiöse Dimension des Lebens nicht leugnen, ist ihre Reflexion gleichwohl die des autonomen und sich vor sich selbst frei verstehenden Subjektes. Es ist eine Reflexion außerhalb eines lebendig gelebten Glaubens. Darin besteht ein Gegensatz zu den sich auch kritisch verstehenden religiösen und theologischen Standpunkten. Dennoch ist es der Zweifel, in dem beide Seiten kommunizieren können. Freilich berühren sie sich vielfach auch in den Positionen, die einen Inhalt aufstellen.

Religiöse Überzeugungen haben immer nur einen relativen Gewißheitsgrad. Er ist abhängig von den subjektiven Erfahrungen und Weltsichten des Gläubigen. Sie sind nicht kommunizierbar wie empirische Daten. Im gegenseitigen Hinterfragen bleiben sie stets relativierbar. Im gemeinsamen Bedenken und Bekennen stützen sie sich. Religiöse wie künstlerische Gewißheiten beziehen sich stets auf die Deutung ungedeuteten Lebens. Hier sind stets verschiedene Akzente möglich. Die Form- und Präzisierungssuche steht immer in einer Differenz zum ›Sachverhalt‹, den es auszudrücken gilt. Aus der Spannung heraus aber kann der Zweifel jede Formulierung herausfordern, auf der Ebene geheimnisbezogener Aussagen, diesem Geheimnis selbst näherzukommen, um ihm mehr und mehr zu entsprechen. So fordert der Zweifel die gläubige Behauptung zu sich selbst, und umgekehrt, der Glaube hinterfragt den Zweifel.

Im Blick auf diese grundsätzliche Gemeinsamkeit formulierte einmal ein heute hoher katholischer Würdenträger, Joseph Kardinal Ratzinger, in seiner *Einführung* in den Glauben die verheißungsvolle Vision: Wenn es die Grundgestalt menschlicher Intellektualität und Existenz ausmacht, daß der Mensch nur glaubend und zweifelnd, nur angefochten zur Gewißheit seines Daseins findet, dann könnte vielleicht gerade so »der Zweifel, der den einen wie den anderen vor der Verschließung im bloß Eigenen bewahrt, zum Ort der Kommunikation werden. Er hindert beide daran, sich völlig in sich selbst zu runden, er bricht den Glaubenden auf den Zweifelnden hin und den Zweifelnden auf den Glaubenden hin auf. Für den einen ist er seine Teilhabe am Geschick des Ungläubigen, für den anderen die Form, wie der Glaubende trotzdem eine Herausforderung an ihn bleibt.«[10] Bei einer solchen Zuordnung brächen für das Verhältnis von Kunst und Religion ganz neue Zeiten an.

Fragmentierung des Menschlichen:
Francis Bacon

KUNST AUS FRAGMENTEN

Unter den verhältnismäßig wenigen Landschaftsbildern im Werk von Francis Bacon gibt es eine seltsame Transformation traditioneller Darstellungsformen. Gewohnte Motive werden auf eigenwillige Weise auf einen Kern hin reduziert. Da ist z. B. eine *Sand-Düne* (1983), deren Oberfläche vom Wind bewegt zu sein scheint. Ihre Erscheinung zeigt Spuren des Verwehens. In sie bricht Licht hinein und konstruiert plastische Räumlichkeiten. Die Düne ist aus ihrer landschaftlichen Einheit herausgebrochen und in einen künstlichen Schaukasten gestellt, der sich in einem phantastischen Raum befindet; elektrisch von oben beleuchtet, scheint sich die Sandform in einer unheimlichen Lebendigkeit aus eben diesen Begrenzungen wie ein lebendiger Torso herauszuschieben.

Bacon verhandelt dieses Thema künstlich auf der Ebene einer abstrakten Konstruktion und preßt sie buchstäblich in seine eigenen Halterungen, die alles konventionell Stimmungshafte wegschneiden und das Motiv in eine äußerste Konzentration versetzen. Seine Landschaften wirken daher so künstlich wie eigenwillig. Sie bestehen nur noch in letzten Restbezügen zum überlieferten Sujet und sind im Detail von vielen fremd anmutenden Formen durchsetzt, die anderen Gesetzen gehorchen als denen einer realistisch wahrnehmbaren Vorgabe. Bacons Themen sind aus ihren vertrauten Einheiten herausgebrochen und zeigen sich nur noch im Fragment.

Was an den wenigen Landschaftsbildern zu beobachten ist, das zeigt sich verstärkt bei seinem eigentlichen Thema: der menschlichen Figur. Auch sie wirkt torsohaft, als Bruchstück einer nur noch imaginär möglichen Einheit. Sie ist, was sie ist. Sie verweist auf nichts, vielmehr zieht sie die verlorenen wie verstörten Blicke des Betrachters auf sich selbst, hinein in jene ebenso kargen wie weithin leeren Räume. Hier ist kein Abschweifen der Augen möglich. Immer wieder werden sie auf die Figur selbst zurückgeworfen. Irritiert mag sich die Aufmerksamkeit auf die pfützenartigen Schatten verlegen oder sich zwischen den geometrischen Konstrukten verlieren. Die Kühle ihrer Atmosphäre und das Kahle ihrer Konturen atmet kalte Rationalität. Wie von selbst erzwingen die heftigen Farbzentren von Gesicht oder Mund, Hand oder Genital die Rückkehr des Augenmerks. Die geradezu wilden Malspuren fixieren das Sehen buchstäblich hinein in jene Bildzonen, wo sich alles Thematische verliert in die Spannungen zwischen den Farben, in ein ungewohntes Rot oder Rosa, ein neuartiges Blau oder Grün usw. oder auch nur in die fleckige Leere weißer Zonen, die alle heutigen Sinnblockaden vor dem Leben zu beschwören scheinen.

Abermals verschreckt, mag sich der Betrachter diesem Bann entwinden und zurückflüchten in die Weiten des Bildes, wiederum wandernd durch alle Stangen und Kästen – bis er erneut gestellt wird, diesmal vielleicht von jenen vogelartigen Gespenstern, die alle Fluch- und Bannkraft längst verscheuchter Geister in sich zu versammeln scheinen. Spätestens auf dieser Seh-Stufe realisiert sich auch unter denen, die diese Werke sehen, jene rätselvolle Stimmung, die sich immer wieder bei Ausstellungen von Bildern Bacons niederschlägt, ob bei jener warenhausähnlichen, überdichten Hängung in der Tate-Galerie 1985 in London oder kurz darauf in der kathedralhaften Inszenierung der Staatsgalerie in Stuttgart. Befangen, betroffen, bedrückt wirkten und wirken die Menschen vor diesen Gemälden. Stets herrscht hier eine sonst ganz selten wahrzunehmende gefüllte Stille, gepaart mit einer ratlosen Aufmerksamkeit. Und doch ist genau in dieser Wirkung die Kunst Bacons an ihrem Ziel: in einer breit ausholenden malerischen

Radikalität den Betrachter zu fesseln, ihn zu berühren und zu erschüttern und ihn in eine Krisis zu führen, die an die Klassik des griechischen Theaters erinnert.

Bacons Kunst ist eine aufrüttelnde Kunst. Sie bindet in sich die Kräfte, die nötig sind, um den Menschen in seiner persönlichen Empfindsamkeit aufzuschließen. Sie zwingt den, der vor diesen Bildern steht, andere Wahrnehmungsweisen aufzubieten als die des gewöhnlichen ästhetischen Durchmischens dessen, was er ohnehin kennt. Diese Kunst ist voller Fallen, in die der gejagte Betrachter hineintappt und aus denen er sich – allein auf sich gestellt – nur unter Aufbietung neuer kreativer Abwehr- und Verarbeitungskräfte befreien kann. Als Künstler verschloß sich Bacon aller einfachen Wiedergabe des Oberflächlichen. Sein Sinn stand nie nach steifem ästhetischen Protokoll, sondern nach aufsehenerregenden Ausbrüchen.

Bacon will nach eigener Aussage mit seiner Kunst vor allem »Empfindungszonen erschließen (...), die zu einem tieferen Gefühl für die Wirklichkeit des Bildes führen, wo man versucht, eine Konstruktion zu finden, durch die das Wesentliche roh und lebendig eingefangen wird und so bleibt und schließlich (...) versteinert«.[1]

Diese Kunst hat ein eindeutiges Ordnungsinteresse. Sie will Formen schaffen und setzen, welche in ihrer Wirkung dem Betrachter das Chaotische und Abgründige des Seins vor Augen führen. Damit wird das Bedrohliche optisch eingefangen und baut sich ihm gegenüber eine neue Souveränität auf.

»Ich glaube«, so bekannte er einmal, »große Kunst kommt aus einer tiefen inneren Ordnung.« Selbst wenn es innerhalb dieses Rahmens mächtige instinktive und zufällige Dinge gebe, entsprängen sie doch einem Wunsch nach tieferem Zusammenhang. Dieses Bestreben macht für Bacon den entscheidenden Impuls zur Kunst aus, aus der sie sich stets erneuern kann. Die Kunst habe die Kraft und in ihren malerischen Mitteln die Eigenschaft, immer tiefer in die Wahrnehmungen des Menschen einzudringen. Sie kann alle intellektuell rezeptive Sicht auf das Wesentliche konzentrieren, sie damit verändern und alle aktiven Kräfte zur Lebensgestaltung vertiefen. Das macht das Optimistische und Konstruktive dieser Kunst aus.

Näherhin sind es also die Empfindungen der Betrachter, die Bacon berühren möchte; und es sind die eigenen Erregungen seines, wie er es nennt, »Nervensystems«, dem sie entstammen. Sie sollen gestaltlose Erlebnisschichten, vage Ahnungen, amorphe Intuitionen in eine eindeutige Form setzen. Dazu bedient er sich einer dialektischen Methode. Sie ist auf der einen Seite erfahrungsorientiert und auf der anderen innovativ. In ihrer Spannung, zu der sich diese Pole herausrufen, realisiert sich gleichermaßen gegenständlich gebundene wie freie, abstrakte Malerei.

Zur materialen Basis benötigt sie stets eine fotografische Vorlage, die im Falle der Figuration auf eine konkrete Person bezogen ist. Diese setzt selbst schon Erfahrungen aus der Erinnerung frei, sie nährt sich aus den Erweckungen lebendiger Beziehungen. Genau dies erlaubt immer wieder den ungebundenen Ausbruch aus den angelegten Formen und gibt freien Einfällen die Chance, sich zu realisieren.

»Zufall« und »Glück« nennt Bacon diese Elemente. Sie sind die Faktoren, die jeweils das entstehende Bild in seinem geplanten Aufbau im Detail deformieren oder verfremden, verletzen oder zerstören. Der Kampf zwischen diesen beiden Extremen, dem ordnenden Aufbau und der amorphisierenden Kreation, macht das Besondere seines künstlerischen Schaffens aus. Einerseits hält er seine Figur durch einen strengen Rahmenaufbau im Gerüst, damit sie nicht gänzlich abstürzt, andererseits aber ist er frei zu allerlei malerischen Verrenkungen, die weit über die natürlichen Möglichkeiten hinausgehen. Diese Malerei lädt sich im Prozeß ihres Entstehens mit ganz neuen und unbekannten Kräften, Spannungen, ja Gewalten auf. Das Bild gewinnt so unter der Hand des Malers und im Bann seiner ›Beschwörungen‹ ungekannte Ausdruckskraft und einen Charakter ganz eigener Art, den einer Schöpfung zur Entschlüsselung verborgener Geheimnisse. Die Leinwand wird so zum Operationsfeld, zu einer Kampfzone zwischen vernunftbezogenen und irrationalen Kräften, bei der alle ›zufällige‹ Eingebung einer strengen, ästhetischen Kritik unterworfen wird, wo jeder ›glückliche‹ Einfall dem Verdacht des Mißgriffs ausgesetzt wird.

»Sehen Sie«, so erklärt er David Sylvester, »wenn Sie zum Beispiel an ein Porträt denken, da hat man einmal den Mund an eine bestimmte Stelle gesetzt, aber plötzlich merkt man, wenn man sich das als ein Diagramm vorstellt, daß der Mund auch quer über das Gesicht verschoben werden könnte. Und irgendwie würde man gerne in einem Porträt eine Sahara der menschlichen Erscheinung verwirklichen – es ähnlich zu machen, aber so, daß es die Weite der Sahara zu haben scheint.«[3]

Bei der Entstehung dieser Bilder hat aber nicht nur pure Schaffensfreude Pate gestanden, sondern immer auch das Leben als Last und Leiden zugleich, das sich seiner Vergeblichkeit bewußt wird. Diese Malerei realisiert als künstlerisches Tun stets etwas von dem, was sein Schöpfer verbal immer wieder ausdrückte: Selbstzweifel, Illusionsverdacht, Zeitverlust, Ortlosigkeit, Kampf, Überwindungsversuche angesichts eines permanenten Schwundes an Sinn. Das Ergebnis dieser Häutungen und Enthüllungen zeigt eine nackte und erschreckende Wahrheit: den in der Moderne isolierten Menschen als Frage, der um die Unzulänglichkeit aller Antworten weiß; als ein zweckloses Geschöpf, vom Tod dauernd beschattet, des Schreckens fähig, zur Selbstzerstörung versucht, aller Chancen einer Befreiung beraubt – fast aller, denn der Mensch muß sich als Mensch trotz alledem nicht einfachhin mit der Realität, wie sie erscheint, abgeben. Darin zeigt sich abermals das Konstruktive dieser Kunst: Jeder kann sich gegen diesen negativen, desillusionierenden Druck auflehnen, indem er allem vermeintlichen Schicksal eigene Bedeutungen entgegenstellt, die er sich allerdings selber schaffen muß. Die Kunst ist für Bacon eine Kraft, solche Werte zu schaffen. Sie wird für ihn zu einer Energie des Überlebens, sie liefert »ein Mittel, um vom einen zum anderen Tag zu existieren«. Die Kunst steigere das Lebensgefühl und führe zu der Kraft, etwas zu tun, an das man glaubt. Damit aber bewirke sie etwas, was vor dem Zerfall aller Illusionen den Religionen eigen gewesen sei: Sie mache zur Hingabe fähig, allerdings nur im Rahmen einer schonungslosen Annahme der offensichtlichen Sinnlosigkeit des Lebens.[5]

»Ich halte das Leben für bedeutungslos – aber wir geben ihm Bedeutung, solange wir existieren. Wir schaffen bestimmte Haltungen, die ihm eine Bedeutung geben, solange wir leben, obwohl sie an sich bedeutungslos sind.«[6]

Francis Bacon hat zeit seines Lebens viel Anstrengung darauf verwendet, den besonderen künstlerischen Charakter seiner Bildwelt herauszustellen. Sie ist nicht, was sie im Blick traditioneller Kunst zu sein scheint: ein Abbild des Menschen, seiner Situation in der Gesellschaft und seines Schicksals in der Welt. Oft und immer wieder werden die fremden Formen seiner Bilder als düster, qualvoll, gewalthaft, verzweifelt usw. gedeutet. Aber sie sind es nicht, und es bedarf einer längeren Anstrengung in geistiger Offenheit, um ihre wirkliche Qualität zu erfassen. Diese Bilder gewinnen ihre Anziehungskraft nicht durch den ständigen Neu- oder Wiedererwerb illustrativer und illusionärer Belehrungen, sondern einzig durch den Aufbau einer neuen Ichstärke und Subjektfähigkeit des Betrachters. Es seien gerade diese nicht-illustrativen, gleichwohl aber realitätsbezogenen Formen und Zeichen, sagte er einmal, die in der Kunst zur Neuformung des Menschenbildes führen könnten, zu einem Wesen, das sich »stapfend durch tief umgepflügte Felder schleppt, ... (zu) Gestalten, die gehen und hinfallen«.[7]

Bacons Werk ringt um das Menschliche, um neue Erfahrungen und neue Verstehensformen, die der einzelne machen kann. Einen Weg dorthin sieht er in der Intensivierung der Empfindungen und in befreiteren Formen, darauf zu reagieren. So lagern sich in seinen Bildern ungewohnte Systeme von Zeichenträgern ab, die sich mehr über ihre Wirkung als über ihre inhaltliche Entschlüsselung vermitteln. Da sie selbst außergewöhnlichen Gefühlsausbrüchen ihr Entstehen verdanken, sind sie nicht mehr als irgendwelche Abbilder zu begreifen, sondern als deren ›Aufhänger‹. In ihren realitätsbezogenen Restbeständen lassen sich die Ursachen dieser Impulse deutlich ausmachen, mit denen sich dann die Empfindungen einfangen lassen. So besehen, vermitteln sich alle Fragmentierungen dem einfühlenden Verstehen: das Weglassen von Gliedmaßen, das Umstrukturieren der Figur, demzufolge beispielsweise ein ganzer Kopf im Genitalbereich festgemacht wird oder eine Gestalt in ihren Brüsten aufgipfelt, kämpfende Körper auf den Bett-Gerüsten kopulierend zu einer einzigen fleischlichen Einheit zusammenschmelzen – und dabei doch bleibend schmerzlich je in sich selbst zurückfallen.

Diese Kunst lebt aus dem Erlauschen eigener Intuitionen und der geradezu zwanghaften Demonstration innerer Gesichter. Ihr Ziel sind nicht die äußeren Formenklänge, sondern der optimale Erweis ihrer Ursprünge. Dem Mißverstehen des einen entzieht sich Bacon durch die Methode der Dekonstruktion; dem Aufweis des anderen dient sein Bekenntnis subjektiver Erregung, die auf die Miterregung anderer ausgerichtet ist. Beides aber ist demonstrativ unvollständig, es ist eine Unvollkommenheit, die zum Stilelement geworden ist. In ihre Dynamik aber läuft sie auf ein neues Begreifen des einzelnen hinaus, wenn und insofern er es sich eigens erringt. Es ist eine Art Selbstporträt, das zeigt, was das menschliche Leben eigentlich ist.

In dieser Hinsicht sind ein Merkmal seiner Bilder und ein Begriff seiner Äußerungen von entscheidender Bedeutung, der Eindruck der Gewalt. Es geht Bacon bei diesem Faktor nicht um eine Realität des Lebens, sondern um den »Versuch, die Gewalttätigkeit der Wirklichkeit selbst neu zu schaffen«.[8] Er dient dem Aufweis einer vitalen Lebenskraft. Sie ist ihm eine Form, alle Lebensschleier zu lüften und alle Schutzschirme hochzuheben, hinter denen sich der Mensch verschanzt. Bacon entdeckt die Gewalt als eine reale Dimension des Lebens, als eine innere Kraft, als die einzige Energie, mit deren Hilfe der Mensch alle Zersplitterung, Isolation und Verlorenheit in ihrer bedrohenden Wirkung bannen kann. Sie ist ein Prinzip des Geistigen, sich jeweils über sich selbst zu erheben.

DAS MENSCHLICHE IM KÜNSTLERISCHEN BLICK

Das Menschliche besteht dem Wortsinn nach aus dem, was zum Menschen gehört und was dem Menschen gemäß ist. Dazu zählt neben allem Menschlichen, allzu Menschlichen vor allem die Selbstreflexion. Sie artikuliert sich je nach den kulturellen Sparten in konkreten Inhalten und Bildern, in Geschichten, Wertvorstellungen und vielem anderen mehr – aber in all dem immer auch formal im Bedenken der allem innewohnenden kreativen Kraft, sie zu entwerfen und hervorzubringen. Da solche Konstrukte sich im Laufe ihrer Geschichte etablieren und gesellschaftlich verteilen, d. h. unbesehen akzeptiert und als plausibel entgegengenommen werden, unterliegen sie nur bedingt und reduziert einem sozialen Wandel, sind es doch gerade die Elemente, die das Beständige in der Gesellschaft garantieren.

Die moderne Kunst war sich von Beginn ihrer Geschichte der Chancen bewußt, gerade in den Prozeß steuernd und innovativ einzugreifen. Sie verstand sich in ihren frühen Vertretern als eine Kraft des Menschlichen, für eine neue Zeit neue Verstehensweisen und -formen zu kreieren. Die Reihe ihrer Namen reicht von Paul Cezanne über Wassily Kandinsky und Piet Mondrian bis hin etwa zu Joseph Beuys, Arnulf Rainer, Antoni Tàpies und nicht zuletzt zu Francis Bacon. Alle haben sie auf ihre Weise die Kunst als eine Quelle für neue Vorstellungen vom Leben und seiner lebendigen Wirklichkeit begriffen.

In diesem Zusammenhang ist es vor allem Bacon, der eine entschiedene Kritik an den vorgefundenen Weltbildern in Wort und Bild vertreten hat. Er lehnt mit der Tradition einer abbildenden Kunst auch die überlieferten abendländischen Weltbilder ab: Religion, Sinnkonzepte, Bildungswissen. Dennoch aber bleibt er dem Negativen allein nicht verhaftet. Sein Umgang mit den konventionellen ›Gerüsten‹ der Kunstgeschichte, wie Kreuzigung, Triptychon, Porträt und Landschaft zeigt, daß ihn die Frage des Menschen nach sich selbst umtreibt und daß es ihm vor allem um die Intensivierung dieser Fragestellung geht. Bacon treibt die Behandlung der letzten Probleme des Menschlichen auf die Spitze und ist dabei kulturanthropologisch interessiert und versiert genug, um in diesem Zusammenhang den systematischen Stellenwert der Kunst zu ermessen.

Francis Bacon hat in seinem künstlerischen Tun – das ist bisher deutlich hervorgehoben worden – keine neuen Inhalte im Sinn, keine neuen Weltbilder, Lehren, Dogmen, Orientierungssysteme. Seine Kunst müht sich um einen Beitrag zur Erhellung von Selbstvollzügen unter den Bedingungen der Gegenwart, d. h. er konfrontiert sich weithin voraussetzungslos mit der nackten Existenz des Menschen. Nicht als gelänge ihm hier der große Wurf – dem würde er ohnehin nie trauen –, aber er erringt sich eine Ehrlichkeit und Freiheit, die ihm die Grundlage für eine eigene Verantwortung der Lebensführung liefert. Im Sinne einer Kultur-Soziologie liegt die Funktion eines solchen Tuns darin, »die Tiefenstruktur der Wirklichkeitsauffassung zu thematisieren. Denn nur durch diesen Akt der bewußten Vergegenwärtigung ist es dem Menschen möglich, seiner eigenen Stellung in der Welt gewahr zu werden und zu einer handlungsrelevanten und sinnhaften Deutung seiner Lebensführung zu gelangen.«[9]

Bacon hängt die eigenen Lebenserfahrungen und Existenzfragen in die Gerüste seiner Bilder und baut damit jene Ordnungsstrukturen auf, die dem Leben direkt abgerungen scheinen. So bringt er unsichtbare Substanzen und bislang nur geahnte Realitäten spannungsvoll in seine Gemälde und setzt sich bekenntnishaft in Form nüchterner Offenbarungen der visuellen Begegnung aus. Ob sie freilich als solche wahrgenommen werden, ist wieder davon abhängig, ob der Betrachter sie lediglich ästhetisch verstehen will oder ob er sich umfassend darauf einläßt und sich von ihnen betreffen läßt. Bacons Gesamtwerk ist somit ein »mitteilbares Formwerk« (Thomas Luckmann), an dem und vor dem sich der einzelne von seinen Ohnmächten freisetzt, darin selbst zu einer freien Person wird, seinem Handeln Bedeutung und Richtung gibt und den Sinn wie Un-Sinn seines Einzeldaseins ermittelt. In solchem Verständnis ist diese Kunst ein Beitrag zu einer Selbsttranszendenz des Menschen im Prozeß eigener Lebensbewältigung, wie eine soziologische Definition von Religion lauten könnte. Seine Kunst ist damit kein Gesamtkonzept an Weltsicht, aber sie ist ein persönliches Lebenszeugnis, aufgehoben in Kunst. Dieser Entwurf ist und bleibt aphoristisch, bietet sich an als Fragment – und ist doch imaginär auf ein Ganzes bezogen, das freilich keine Theorie ist, sondern die Praxis des Lebens selbst. Das ist der Bezug, der all seinem künstlerischen Tun zugrunde liegt. Bacon selbst kommentierte seine Einstellung einmal ironisch mit dem Wort ›Lebensgier‹:

»Ich bin gierig auf das Leben; und ich bin gierig als Künstler. Ich bin gierig auf das, was der Zufall, so hoffe ich, mir geben kann, weit über all das hinaus, was ich logisch kalkulieren kann, und zum Teil ist meine Gier dafür verantwortlich, daß ich, wie man so sagt, vom Zufall lebe – die Gier nach Essen, nach Trinken, nach Nähe von Leuten, die man mag, nach den aufregenden Dingen, die geschehen. Das gleiche gilt auch für meine Arbeit. . . . Denn das Leben ist so kurz, und solange ich mich bewegen kann und sehen und fühlen, möchte ich, daß das Leben weitergeht.«[10]

DAS MENSCHLICHE IM RELIGIÖSEN RAUM

Das *Triptych '71* von Francis Bacon hängt in der Apsis der Kölner Peterskirche in einem gebrochenen Raum. Zerstört bis auf ruinöse Restbestände ging er aus dem letzten Krieg hervor. Torsohaft fristet diese Kirche bis heute ihr Dasein. Zwar waren beim Wiederaufbau der 50er und 60er Jahre restaurative Konzepte bestimmend, aber eine widersprüchliche Mischung aus architektonischer Entschiedenheit, stilistischem Desinteresse an später Gotik und künstlerischer Ohnmacht haben bislang eine ohnehin vergebliche Rekonstruktion dieses alten Kirchenraumes verhindert. Dem zunächst klaren Bekenntnis zum Bruchstückhaften durch den Architekten Karl Band folgte einige Jahre später der mißlungene Versuch zur Wiedererringung einer verlorenen Ganzheit. Die Fenster, die Holz-Schleier der Orgel, die protzige Metalltür, die neuen Balustraden und die frühere Altarraumgestaltung ergaben allenfalls ein kitschiges stilistisches Potpourri. Erst der neue Altar von Klaus Simon rief den Charakter dieses Kirchenraums wieder in das offene Nebeneinander verschiedener Details und in die Gebrochenheit einer für immer verlorenen Ganzheit zurück.

Diesem fragmentarischen Charakter entspricht das Selbstverständnis von Menschen, die hier in bunter Mischung regelmäßig zur religiösen Besinnung zusammenkommen. Die meisten von ihnen sind aus fragwürdig gewordenen konfessionellen oder gemeindlichen Ganzheiten herausgebrochen und wissen bei aller Suche nach einer Orientierung um die Begrenztheit ihres Tuns. Keine Frage, ein neuer Weg zu einem überzeugenden Glauben wird hier gewagt. Der spirituelle Konsens ist die interessierte bis mystische Suche nach dem Geheimnis allen Lebens, das sich im göttlichen WORT zu erspüren gibt. Dennoch ist dies allen Sicherheiten entzogen, wird feiernd nur geahnt, begeistert erweckt und bleibt doch stets gebrochen und allem Bezweifeln ausgesetzt.

Nach diesen neuen Impulsen wird in kultureller Offenheit gesucht. Das Wissen darum, immer nur Aspekte zusammenzuführen bei einem verlorenen Sinn für alle unbekümmerte Pflege des Universalen, Wahren und Gültigen, steht bei allem Bemühen Pate. Dennoch setzt eine manchmal stille, bisweilen lautstarke Überlagerung von anscheinend Fremdem und Widersprüchlichem eine Menge Anregung und Energie zu fruchtbaren Entwicklungen frei. Allein – ob dabei das Geheimnis im WORT ansprechend und geheimniserhellend berührt wird, steht stets unter dem Verdacht einer erregenden wie verwirrenden Negation. T. S. Eliot hat diese Situation erschreckend in die folgenden Zeilen gesetzt:

Wo wird das Wort fündig werden, wo wird das Wort
Mündig werden? Nicht hier, hier ist's nicht still genug,
Nicht auf der See, nicht auf den Eilanden, nicht auf dem
                                                festen Land,

Nicht im durchnäßten Land, nicht in der Wüste,
Für die, so da wandeln in Finsternis,
Beides zur Tag-Zeit und zur Nacht-Zeit,
Sind rechte Zeit und rechter Ort nicht hier,
Nicht Zeit für Freuden für die, so das Antlitz meiden,
Noch Gnaden-Ort für die, so fort und fort lärmend wandeln
und leugnen das Wort.[11]

KUNST UND RELIGION
IM FRAGMENTARISCHEN ZUEINANDER

Das Triptychon von Francis Bacon, das Anfang 1993 in der Apsis der spätgotischen Kölner Peterskirche hing, war an einem Ort ausgestellt, an dem fast 300 Jahre ein klassisches Altarbild einer niederrheinischen Werkstatt gehangen hat. Bezog sich das ältere Werk auf die Geschichten der Bibel, erinnerte es in Form und Inhalt in gewohnter Weise an zentrale Aussagen des christlichen Glaubens, war es stets interpretierender Bestandteil symbolisch verschlüsselter liturgischer Handlungen – so gelten diese Bezüge für die Arbeit Bacons nicht. Obwohl dieser Maler eine Zeitlang das Thema der Kreuzigung mit dem des Dreitafelbildes zu verbinden wußte, weil er hier – wie er sich ausdrückte – ein »hervorragend brauchbares Gerüst sah, an dem man alle denkbaren Gefühle und Eindrücke aufhängen«[12] könne, so streifte er bis auf eine Ausnahme in den letzten Jahren konsequent alle inhaltlichen Bezüge auf eine Kreuzigung von seinen Triptychen ab. Dennoch aber hat er das Kompositionsprinzip des Dreitafelbildes mit subordinierender Mitte beibehalten und zu einer beispielhaften qualitativen Entfaltung geführt.

Die Seitentafeln setzen die Figuren in unterschiedlicher Stellung auf den roten Geländer-Gerüsten fest, die aus etlichen Werken Bacons als Formelement bekannt sind. Auf dem rechten Flügel ist rechts von der Mitte ein plastischer Bildträger aufgerichtet. Darauf ist im Profil nach rechts das Porträt eines Mannes zu erkennen: halb geöffnet die Augen, der Blick ernst und zielgerichtet. Seltsamerweise zieht sich das Bild von seinem Grund ab. Es gleitet auf die Oberfläche des Laufstegs und löst sich dort in eine amorphe, anscheinend dicke, farblich differenzierte Flüssigkeit auf. Ausholende Pinselgesten scheinen das weitere Auslaufen begrenzen zu wollen und laufen in eine erneute Formung des Porträts nach unten, diesmal kopfüber, gehalten von einem jetzt waagerechten Bildträger, der wie eine Tischplatte wirkt: der Porträtierte jetzt mit geschlossenen Augen, die Physiognomie – so leblos wie versteinert im Profil nach links unten. Die Stirnpartie bricht sich unwirklich auf die Seitenkante des Bildträgers und verbindet sich dann mit der Form eines unwirklich gesetzten Tischbeins, das aber ebensogut der Fall einer ins Dunkelbraun gemischten Farbe sein könnte, die aus der Kopfform in einem dickflüssigen, sirupartigen Strahl in eine Pfütze auf den Boden hinabfließt. Ihre Rundform korrespondiert mit den beiden Köpfen über ihr. Alle drei Bildelemente wirken auf einer leicht geknickten Längsachse wie Stadien der Auflösung einer Form.

Auf der linken Seite scheint eine nur mit einem Boxer-Short und einem geschnürten Sportschuh bekleidete Figur ihren Stand verloren zu haben und zu Boden gestürzt zu sein. Die letzte Position eines verzweifelten Kampfes um Halt ist noch zu sehen. Ein dunkler Schatten nach links oben unterstreicht das ausladende Gestikulieren um Wiedererringen verlorener Balance. Ein im Fall unförmig erscheinender Schläger mit einem weißen Ball auf seiner Mitte fliegt der Figur aus der Hand. Der auf den Kopf gefallene Sportler hat seine Augen weit aufgerissen, sein Mund zieht eine breite Grimasse, das Gesicht ist schmerz-verzerrt und löst sich nach links in Richtung der Schlagader in seinen Konturen auf. An dieser Stelle markiert sich in Rot-Schwarz-Formen das Zentrum des Bildes und zeigen sich Spuren eines dynamischen Farbauftrags. Das Gesicht, kopfüber ›en face‹, scheint sich in abstrakter Auflösung in den fast gleichgroßen Ellipsenfragmenten mit einem angedeuteten Kreis in der Mitte zu wiederholen. Beide Bildelemente,

Francis Bacon: *Triptych '71*, Detail. Dieses Bild zeigt den dramatischen Kampf um ein Porträt, das schließlich mißlingt und in eine sirupartige Pfütze ausläuft.

das abstrakte wie das figurative, liegen nebeneinander auf dem Gerüst.

Der Mittelteil des Triptychons eröffnet einen Blick in ein enges Treppenhaus. Das Zentrum des Bildes markiert ein roter Teppich auf einer Treppe, dessen Farbe mit denen der beiden Laufstege auf den Seitenbildern übereinstimmt. Die Treppe führt zu einer höher gelegenen Zwischenetage. Dort ist eine Tür halb geöffnet und erlaubt Einsicht in ein Zimmer, das von einer Glühbirne erleuchtet wird. Am Boden ist der Schatten eines Gegenstandes zu erkennen, den man im Vergleich mit anderen Bildern als eine Toilettenschüssel bestimmen könnte. Nach links zeigt sich der untere Treppenabsatz. Dort ist ein Fenster mit einer Flurleuchte davor. Das dunkle Glas verweist auf Abend oder Nacht.

Auf der Etage steht rechts eine irritierend unvollständig ausgeführte Figur, die einen Schlüssel in eine Tür gesteckt hat und diese leicht geöffnet zu haben scheint. Mit einem Bein steht sie auf angedeuteten Zeitungsfetzen. Das andere Bein ist nicht zu sehen. Ein Winkel im Schritt läßt dies hinter der Tür vermuten. Bewegungsspuren an Hosenbein und Jackett deuten auf Eile. Eine seltsame Einheit besteht zwischen Figur und Tür. Um die dunkel gekleidete Gestalt rankt sich ein seltsam verlängerter, irreal gewinkelter Arm, der eine Verbindung zwischen oberem Türschloß und unterem Knauf, rotbeschattet, herstellt. Der fleischfarbene Arm selbst wirkt zugleich wie eine Halbierung der Figur und eine Kontrastierung ihrer Bewegung. Scheint sie unterhalb in die Türöffnung hineinzuhasten, so ist die Bewegungsrichtung oberhalb geradewegs entgegengesetzt. Die Person scheint in einer schwarzen Schattenform den Raum hinter der Tür verlassen zu wollen. Gespenstisch fällt Licht aus diesem Raum auf den schwarzen Kopf. Unwirklich legt sich dieser Schatten auch vorn auf die Tür. Die Figur blickt in ihrem scherenschnittartigen Umriß ins Treppenhaus hinab und korrespondiert der Form nach mit dem Toilettenschatten im Raum auf dem oberen Treppenabsatz. Die Gesichtsform im Profil nach links zeigt Bezüge zu den Merkmalen des Porträts auf der rechten Tafel.

Das *Triptych '71* trägt eine für Francis Bacon unübliche Angabe im Untertitel: *In Memory of George Dyer*. Diese Worte verweisen auf eine biographische Begebenheit, den Tod seines langjährigen engsten Freundes, der ihm für viele seiner Bilder Modell gestanden hat. Bacon hatte ihn im Jahre 1964 kennengelernt. Seither war sein Bild engstens mit diesem künstlerischen Schaffen verbunden.

Bacon und Dyer hielten sich zur Hängung einer wichtigen Ausstellung im Grand Palais in Paris auf. Sie waren zusammen in einem kleinen Hotel untergebracht. Zwei Tage vor der Eröffnung dieser großen Retrospektive wurde Dyer am Morgen des 24. Oktober 1971 tot auf einer Toilette ihrer Unterkunft aufgefunden. Eine Überdosis Schlaftabletten, wie die spätere Diagnose hieß, deutete auf einen Freitod.

Im Blick auf die späteren Arbeiten Bacons läßt sich feststellen, daß dieser Freund noch mehr als zehn Jahre lang in den Bildern immer wiederkehrt. Anfangs sind diese Arbeiten wie in den *Schwarzen Triptychen* äußerst bewegt und voller Dramatik, die sich aus einer heftigen Trauer zu nähren scheint. Später gerinnen die Bilder zunehmend zu statischen Porträts – bis diese Figur dann in einer Arbeit aus dem Jahre 1983, in *Study of the Human Body*, gänzlich zu versinken scheint: zum dritten Mal steckt eine Figur den Schlüssel in eine Tür. Ihr Kopf allerdings ist in der Bewegung der Gestalt versunken.

Das *Triptych '71* ist das erste in dieser langen Erinnerungsarbeit. Gleich nach der Rückkehr nach London wurde es in den ersten Novembertagen begonnen und noch im Dezember fertiggestellt. Es zeigt, wie fast immer bei Bacon, nichts Illustratives. In der Rekonstruktion der Bildgeschichte erweist es sich aber als die beginnende dramatische Trauerarbeit dieses Künstlers. Die psychischen und physischen Trennungsschmerzen heben sich in der Gestaltung dieser dreiteiligen Arbeit auf. Die Gestaltungsprinzipien sind keine anderen als sonst auch: Figur in Bewegung, Arbeit am Porträt ›en face‹ und im Profil und – einem Hinweis von Richard Francis zufolge – ein literarischer Bezug zu einer Strophe des *Aschermittwoch* von T. S. Eliot:

Von erster Wentelung der zweiten Stiege
Wandt ich mich um, sah unter mir
Das Schattenbild, wie sich's am Handlauf schmiege,
Da, wo der Dunst stand faulig ob der Stiege,
Rang's mit dem Stiegen-Teufel: dem leiht Lüge
Der Hoffnung und Verzweiflung Gaukelzüge.

Auf zweiter Wentelung der zweiten Stiege
Ließ ich sie windend, wentelnd unter mir.
War da kein Antlitz mehr, schwarz lag der Stiege Grund.
Wies schorfig, klamm ein Greisenmaul, geifernd vor Ungenüge,
Wies eines alten Hais gezahnten Schlund.[13]

Das *Triptych '71* von Francis Bacon hängt in der Apsis der Peters-kirche nicht wegen seiner persönlichen Geschichte im Leben des Malers, sondern um seiner Form und seines verrätselnden Aus-drucks willen. Es ist ein überzeugendes Beispiel in der Geschichte des Dreitafelbildes. Freilich hat es sich wie viele andere Beispiele dieses Jahrhunderts aus der engen Verknüpfung mit dem Thema der Kreuzigung Jesu von Nazareth gelöst. Es ist eine formal zwar stimmige, ansonsten aber persönliche Gestaltung aus subjektiver Betroffenheit.

Die ›Pathosformel‹ der Kunst hat Klaus Lankheit im Anschluß an Abi Warburg das Triptychon einmal genannt.[14] ›Pathos‹ aber ist dem Wortsinn nach der Ausdruck eines gesteigerten Gefühls, einer leidenschaftlichen Erregung, einer intensiven Ergriffenheit, die Mitleid und Sorge auslöst. Für Bacon verbindet sich mit dem Begriff des Pathos die »zärtliche« Vorstellung davon, »daß die herrlichsten Dinge möglich sind, die sich aber nie ereignen wer-den..., ein unerfülltes Begehren.«[15]

Als Unterpfand dieses Pathosverstehens mag das Bild in der Apsis von Sankt Peter gelten. Es sind die Spuren einer verzweifel-ten Trauerarbeit, bei der sich Bacon jegliche Erfüllung seiner Vorstellungen versagte. Als ein individuelles, von allen religiösen Nebengedanken losgelöstes Zeugnis bewegter Kunst mag es gelten, auch als Beleg versuchter Wiederbelebungsversuche, als ergreifendes Erschrecken vor der Unerbittlichkeit des Todes, schließlich als das Fragment eines Kampfes und eines in Trauer ermatteten ›rite de passage‹, als persönliche Todesbewältigung in der zynischen Kommentierung der alten Mythen von Abfahrt, Überfahrt und Ankunft.

Trotz alledem bleibt das Bild ein Bild, der Niederschlag eines offenen Systems des Selbstverstehens. Als solches kommt ihm auch eine Rolle in diesem Raum zu. Es ist ein anregender Ausgriff zur Lebensbewältigung. Als einzelnes Element in dieser Kirche bleibt es so störend wie sperrig und sollte daher weder theologisch als »Totenkopf« noch ästhetisch als »Predella« der Apsisfenster vereinnahmt werden. Nur als dissonantes Raumelement neben anderen wird es dem Geist dieses Ortes gerecht, kann es inmitten aller erworbenen Distanzen beim Betrachter Verlorenes und Verbrauchtes zu neuem Leben und Verständnis erwecken. Bescheidenerweise wissen sich seit jeher Kunst wie Religion diesem Lebensgeheimnis gleichermaßen verpflichtet. Ob es darin um das menschliche LEBEN geht oder um das göttliche WORT, das sich offenlegt, ist eine Frage des Standpunktes. Ob beides je einmal zu vereinen ist, bleibt vor diesem Bild eine ironische oder gar bissige Frage.

Dennoch: Alles aufgegebene Ringen des in dieser Welt leidenden Subjekts greift über alles Fragmentarische hinaus in den Raum einer Imagination des Einen. Fixierbar ist dieses Eine aber nur im Sinnraum des Einzelnen. Künstlerisch veranschaulicht werden kann es nur als aus Verzweiflung bewegte Hoffnung. In den Worten des Aschermittwochsgedichts hat sie sich einmal – kunst- und religionsübergreifend – so formuliert:

Wenn das verlorene Wort verloren, das verbrauchte Wort verbraucht ist,
Wenn das unvernommen ungesagte
Wort ungesagt ist, unvernommen,
Ist doch das ungesagte Wort, das WORT, das unvernommene,

Das WORT ohne Wort, das WORT inmitten
Der Welt und für die Welt:
Und das Licht scheint in der Finsternis: und
Gegen das WORT rollt noch rastlose Welt
Um die Mitte des WORTS, das schweigt.

O mein Volk, was habe ich dir getan? [16]

Joseph Beuys: Manresa
Eine Aktion
als geistliche Übung

A lle Fragen der Menschen«, sagt Joseph Beuys 1975 im Gespräch mit Bernhard Johannes Blume und Heinz Günther Prager, »können nur Fragen der Gestaltung sein, und das ist der totalisierte Kunstbegriff. Er bezieht sich auf jedermanns Möglichkeit, prinzipiell ein schöpferisches Wesen zu sein, und auf die Fragen des sozialen Ganzen.«[1]

In den Aktionen findet dieser Gedanke seine künstlerische Form. Hier begreift Beuys die Bewegung als den zentralen Bezugspunkt für die Kunst. Als das innere ›movens‹ dieser Bewegung sieht er im Sinne der Anthroposophie von Rudolf Steiner den Christus-Impuls. Daher spielt der christliche Aspekt in seinem Werk insgesamt, besonders aber in den Aktionen eine so zentrale Rolle. Im Gespräch mit dem Autor formuliert er es 1984 unmißverständlich: »Die Form, wie die Verkörperung Christi sich in unserer Zeit vollzieht, ist das Bewegungselement. Der sich Bewegende.«[2]

Die äußere Figuration dieses Bewegungselements stellt im Werk von Beuys vor allem das Kreuz dar. Es ist stets präsent, wandelt allerdings permanent seine äußere Gestalt. Tritt es in den frühen Zeichnungen zunächst in den klassischen, von der christlichen Ikonographie geprägten Formen auf, so transformiert und generalisiert es sich in der Folge mehr und mehr und hebt sich am Ende im erweiterten Kunstbegriff selbst auf.

Der wichtigste Gestaltungsimpuls ist dabei die Teilung des Kreuzes, *The Division of the Cross*, und die sich daraus entwickelnde Konstruktion eines neuen Kreuzes, *The New Cross*. Es sind vor allem die folgenden Aktionen, in denen sich dieser Prozeß vollzieht: EURASIA, 1966 in Kopenhagen und Berlin; MAN-RESA, 1966 in Düsseldorf, EURASIENSTAB, 1967 in Wien und 1968 in Antwerpen; VACUUM ↔ MASSE, 1968 in Köln; und CELTIC 1970 in Edinbourgh und 1971 in Basel.

In den beiden Aktionen EURASIA und MANRESA benutzt Beuys zwei Halbformen unterschiedlicher Kreuze. Ein halbiertes gleichseitiges Kreuz wird in EURASIA an eine Tafel gezeichnet, ein längs halbiertes, aufrechtes Kreuz aus Holz lehnt mit Filz umwickelt in MANRESA an der Wand. Mit gestrichelten Kreidelinien verdeutlicht Beuys im Laufe dieser Aktionen die ursprüngliche Ganzheit der Teilformen. Weist das erste Halbkreuz aus dem Zusammenhang der Aktion auf die historisch gewachsenen und politisch bedingten Trennungen zwischen Ost und West hin, auf das künstliche Auseinanderdividieren von Völkern und Kulturen, so das zweite auf die inneren Brüche des Menschen und der modernen Gesellschaft. Die ursprüngliche Einheit ist auseinandergebrochen in Fraktionen, Konfessionen, Nationen und in all die anderen Entfremdungen, die seine Ort- und Zeitlosigkeit signalisieren.

Freilich stellen sich in diesem Prozeß auch positive geistige Errungenschaften ein: vor allem die Entwicklung des Ich-Bewußtseins sowie der Sinn für das wissenschaftliche und technische Denken. Aber dieser ›Erfolg‹ wird durch einen hohen Preis erkauft. Es ist der Verlust an Einheit und darin der Verlust von seelisch-geistigen Kräften, die zuvor das Empfinden für die Einheit von allem vermittelten: Intuition, Religion, jegliche Art von geistiger Einfühlung in die Dinge des Lebens. Unter diesen Voraussetzungen geht in der Folge dem Menschen auch der Sinn für die humanen und christlichen Dimensionen des Kreuzes verloren. Es ist kein Zeichen für den Menschen mehr, sondern erscheint fast nur noch in den wirtschaftlichen Dimensionen von Plus und Minus, den wissenschaftlichen der Koordinaten und den strategisch-technischen eines Visiers im Maschinengewehr. »Daß aber hinter diesem Koordinaten-Kreuz noch eine andere Idee des Kreuzes steckt«, sagt er in einem Interview mit Elisabeth Pfister, »das empfinden heute sehr viele Menschen.«[3]

Joseph Beuys – während der Eröffnung zur Ausstellung
Menschenbild-Christusbild in der Frankfurter Vorortkirche
Sankt Markus Nied, 1984.

Die hier formulierte Einsicht war es, die Beuys zu seinem *New Cross* führt. Es markiert sich im Halbkreuz, das zugleich einen Impuls zu seiner Ganzwerdung vermittelt. Der geistig empfindsame und lebendige Mensch vermag im Teil das Ganze zu sehen. Auf die Notwendigkeit, diese verlorene Einheit wiederzuerringen, weist die Aktion EURASIA schon im Titel hin; es ist die Aufgabe, Europa und Asien geistig wieder zu vereinigen. Konkrete Realisierungsmöglichkeiten hierzu deckt die Fluxus-Demonstration MANRESA ebenso bedrängend wie beschwörend auf. Die historischen Prozesse der Neuzeit und die Entwicklung des modernen Bewußtseins in ihren ambivalenten, letztlich aber einseitigen Ergebnissen sollen revidiert werden. Diese gipfeln für Beuys im Anschluß an Rudolf Steiner im Begriff des Materialismus. Das Wort ist das Synonym für eine Kultur, die in der Ich-Faszination verharrt ist und die ihre Wurzeln und den Sinn für die geistigen Möglichkeiten verloren hat. So positiv die Entwicklung der Ich-Kräfte und das logische, schlußfolgernde Denken auch sein mag, so gefährlich ist seine einseitige Übersteigerung, denn:

»Wird dieser eingeengte Wissenschaftsbegriff als Kulturbegriff verbindlich für die gesamte Kultur«, erklärt er Rainer Rappmann in einem Gespräch – »so geht die Kultur unter, weil er das Prinzip des Todes ist. Der Materialismus hat das Prinzip des Todes herausgearbeitet.«[4]

Beuys begreift diesen geistigen Todeszustand mit Rudolf Steiner als eine aktuelle Wiederholung des »Mysteriums von Golgatha«. Vom Tod bedrängt, bemüht sich der Mensch um die rettenden Möglichkeiten, wie sie für ihn im »Christus-Impuls« greifbar sind. Nachdem er wie Christus »hinuntergestiegen« ist in die physischen Verhältnisse der Erde, so wird er in der Kraft des Christus zu einem neuen, befreiteren Leben »hinaufsteigen«.

Rudolf Steiner hat diesen Gedankengang folgendermaßen formuliert: »Weil der Mensch nun tiefer hinuntergestiegen ist in die Materie, hat er sich dadurch freier und unabhängiger gemacht, aber hat auch seine Entwicklung zu einer mangelhafteren gemacht, als sie sonst geworden wäre. Das alles, was im Menschen mangelhaft

Joseph Beuys: Für MANRESA, 1966. Dieses Foto von Eva Beuys zeigt die
Demonstrations-Elemente für MANRESA: eine frühe Aktion als
geistliche Übung nach Ignatius.

geworden ist, wird durch die Christus-Impulse wiederum geheilt. (…) Dadurch, daß der Christus-Impuls in der Menschheit wirkt, werden in einer aufsteigenden Entwicklung des Menschen diese Eigenschaften alle wiederum zurückverwandelt. Der Mensch wird sozusagen mit seinen Fähigkeiten, die er sich unten erworben hat, zurückgeführt in die geistige Welt.«[5]

Im Lichte solcher Perspektiven erscheint in der Aktion MANRESA das Halbkreuz als das Zeichen für den Menschen heute. In ihm gewinnt der Mensch, durch die moderne Entwicklung seiner geistigen Dimensionen beraubt, wieder eine spirituelle Idee seiner selbst. Im Kreuz kann er sich seiner Situation bewußt werden. In der diesem Zeichen immanenten Energie, die ihm Christus erworben hat, vermag er die verlorengegangenen Sinndimensionen seiner selbst wieder zurückzugewinnen. Die Halbierung dieses Zeichens verweist auf die Vermittlung. »Die Differenzierung der drei Handlungsfaktoren der Aktion (*Element 1*, *Element 2* und *Element 3*) ist in Zusammenhang mit der plastischen Theorie von Beuys zu verstehen und weist den Weg für dieses Tun. Es ist die Tat souveräner Vermittlung der beiden ersten *Elemente* aus der Kraft des dritten, des geformt Rationalen mit dem Chaotischen des Intuitiven, der begrifflich fixierten Idee der Moderne mit dem fließenden Stoff des Mythischen, des starr Aufgeklärten mit dem dynamisch Religiösen. Diese Gegensätze verbildlichen sich in *Element 1* und in *Element 2*. Ihre Wiederversöhnung geschieht in der Aktion MANRESA durch den Christus Impuls, wie er sich in den geistlichen Erfahrungen des Ignatius von Loyola niedergeschlagen hat.«[6]

Was interessiert Beuys an Leben und Denken dieses baskischen Heiligen? Es sind zwei Aspekte: die Bewältigung einer Lebenskrise und deren Aufarbeitung in einem literarischen Werk zum Nutzen auch für andere.

Ignatius von Loyola (1491–1556) wollte als junger Mann einst Soldat im Dienste seines Königs werden. Doch eine Kriegsverwundung entzog ihm jäh jegliche Basis für ein weiteres Leben nach diesen Idealen. Für einen Mann von ohnehin kleinem Wuchs, von jetzt ab noch mit einem verkürzten und steifen Bein, gab es keine Verwendung mehr beim Militär. Konfrontiert mit tiefen Depressionen und Suizid-Absichten, vermochte er sich aber während eines neunmonatigen Aufenthaltes in der kleinen katalanischen Stadt Manresa aus dieser tiefen Krise zu befreien und zu einer neuen Lebensperspektive aufzuschwingen. Dazu erhielt er keinerlei Weisungen aus der für ihn bis dahin gültigen Lebensweisheit des mittelalterlichen Ordo-Denkens, sondern durch eine intensive Selbsterkenntnis. Seine Erfahrungen aus dieser Zeit schrieb er in seinen *Geistlichen Übungen* nieder. In diesem literarischen Werk legte er für sich und für andere über die Stufen und Strukturen dieses Prozesses Rechenschaft ab.

Die Faszination, die die Lebensgeschichte Ignatius von Loyolas auf Beuys ausübt, dürfte auf Parallelen in beider Leben fußen. Mitte der fünfziger Jahre machte Beuys eine tiefe seelische Krise durch, die fast zwei Jahre dauerte. Sie begann im Herbst 1955, als sich etwa ein Jahr nach Beendigung seiner Studienzeit ein »physischer Kräfteverfall«[7] einstellte. Daraus erwuchsen ihm starke Zweifel an der eigenen Arbeit, die zu einem »depressiven Erschöpfungszustand«[8] führten. Doch daraus resultierte eine Erneuerung. »Krankheiten«, so sagt er später rückblickend, »sind fast immer auch geistige Krisen im Leben, wo alte Erfahrungen und Denkvorgänge abgestoßen, beziehungsweise zu durchaus positiven Veränderungen umgeschmolzen werden. (...) Eine derartige Krise (...) ist eine entscheidende Aufforderung, manches zu bereinigen und in bestimmter Richtung zu neuen Ergebnissen zu kommen.«[9]

Wie Ignatius von Loyola seine Erfahrungen in den *Geistlichen Übungen* niederschreibt, um anderen zu nutzen, so hält Beuys seine inneren Erlebnisse in der Aktion MANRESA fest, die am 15. Dezember 1966 in der Düsseldorfer Galerie Schmela stattfindet. Im Unterschied zu späteren Aktionen existieren von diesem Ereignis weder Film- noch Tonbandaufzeichnungen. Auch hat keine Zeitung über diese Aufführung berichtet. So läßt sich ihr Verlauf im einzelnen nur mühsam aus den Relikten und den vorhandenen Fotos rekonstruieren.

Beuys führt die FLUXUS-*Demonstration*, wie er seine frühen Aktionen nennt, mit zwei Künstlern aus dem nördlichen Kopenhagen auf: mit dem Komponisten Henning Christiansen und dem Bildhauer Björn Nörgaard. Das Publikum findet sich zahlreich in und vor der Galerie ein und verfolgt in großer Konzentration die Aktion teils von innen, teils dicht gedrängt von außen durch ein Fenster.

Im schwarz gestrichenen Galerieraum lehnt an der Wand das halbe Filzkreuz, *Element 1*. Seine andere Hälfte ist mit Kreide an die Wand gezeichnet. Davor steht ein ungefähr gleich großer Kupferstab, der in seiner Mitte einen dicken Filzgriff hat. »Eins [ist] Plastik«, heißt es im Tonbandtext von Beuys, den Henning Christiansen immer wieder in die Aktion einspielt. Später setzt der Komponist in einer Veröffentlichung zu dieser Aktion hinter den zitierten Satz das Wort »Skulptur«, als ginge es in diesem plastischen Zusammenhang um nichts anderes als um die Gestaltung von unsichtbarer Substanz.[10] In allem, was er tut, will Beuys das »Gesamtsubstantielle« berühren, ihren schichtweisen Aufbau von den harten Realitäten bis in die »übersinnliche Ebene« hinein. In diesem Prozeß hole der Mensch, wie Beuys später generell ausführt, »aus einem übersinnlichen Bereich etwas herunter, was die Verhältnisse der Erde verändert«.[11]

Dem halbierten Kreuz mit dem Kupferstab steht in Form einer vollgepackten Holzkiste ein *Element 2* gegenüber. Es sind viele unzusammenhängende Dinge in ihr abgelagert. Alles wirkt amorph, aber im Detail interessant und lebendig, Interesse weckend. Es sind so unterschiedliche Sachen wie elektrische Geräte, ein Teller mit einem Kreuz darauf, Spielzeuge und andere fremd anmutende Dinge, denen normalerweise wenig Beachtung geschenkt würde.

»Zwei [ist] potentielle Arithmetik/oder auch eins und zwei integriert«, heißt es im Tonbandtext von Beuys. Henning Christiansen variiert diesen rätselhaften Satz später in: »2 potentiell (Potenz) arithmetisch oder beides.«[12] In diesen Bemerkungen stecken zwei Hinweise: Einmal darf *Element 2* nicht als wesentlich verschieden von *Element 1* gedacht werden, zum andern hat es in einem philosophischen Sinn Potenzcharakter. In beiden Elementen herrscht die gleiche Substanz, die gleiche Kraft, aber eben unterschiedlich in der Form. Während diese Substanz in *Element 1* als solche thematisiert wird, wenn auch in einer gebrochenen Gestalt, so scheint diese in *Element 2* nur indirekt spürbar zu sein. Hier ist sie zerstreut, zersplittert, vergossen, scheinbar ausgelaufen.

Ein wichtiger Einstieg in die Aktion läuft über die Materialien und Gegenstände, und zwar ausgehend von der Wahrnehmung, der Erfahrung und den Wissensformen, welche der Betrachter mitbringt. Es entspricht einer der Hauptintentionen von FLUXUS, den Prozeß der Rezeption ernstzunehmen und in seiner Eigenständigkeit zu respektieren. Die einzelnen Dinge sind sowohl in ihrer materialen Erscheinung wie auch in der Funktion, die sie im Alltäglichen wie im Zusammenhang der Aktion einnehmen, zu begreifen. Der Betrachter soll sie erkennen und zugleich darauf achten, welche Wirkung sie bei ihm einnehmen und welche Reaktion sie in ihm auslösen. Erst in dieser komplexen Wahrnehmung kann das erweiterte Verständnis kommuniziert und können die von hier ausgehenden Impulse kreativ weitergeleitet werden. An zwei Beispielen sei dies konkretisiert, am Fett und am Filz.

Unter den vielen Gegenständen in der Aktion nimmt das Fett wohl die wichtigste Rolle ein. In MANRESA kommt es in verschiedenen Formen vor: als »Fettkugel«, »Fettecke«, »Filterfettecke«, als geschleudertes und als triefendes Fett, wie es von der Wand langsam herunterläuft und am Ende im ganzen Raum verteilt war.

Nun ist das Fett für Beuys und seine dynamische Kunstauffassung in der Tat eine Grundgegebenheit, die wie kaum ein anderes Material sein erweitertes Kunstdenken veranschaulicht. Fett ist ein Energieträger und besitzt für ihn Eigenschaften, durch welche die beiden Pole des plastischen Schaffens abgesteckt werden können: Im Kältezustand erweist es sich als formbar. Man kann es gestalten, z. B. zu einer Kugel oder zu einem Tetraeder. Wenn Fett erwärmt wird, dann lösen sich die Formen auf, und es verflüssigt sich in unbestimmte Zustände. In der *Filterfettecke* zeigt es sich schließlich als ein transitorisches Material. Der Mensch ist ein Produkt aus Wärmepotenzen wie Ei- und Samenbildung, Befruchtung, Geburt und Wachstum, und er ist zeit seines Lebens dem Wechsel von Kälte und Wärme plastischen Einwirkungen gegenüber bleibend sensibel und anfällig.

Fett ist für Beuys das plastische Element schlechthin. Durch sein systematisches Verteilen im Galerieraum wird es ›ver-räumlicht‹. So findet die Aktion gleichsam ›im Fett‹ statt, d. h. innerhalb seiner plastischen Dimensionen von Chaos und Form: In der Ecke – liegt es geformt, demonstriert es eingeformte, eingelagerte Energie: bemessen, bestimmt, auf Abruf. An den Wänden – trieft es herunter, rutscht, fließt, bewegt sich, ist ungerichtete ›wilde‹ Energie, fordert ein bestimmendes Eingreifen geradezu heraus, um den ›Raum‹ wieder ›in Ordnung‹ zu bringen; es ruft gewissermaßen nach dem Bewegungsprinzip.

Es macht den Kern der plastischen Theorie aus, daß die Pole von Chaos und Form stets neu abzustecken sind, daß in ständiger Bewegung zwischen ihnen um ein ausgleichendes wie bestimmend-kreatives Verhältnis zu ringen ist. Aus dem Chaos kommen alle Dynamik und alle Entwicklung. Aus dem plastischen Tun die Form, die Erkenntnis. Aus beiden entfaltet sich die Evolution. Im Blick auf MANRESA bedeutet das: durch ein permanentes »hinaufsteigen« und »heruntersteigen«, das Fließen und das Fixieren, deren dynamisches Verhältnis ausgewogen zu bestimmen ist. »Deswegen muß man immer an die Polaritäten (...) oder an die Kräfte denken«, warnt Beuys im Gespräch mit Volker Harlan, »sonst kriegt man eine Vorliebe für eine bestimmte Sache, und Vorlieben sind ja sehr gefährlich.«[13]

Im Unterschied zum Fett hat Filz nur indirekt mit Energie zu tun. Es ist aufgrund seiner Beschaffenheit ein Isolator und hat die Aufgabe, Wärme zu isolieren und zu speichern. Dadurch ist es dem Wärmeträger möglich, seinen Wärmehaushalt zu regulieren und Wärmeaufnahme wie -abgabe zu bestimmen. Der Filz selbst ist ein quasi textiles Erzeugnis und besteht aus einer ›gestampften Masse‹, bei der sich Tierhaare oder Wolle regellos miteinander verschlingen. Durch die Einwirkung von Wärme, Druck und Bewegung und unter Hinzufügung von Walkmitteln wie Seife wandern die mit Schuppen bedeckten Wollfasern oder Haare während des Verfilzens in Richtung ihrer Wurzelenden. Dabei verkleben und ›verschlingen‹ sie sich so sehr ineinander, daß sie nicht mehr getrennt werden können.

In der Aktion umgibt Filz das Halbkreuz und einen kleinen quadratischen Holzrahmen, den »Filter«. Außerdem ist es als Dreieck so in eine Ecke gespannt, daß es einen Tetraeder bildet. In seiner Binnenstruktur ist es energetisch aufgeladen, in seiner Bedeutung als Isolator verweist es stets auf eine dahinter oder darunter liegende Energie. Seiner Form nach ist es als Kälteplastik zu begreifen.

Die Aktion hat drei Handlungsstränge, und zwar die eines jeden an ihr beteiligten Künstlers. Sie haben – ganz nach FLUXUS-Art – kaum etwas miteinander zu tun. Mehr oder weniger tut jeder, was ihm einfällt. Proben gibt es nicht, nur lockere Absprachen. Das ›Zusammenspiel‹ nährt sich aus dem Unbewußten und dem Atmosphärischen. Wie sich Henning Christiansen später erinnert, wußten die beiden Dänen damals auch nichts von dem ignatianischen Charakter der Aktion. Für sie hatte das Ganze vom schwedischen Sprachverständnis her etwas mit ›Reise‹ zu tun. »Man reest«, das klinge so wie: der Mensch reist, ist immer unterwegs. Der Mensch auf Reisen – später erfahren sie, daß Ignatius von Loyola ein Mann gewesen sei, der sich ein Leben lang immerzu auf Reisen befunden habe. Beuys habe leider nicht viel über den Sinn der Aktion mit ihnen gesprochen, aber irgendwie sei es ihnen evident gewesen, daß es um das Reisen gegangen sei, kommentiert Henning Christiansen später.[14]

Die Handlungen von Henning Christiansen bestehen vor allem im Abspielen vorgefertigter Tonbänder, darunter auch eines mit der Stimme von Joseph Beuys, ein anderes mit der von Björn Nörgaard. Dazu gibt es gesprochene und mimische Elemente mit musikalischem Charakter. Dazu gehört ein rhythmisches »Kaffee-Tassen-Stück« und die Stakkatorufe: »Ich – kann – nicht«, welche den Gesamtverlauf der Aktion eindrucksvoll dramatisieren. Ebenso hält Christiansen von Zeit zu Zeit eine Rede im professoralen Ton, mit der er assoziativ wortreich die Bedeutung des künstlerischen Schaffens des Professor Beuys rühmt. Inspiriert vom Verlauf der Aktion schreibt er dann spontan in englischer Sprache mit Kreide auf die Wand: »Climb up.«[15]

Björn Nörgaard ist während der Aktion hauptsächlich mit Variationen von Beinarbeit beschäftigt. Er hinkt, hüpft, schaukelt, stampft... Ein Holzrahmen wird mit elektrischen Glühbirnen gefüllt, mit einem Tuch zugedeckt und dann mit den Füßen zertreten. Auch tritt er auf einem konusartigen Lehmklumpen herum, der sich in einem Kissen befindet.

Sein wichtigster Beitrag beginnt sodann mit dem Planschen seiner nackten Füße in einer Wasserwanne. Dann reibt er seine Füße mit Schmierseife ein, stellt sie in zwei leere Schuhkartons, füllt diese mit flüssigem Gips, der in kurzer Zeit erhärtet. Er entfernt schließlich die Kartons und beginnt, mit den gehärteten Gipsklumpen am Bein mühsam zu gehen. Dies wird von Christiansens Stakkatorufen begleitet: »Ich... kann... nicht.«[16]

Beuys hockt sich vor *Element 2*, nimmt ein Foto von einem Doppelaggregat und trägt es zu *Element 1*. Dort hält er das Foto vor die beiden Hälften der Halbkreuze und markiert sie so als zwei Energiequellen. Danach geht er zur Kiste zurück und entnimmt ihr eine runde Scheibe aus Karton, hängt sie sich mit einem Bindfaden um den Hals auf den Rücken und trägt den Kreis als Zeichen für die verlorene Ganzheit getrennter Teile dorthin. Schließlich hält er die Variation dieser Rund-Form, einen Teller mit einem modellierten Gekreuzigten darauf, an die gleiche Stelle, wohl um anzudeuten, daß die Zusammenfügung des Getrennten nur unter Schmerzen, Opfer und Todesrisiko vor sich gehen kann.

Beuys füllt jetzt eine Anzahl von Fahrrad-Luftpumpen mit leicht konsistentem Fett aus der »Fettecke« und preßt dieses schleudernd an die Wand, an der es langsam formlos rutscht und herabtrieft.

Ein Spielzeugvogel am Ende einer Holzstange hat einen Mechanismus, durch den die Flügel bewegt werden können. Beuys hebt diesen Vogel aus der Kiste und läßt ihn zum Kreuz ›flattern‹ – ein Zeichen für Aufbruch und Bewegung. Mehrfach ruft Beuys den rätselhaften Satz: »Wo ist Element 3?«

Erstmals setzt Beuys nun den Hochfrequenz-Hochspannungs-Generator in Gang. Das Gerät wechselt die 12-Volt-Spannung einer mitgebrachten Lastwagenbatterie in 50 000 Volt. Unter dieser Spannung stehend, funken und knistern in der Dunkelheit die Kupferdrähte an ihren offenen Enden; auch ist ein Funkengeräusch zu hören. Mit diesem Lehrmittel aus dem Physiksaal einer Schule demonstriert Beuys die Präsenz unsichtbarer Energien im umgebenden Raum.

In der Kiste vorhandene Hasenohren werden jetzt an den Generator gehalten und symbolisch unter Strom gesetzt. So realisiert sich offensichtlich die Wahrnehmung unsichtbarer, aber real vorhandener Kräfte, um mit ihnen Handlungsimpulse auszulösen.

Beuys begibt sich sodann zu zwei Flaschen, die neben der Kiste stehen. Eine von ihnen ist aus Blei gegossen und geformt, die andere mit Milch gefüllt. Er öffnet letztere und trinkt daraus einen Schluck. Die eine Flasche ist schwer und haftet am Boden, die andere leicht und voll flüssigen Inhalts. So bezieht er vitale Energie aus der Natur, um sie zu transformieren und in ein sinnvolles Handeln umzusetzen.

Auf einem kleinen Brett aus der Kiste liegen die Gedärme eines Hasen. Beuys faßt dieses Ensemble und fixiert es mit dem Kupferstab in der Mitte der beiden Kreuzhälften von *Element 1*. So bezieht er neben den elektro-technischen Krafttransformatoren auch biologische Energie-Umwandler in seine meditative Handlung ein.

Dann wird eine sogenannte Geissler-Röhre, ein mit Neongas gefüllter Glasstab, aus der Kiste genommen und an einem ihrer Enden an textilem Stoff gerieben. Dadurch wird eine Elektronenbewegung ausgelöst und das Gas zum Leuchten gebracht. Schließlich stellt Beuys eine Lichtverbindung zwischen dem Tellerkruzifix und seiner Herzpartie her. Wieder wird gerufen: »Wo ist Element 3?«

Als nächstes greift Beuys nach einem kleinen Spielzeug aus der Kiste, einem winzigen Militärkrankenwagen mit einem Roten Kreuz auf dem Dach. Später dichtet er dazu den Reim:
»kinderambulancemilitär
fährtmitseinemkreuzbeschwerumher.« [17]

Beuys postiert den kleinen Jeep in die Nähe zweier außerhalb der Kiste liegender, gleich aussehender, massiver Eisenteile einer Maschine. Die beiden kolbenartigen Gebilde haben zwei aus einer Zylinderform herausragende Stangenenden. Diese legt er spiegelbildlich aneinander und verbindet sie mit einer Mullbinde an ihren Kontaktstellen. Erneut wird gerufen: »Wo ist Element 3?« – um paradoxerweise den Heilungsprozeß, in dem sie wieder anwachsen könnten, einzuleiten.

Abermals werden Funken aus dem Generator gezogen. Auch andere Handlungselemente werden rituell wiederholt. In regelmäßigen Abständen erklingt über Tonband die vorher aufgenommene Stimme von Beuys:
»Nun – ist Element 2 zu Element 1 heraufgestiegen?
Nun – ist Element 1 zu Element 2 heruntergestiegen?
Wo ist Element 3?« [18]

Was ist mit diesem *Element 1* gemeint? Die Antwort auf diese Frage ist entscheidend für jede Deutung dieser Aktion. In der Sicht von Beuys harren alle Dinge dieser Welt der Aktivierung durch die denkerische Intelligenz und die Tat, die sie wieder in den lebendigen und offenbaren Zusammenhang holen. Mit anderen Worten: Sie harren der Kunst. Dies klärt die Suche nach dem Sinn von *Element 3*, das ja nur in Form einer Frage in der Handlung präsent ist. Es existiert lediglich im Zeichen seiner Abwesenheit und wird doch exemplarisch geformt und vorgeführt: in der Aktion und durch sie, d. h. durch ihre handelnden Personen.

Es ist eine zentrale Vorstellung ignatianischer Theologie, daß Gott sich als Schöpfer in der Welt verhüllt. Daher kann Gott nicht direkt erfahren werden, es sei denn, mittelbar in den geschaffenen

Dingen. Und er zeigt sich in Christus, im Kreuz. In diesem Sinne steht der Mensch in MANRESA vor der Aufforderung, das Fehlende durch seine Tat zu ergänzen. Er muß wie Christus die Entfremdungen in der Welt und in der Geschichte überwinden. Daß ihm dies in der Sicht von Beuys gelingen kann, darauf weist der abgestellte Stab vor dem Halbkreuz hin. Er verkörpert im Material des Kupfers einen Energieleiter und in der Richtung des Vertikalen die Form, die Bewegungsrichtung, die Quelle und den Inhalt dieser Kraft, in der und aus der diese Entfremdungen überwunden werden können. Nur muß der Mensch diesen Stab ergreifen, ihn aufrichten, um so die Kraft zu mobilisieren.

Im Blick auf die Partituren zu MANRESA füllt sich die abstrakte Bedeutung der Auf- und Abwärtsbewegung nicht nur durch die plastischen Begriffe wie ›stofflich‹, ›geformt‹ und ›chaotisch‹, ›substantiell‹ und ›potentiell‹, sondern auch geographisch, historisch und sozialgestalterisch durch die Markierungen des Nordens und des Südens Europas. Der Norden ist durch die skandinavischen Länder gebildet, der Süden durch zwei Städte: Rom und Manresa.

In Manresa war zu Lebzeiten Ignatius von Loyolas durch die Nachbarschaft des Benediktinerklosters Montserrat das humanistische Gedankengut eines Erasmus von Rotterdam äußerst präsent. Es ermöglichte Loyola die Loslösung von den kollektiven Bindungen des einzelnen und die Ausbildung eines subjektbezogenen, ichzentrierten, modernen Bewußtseins in Form der sogenannten ›devotio moderna‹. Das radikale Denken bei Ignatius von Loyola und die praktische Konsequenz, die er aus seinen Einsichten zog, faszinierten Beuys, wenngleich er diese Stringenz nicht auf den kirchlichen Dienst, sondern allgemein auf den geistigen Bereich hin zu übertragen suchte:

»Das ganze Militante muß auf den Menschen selbst hin sich vollziehen. Es muß ein ›Innenkrieg‹ werden (...), es muß ein Streiten für die Erringung dieses Bewußtseins sein. Und das läßt sich nicht erreichen ohne diese Disziplin und ohne diese Militanz.«[19]

In der Aktion MANRESA spielt der Kupferstab in seiner vertikalen Stellung als zugleich oberhirtliches und schamanistisches Spür- und Vermittlungselement eine zeichenhafte Rolle. In der folgenden Aktion EURASIENSTAB ergänzen sich die Vertikalmarkierung und ihre geographische Übertragung, wie sie auf der Landkarte von Norden nach Süden gezogen wird, durch die horizontale von Osten nach Westen. Dieser Stab reicht schon in frühen Zeichnungen zu MANRESA auf einer Landkarte aus dem fernen asiatischen Osten nach Westen, er greift hinüber bis nach ›Ostende‹: Das Ende des Ostens als Inbegriff des Westens! – ein Gedanke, der in der folgenden Aktion EURASIENSTAB eigens ›demonstriert‹ wird. Zusammen mit der Nord-Süd-Achse aus MANRESA bildet der Stab in seiner Ost-West-Achse das ›New Cross‹. Sinnenfällig markiert Beuys dieses ›New Cross‹ in einer zweifachen Weise: einmal mit dem Eurasienstab und dann durch die überkreuzten Sohlen aus Eisen und Filz.

Gegen Ende der symphonischen Aktion EURASIENSTAB knetet Beuys sich Margarine in die Kniekehlen, bückt sich nieder, so daß sich das Fett tief in die Beingelenke eindrückt und durch den Druck an den Seiten der Beine teilweise herausquillt. Dann greift er zum Eurasienstab, hält ihn viermal senkrecht in die Ecken der zuvor aufgerichteten raumhohen Filzwinkel und pendelt ihn schließlich, auf einem Beine stehend und ein Kreuz markierend, waagerecht aus, während er die vier Himmelsrichtungen bedächtig abtastet.

Das andere Kreuz besteht aus zwei Sohlen, einer aus Eisen (mit einem kleinen Magneten darauf) und einer aus Filz. Diese beiden Formen spielen in vielen Aktionen eine Rolle. Zum ersten Male tauchen sie auf in der Aktion WIE MAN DEM TOTEN HASEN DIE BILDER ERKLÄRT (1965), das letzte Mal in VAKUUM ↔ MASSE (1968). Das Sohlenkreuz will eigentlich unansichtige Zusammenhänge anschaulich machen. In der Aktion EURASIENSTAB (1967) hält Beuys beschwörend lange die an einen Fuß gebundene Eisensohle in unterschiedlichen Abständen über und neben die auf dem Boden liegende Filzsohle, bis er endlich in überkreuzter Form die Eisensohle auf die Filzsohle setzt. Für

Beuys fungiert die Filzsohle als Energie-Isolator der Erde, welche wiederum mit Steiner als »Leib-Christi« begriffen werden kann. Die Eisensohle wird auf die Weise, wie sie mit der Filzsohle eine Beziehung eingeht, als ein Energie-Leiter für ein Handeln aus dem erweiterten Bewußtsein begriffen. Aussenden und Empfangen thematisieren sich so in den beiden Sohlen, ihre Überkreuzung ist ein Handeln aus dem Christus-Impuls: »Er ist die Basis, auf der man steht, aus der man alle anderen Dinge entwickelt.«[20]

Das ›New Cross‹, wie es sich aus den Aktionen MANRESA und EURASIENSTAB ergibt, gilt als Aktivierungszeichen, als Impuls zur Vermittlung von historischen und kulturellen Gegensätzen: »Das Kreuz ist also ganz und gar zur Kultur geworden.«[21] In diesen künstlerischen Kreationen und geistlichen Übungen verbindet Beuys das Getrennte, verknüpft er das Disparate, versöhnt das Geschiedene und hebt die Gegensätze auf. Im Kreuz vereinigen sich die ignatianisch-metaphysischen Aufbrüche mit den sozialen und politischen Rudolf Steiners.

Als Wanderer mit dem Krummstab war Beuys als Künstler aufgebrochen. Immer wieder ließ er sich später als solcher fotografieren: als Hirschführer, als Nomade, als Demonstrant in der Wüste der westlichen Gesellschaft, stets auf der Suche nach den verlorenen ökonomischen, geistigen und kulturellen Kräften. Diese Suche ist ihm stets Praxis, ist Plastik. Es ist ebenso ein Aufbruch und Ausbruch aus alten Absicherungen, aus allem Kristallinen und fest Geformten. Es ist wie ein künstlerisches Ergreifen des Amorphen in dieser Welt, das der Mensch bewußt in seine bildenden Hände nimmt: Plastik, die hervorgeht aus der beständigen Suche eines Wanderers, der seine Entwicklung so lange nicht beendet, bis sie sich in eine soziale Plastik aufhebt – oder mit den Worten von Joseph Beuys:

»In der Tiefe der Isolation, in der völligen Abgeschiedenheit von jedem Spirituellen, vollzieht sich ein Mysterium im Menschen. Erst wenn man ein ganz neuer Mensch geworden ist, wird man auch zu Dingen fähig werden, die bisher dem Menschen unmöglich erschienen sind. Diesmal muß die Auferstehung durch den Men-

schen selbst vollzogen werden. Der Mensch muß sich gewissermaßen selber mit seinem Gott aufraffen. Er muß Bewegungen vollziehen, Anstrengungen machen, um sich in den Kontakt zu bringen
mit sich selbst. Und das ist ja der wahre Sinn des Wortes ›Kreativität‹, Inkarnation des Christuswesens in die physischen Verhältnisse der Erde. Dadurch hat sich ein kosmisches Ereignis vollzogen, kein nur historisches. Da hat sich ein Kraftfluß von absoluter
Realität vollzogen. Und nun geschieht mit dem Menschen eine
Umwandlung, mit der er sehr große Mühe hat. Sehr schwer fällt es
dem Menschen, aus eigener Kraft die Selbstbestimmung auch
wirklich in Anwendung zu bringen. Das fällt ihm ungeheuer
schwer. Er möchte viel lieber nochmal was geschenkt bekommen.
Er kriegt aber nichts mehr. Er kriegt nichts, gar nichts, von keinem
Gott, von keinem Christus. Und dennoch bietet sich diese Kraft an
und will mit Gewalt hinein. Aber unter der Voraussetzung, daß
sich der Mensch selber aufrafft.«[22]

Anblick und Einblick:
James Brown

James Brown hat zwei Gesichter: ein anblickendes und ein ein-
blickendes. Der Anblick auf den Porträts und Fotos, die ihn
selbst zeigen, ist immer der gleiche: forschend, ernst, fixierend.
Der Ein-Blick vermittelt sich durch seine Werke. Immer wieder
sind es die Umrißlinien eines Kopfes, die zentral auf die meist
quadratische Landschaft, auf die Kupferplatte, das Papier oder die
Keramik-Reliefs gesetzt sind. Sie wirken wie ein phantastischer
Fensterrahmen, der einen Blick in seine Innenwelt gestattet. Statisch ist der Ausdruck: die Nase deutet James Brown durch spitz-
winklig sich berührende Geraden an, die Augen durch kleine
Kreise, den Mund schematisierend, fast wie bei einer Maske.
Manchmal ist Gesicht über Gesicht gelegt, in einfachen Linien,
immer wieder in derselben statischen Grundform.

Die Spannung und Lebendigkeit dieser Bilder ergibt sich aus den
Details, die in und um das Gesicht notiert sind: ein gehörnter
Tierkopf oder ein Stück Rotwild, Stelen, Messer, Pfeile, aber auch
über den Kopf verteilte Punkte, Einstiche andeutend. Sehr häufig
sind Kreuzformen zu sehen: als Markierung, als Zeichen, aber auch
als Hinrichtungspfahl. Auf manchen Bildern schieben sich ganze
Bündel solcher Zeichen in das Gesicht. Auf einigen ist es von
Personen umstellt. Doch alles bleibt statisch. Es ist zunächst keine
Dramatik in den Bildern – eine Welt ruhiger Assoziationen. Spannungen fließen aus der nur scheinbar beliebigen Anordnung.

James Brown wurde 1951 in Los Angeles geboren und ging bei
den Jesuiten in die Schule und zum Studium. Hier bekam er auch
den Anstoß zu seinem ersten Aufenthalt in Paris. Dieser erwies sich
als so entscheidend, daß er sich entschloß, eine künstlerische
Ausbildung zu beginnen.

Andere Anregungen brachten ihn dazu, sich während seiner häufigen Besuche im Pariser Musée d'Océanie und später im New Yorker Naturkundemuseum intensiv mit ethnologischen Fragen zu befassen. Hier lernte er, die ererbte Sinnwelt seiner religiösen Erziehung zu relativieren und zu weiten, hier begann er, sich auch intellektuell mit Fragen der Symbolbildung und -funktion auseinanderzusetzen. Die Bildform des Antlitzes war ihm Anlaß zur Konzentration und Versenkung. Im Gesicht fand er sich wieder. In diese Sphäre wußte er einzutauchen, um das aus sich aufsteigen zu lassen, was sich ihm nahelegte.

In vielen Folgen und Varianten haben diese Versenkungen bildhafte Spuren hinterlassen. Der große Ernst, der hier zu entdecken ist, nimmt gefangen. So thomistisch-scholastisch er seine Fragen stellt, so aufgeklärt ist sein Mut, sich seines eigenen Verstandes, seiner eigenen Freiheit und seiner eigenen Phantasie zu bedienen. Brown hat die Grenzen des nationalen wie kulturellen Horizonts gesprengt und ist in die Weite einer offenen Perspektive getreten, in der eine Kommunikation verschiedener Weltsichten möglich ist. Er distanziert sich dabei von seinen eigenen Sozialisationsformen, ohne deren Gehalte aufzugeben oder zu verlieren. Japan und der Buddhismus, ethnologische Forschungsergebnisse und Analysen der städtischen Kultur sind ihm ebenso vertraut wie die Spiritualität der ignatianischen Exerzitien oder die Symbolwelt des frühen Christentums.

Die Zeichen und Symbole, die viele seiner Gesichter umgeben und durchsetzen, stammen nicht aus einer beliebigen Produktion, sondern sie sind in kulturelle Systeme rückgebunden. Sie symbolisieren Realitäten wie Opfer, Tod, Eros, Himmelsehnsucht. Sie weisen in jene mythologischen Dimensionen, deren Aktualität in einem Zeitalter der Vernunftkritik erneut Bedeutung gefunden hat. Wie viele Maler dieses Jahrhunderts, so weiß sich auch James Brown in den Kreis der Suchenden gestellt, die von der Einsicht geleitet sind, daß die Erkenntnis, wie der Mensch die Welt mit seinen Augen sieht, letztlich von den Formen bestimmt ist, deren er sich mittels seines Verstandes bedient. Dies ließ viele Künstler –

James Brown: *The Gardener*, 1985.
Für Brown ist der Titel eine geistliche Erinnerung: »Maria aus
Magdala in der Meinung, es sei der Gärtner« (Joh 20,15).

von Kandinsky, Malewitsch, Klee bis zu Beuys und Bacon – darauf aufmerksam werden, daß ja gerade sie mit der Konstruktion solcher Sehformen befaßt sind, und daß darum ihre Arbeit zu einer allgemeinen Bewußtseinserweiterung führen kann.

James Brown dringt zu einem allgemeinen Antlitz vor, das zwar entindividualisiert und als Träger eines kollektiven Bewußtseins erscheint, gleichwohl aber nicht ohne Ausdruck ist. Freilich, Sinnenhaftigkeit, Emotionalität, biographische Einmaligkeit und dynamische Geschichtlichkeit sind zurückgenommen. Es dominieren Ruhe und Distanz. Das Gesicht ist abgeschminkt. Das, was hinter den Masken liegt, zeigt sich gewissermaßen in den mystischen Köpfen, die zu Sinnbildern einer inneren Realität werden.

Bei aller intellektuellen Reflexion: Gespeist sind die Werke aus dem Unbewußten. »Meine Arbeit hat etwas mit meiner eigenen Lebensgeschichte zu tun«, so bekennt er einmal in einem Gespräch, »man kann sie lesen wie ein Tagebuch. Sie ist voller Bezüge zu meiner Kindheit und zu meinem Unbewußten.« Ebenso verdankt sie ihre Existenz seiner kontemplativen Lebensweise, einer Einsamkeit und Versenkung, in der er sich mit einer geradezu mönchischen Entschiedenheit auf die Konfrontation mit der Bildungsgrundlage einläßt. So entsteht eine außergewöhnlich spirituelle Dichte. Überzeugend sind dabei nicht irgendwelche Bildaussagen, sondern vielmehr die Bandbreite der entfalteten Weltbild-Bezüge. Sie geben dem Betrachter, der sich darauf einläßt, meditative Hilfen und Stützen. Symbole werden zu Erinnerungszeichen, die aus dem Bereich des Rationalen und Objektiven heraustreten. Es ist eine Welt, die von der Vergangenheit die Gegenwart, vom Unbewußten das Reale, vom Verdrängten das Gefährdete erahnen und erschließen läßt.

»Mystisch« sind diese Arbeiten zu nennen, insofern Brown auf das Erfassen von etwas Verborgenem aus ist. In religiösem Verständnis ist es das Ertasten eines geheimen Urgrundes der Welt, eines letzten Prinzips, das sich aufgrund von Offenbarungen zu erkennen gibt. Es ist ein persönliches Innewerden, das private Bewußtwerden einer transzendenten Geborgenheit in tiefster Intimität. Die klassische Theologie nennt es auch die »cognitio Dei experimentalis«. Eine solche Erfahrung ist nicht beliebig wiederholbar. Daher herrscht inmitten einer Formwelt, wie sie James Brown aus diesen Erfahrungsstufen entwirft, ein großes Schweigen. Viel Warten ist in diese Arbeit eingegangen. Nur im Warten kann das Ahnen vor den Bildern aufgehoben werden in die Erfahrung des Umfangenseins von einem undurchdringlichen Geheimnis.

Angesichts solcher Undurchdringlichkeit setzt er archaische Zeichen. Er isoliert sie aus ihrem mythologischen Kontext und gestaltet sie in Ambivalenzen. So transformiert sich z.B. eine Kelchfigur durch Vereinfachung in die Konnotation eines Gekreuzigten. Dann wiederum strukturiert die gleiche Figur, in formalistischer Weise über den ganzen Bildträger gezeichnet, die Arbeit und trägt gerüstartig ein Gesicht.

Andere, isolierte Formen aus der Ikonographie des Gekreuzigten lassen Dimensionen von alten Geschichten wach werden. Sie entwerfen für den modernen Menschen zugleich eine erste Spur von neuer Bedeutung. Ohne sie herrschte weithin immer nur Nicht-Verstehen und Schweigen. Wirkten noch vor einigen Jahren die ›mystischen Köpfe‹ Jawlenskys wie fremde Zeugnisse aus einer verlorenen Zeit in einer areligiösen modernen Welt, die ihre Verbindlichkeiten über Bord geworfen hatte, so dürfte die Bildwelt eines James Brown in ihrer entdogmatisierten und distanzierten Symbolsprache jene Aufmerksamkeit finden, deren die postmoderne Ära fähig ist.

Die Bilder von James Brown zeigen zwei Gesichter. Wer an Tief- und Durchblicken seiner Arbeiten teilhatte, erahnt, welche Welten sich hinter dem Gesicht eines Mannes verbergen, das Jeanette Montgomery, Kevin S. Gayer, Robert Mapplethorpe u.a. fotografisch festgehalten haben. Der ernste und den Betrachter fixierende Anblick wirkt jedenfalls zugleich wie ein Anspruch und eine selbstbewußte Einladung, hinter dieses auch das eigene Gesicht zu blicken.

Kunst, die angeht

ZUM WERK VON ALFRED HRDLICKA

KUNST AUS LEBEN

Bei Alfred Hrdlicka bilden reflektorische Weltanschauung und bildnerische Weltsicht eine Einheit. So wenig seine Kunst nur ästhetisch ist, so wenig ist seine Reflexion nur theoretisch. Seine Skulpturen zielen immer über die gestaltete Fläche oder den behauenen Block hinaus ins allgemein Menschliche, Sinnliche, Dramatische. Seine denkerischen Bemühungen sind immer mehr als logische Strukturen und intellektuelle Netzwerke. Sie sind ebenso politisch wie sie analytisch sind. Sie sind zugleich Argumentation, Polemik, leidenschaftlicher bis verzweifelter Appell. Und so konkret und anschaulich die Gestaltung seines Materials ist, so sehr ist Hrdlicka ein Meister der Abstraktion, freilich in dem humanen Sinn: Abstraktion von Oberfläche, von Schein, von bloßem Phänomen. Er durchschaut das augenfällig Gegebene und läßt tiefer blicken, läßt überblicken. Doch immer wendet sich die Schau an die facta bruta menschlicher Realität: Blut und Betrug, Totschlag und Täuschung, Machtgier und Ehrgeiz, Intrige und Eitelkeit, Untat und Unglück.

Daran besteht kein Zweifel: Alfred Hrdlicka geht es um die Realität, um die ungeschminkte Wirklichkeit des Menschen, um ihre Abgründe wie um ihre Aufgipfelungen. Es geht um Leben ohne Schein. Und so wie er den Menschen auf den Boden der Gewalt, des Leides und des Verzweifelns stellt, so entlarvt er jede Theorie, die sich an diese Realität nicht anbindet, als Ideologie.

Alfred Hrdlicka ist ein voll und ganz säkularer Mensch, ein

säkularisierter Zeitgenosse und geht als solcher offen mit alten Motiven und Traditionen um, mit der griechischen Sagenwelt ebenso wie mit den Gestalten der Bibel oder modernen Biographien. Und er erwirkt ihnen gerade in der direkten Konfrontation und mit der menschlichen Realität neue Relevanz und Aussagekraft. Es hat wenig Sinn, Hrdlicka mit irgendeinem weltanschaulichen Etikett zu versehen bzw. ihm das eine oder andere Prädikat abzusprechen. Weder ist er ein Christ im engeren Sinn noch ein Marxist im platten Verständnis. Er ist ein vitaler und pathetischer Anwalt des Menschlichen, den der Anblick der Gewalt und der Not entfesselt, ihn zu bitteren Anklagen bringt und ihn dennoch befreit zu der Hoffnung, jenseits dieser Offenlegungen könne der Mensch zur Beherrschung seiner Kräfte und seiner selbst gelangen.

Alfred Hrdlicka ist am 27. Februar 1928 in Wien geboren. In einem Interview formulierte er einmal: »Ich komme aus einem ganz proletarischen Milieu, aus dem Arbeitslosenmilieu. Und ich muß sagen, ich habe etwas vom schöpferischen Impetus des Arbeitslosen. Diesen Impetus habe ich aus nächster Nähe, bei meinem Vater, erfahren und von den anderen Leuten, die dort so herumgesessen sind in der Illegalität. Diese Leute haben auch etwas sehr Schöpferisches, und zwar, weil sie ganz und gar ohne Fangnetz arbeiten. Sie denken auch ohne Fangnetz.«

Nach einer Zahntechnikerlehre gegen Ende des Krieges begann Hrdlicka 1946 das Studium der Malerei an der Akademie der Bildenden Künste in Wien. Daran schloß sich 1953–1957 eine Ausbildung in Bildhauerei an. Während seiner Studienzeit und in den ersten Jahren danach lebt Alfred Hrdlicka bis 1961 fast ausschließlich von Gelegenheits- und Hilfsarbeiten. Erst 1960 hat er seine erste große Ausstellung: Skulptur, Malerei, Radierung, Lithografie. Heute ist Hrdlicka ein umstrittener Bildhauer, Maler und Grafiker. Doch mehr als seine Kunst ist sein Thema umstritten. Er befaßt sich mit verdrängten Motiven unserer Kultur, mit Gewalt, Haß, Unterdrückung, Faschismus; mit Abhängigkeiten, Lust, Gier, Leidenschaft. Seine Gestalten sind oft schmerzverzerrt; der Schmerz ist demaskiert, entblößt bis auf die Haut, bis auf das Fleisch. Fleisch ist ihm die Basis des Menschlichen. Das Fleisch ist die Grundmaterie seiner Motive, das begehrte Fleisch ebenso wie das abgewiesene, das liebkoste ebenso wie das geschlagene, das gezeugte wie das sterbende.

Das Fleisch ist die Grunddimension des Menschen wie der Kunst von Alfred Hrdlicka. Es ist die prägbare Form des Menschen. Geprägt nicht nur durch Gespanntsein und Erschlaffen, geprägt vor allem durch Wunden, Narben, durch freigelegte Knochen. Das Fleisch ist der Boden, auf dem sich der Geist der Gewalt unter den Menschen austobt, der Mensch, der seinesgleichen das Leben verwehrt. Fleisch ist gewissermaßen die äußere Schale des Menschen, an der sich die inneren und äußeren Kämpfe niederschlagen, abdrücken, austoben. Das Fleisch ist das Material, von dem das Leben kommt.

Das Fleisch ist der Bezugspunkt für das künstlerische Schaffen von Alfred Hrdlicka, anhand dessen er seine Themen auf ihren wesentlichen Kern zu bringen versucht, Fleisch nicht nur im einfachen, subjektiven Sinn, sondern intersubjektiv. Fleisch hat soziale Dimensionen, hat Ausstrahlung. Fleisch hat eine besondere Aura. Fleisch reizt und provoziert und löst Spannungen aus zwischen Menschen. Meist birgt es dabei Bosheit, doch manchmal auch Faszination, Rausch, Spannung, Spiel.

Alfred Hrdlicka spürt den Menschen nicht im Bereich des offiziellen Lebens auf, in dem sich die Menschen zeigen und zurechtmachen und von der besten Seite geben. Er folgt ihnen, er durchschreitet mit ihnen die Schwellen, geht in ihre Höhlen, ihre Garderoben, in ihren privaten Bereich, dorthin, wo sie die Hüllen fallen lassen und ihr wahres Gesicht zeigen. Was Hrdlicka dort erblickt, das schreibt er unerbittlich nieder. Es ist nicht so, als sähe er den Menschen nur in der Ambivalenz von Gutem und Bösem. Denn über allem Demaskieren des Bösen schlägt sich der Sinn des Tuns, der Sinn des Demaskierens nieder: dem Guten eine bessere Chance zu ermöglichen. Insofern ist Hrdlicka trotz aller Realistik Optimist, der an die Umwandlung alles Bestehenden innerhalb der menschlichen Verhältnisse glaubt. Überzeugend gelingt es ihm, die

Grundgestalten menschlicher Mythologie und religiöser Geschichten zusammenzuschauen und so den Menschen auf ein Grundbild zu bringen, das ihm bei aller Plastizität Perspektiven über den Tag hinaus erlaubt und Sinnbezüge für seinen Kampf, für sein Dulden und für seinen Aufstand entdeckt.

KUNST MIT WIRKUNG

Wer sich anschickt, Arbeiten von Alfred Hrdlicka auszustellen, erfährt noch eine andere Dimension des Werkes dieses Künstlers. Das Leben findet sich nicht nur in den Bildern, die Bilder lösen selber Leben aus. Es ist freilich Leben in Form von Spannungen und Konflikten. Sie entladen sich in Entrüstungen und in befremdeten Reaktionen. Nicht selten fallen die Worte »Schweinerei«, »Pornographie«, ja »Blasphemie«. Ich weiß, wovon ich rede. Ich habe in den vergangenen Jahren viele Ausstellungen an den verschiedensten Orten gezeigt und begleitet: in Kirchen und an Philosophisch-Theologischen Hochschulen, an Katholischen Akademien und zum Evangelischen Kirchentag am Frankfurter Hauptbahnhof. Auch von verschiedenen Eröffnungsreden zum Werk von Hrdlicka in Museen, Akademien oder an Orten außerhalb der Kunstszene kann ich berichten, daß stets mit einer Welle der Ablehnung, der Empörung und des Widerstandes gegen die Kunst dieses Querdenkers zu rechnen ist. Ich kenne jene ersten Mißverständnisse, die Reaktionen der flüchtigen Blicke, das kollektive Entsetzen, das sich Mut mehr an der Irritation des Mitschauenden holt als am Bild selber. Doch kann ich demgegenüber auch von etwas anderem sprechen: es ist Nachdenklichkeit, die sich einstellt, wenn man die Spannungen vor dem Bild aushält, wenn man die Konflikte in das Bild und seine Welt selbst überführt. Ich habe die Kraft erfahren, die in diesen Werken liegt, die trotz allem Befremden doch auch gefangennimmt; sie schlagen buchstäblich in Bann und lösen eine unvergeßliche Betroffenheit aus. Es ist wie die fruchtbare Ruhe nach einem Sturm, in der sich das gewohnte Sehen transformiert, sich der Blick schärft im Überblicken und Vergleichen, im Durchschauen und Neusehen, im Überdenken und Umdenken.

Die Kunst von Alfred Hrdlicka ist von existentiellem Ernst getragen. Es ist Kunst aus Betroffenheit, aus Anteilnahme und Einfühlung. Es ist politische Kunst, die Kunst eines engagierten Sozialisten, der sich beharrlich weigert, die Welt, wie sie existiert, einfachhin zu akzeptieren. Alfred Hrdlicka will verändern, er will Ungerechtigkeiten abschaffen und die Humanisierung wie eine gesellschaftliche Ehrlichkeit vorantreiben. Dieses Werk verbündet sich mit den Schwachen, den Ausgegrenzten, den Ohnmächtigen und den Entrechteten. Und es analysiert die Bedingungen dieser Existenzen. Damit stehen diese Arbeiten quer zu vielem, was in der Kunstwelt gilt. Diese Kunst klagt an, sie hinterfragt, sie zwingt zum Überdenken. Dabei bedient sie sich eines breiten Fächers: sie ironisiert und attackiert, sie verunsichert und provoziert, sie überzeichnet Details und vergrößert das leicht Übersehene. In all dem zielt sie auf Reaktion. Sie will Teilhabe und Stellungnahme. Sie verabscheut nichts mehr als das kulinarische Verkosten ästhetischer Formfindungen. Die künstlerische Qualität von Hrdlicka kann man allenfalls respektieren, so recht zu genießen ist sie nicht, weil sie den Betrachter angeht und ihn zur Antwort herausfordert. Hrdlicka versteht sein Werk als eine ernste und beharrliche Einladung auf das Thema, das es jeweils behandelt.

Nicht, als hätte ich nie selbst zu den Schockierten gehört. Im Gegenteil, auch ich hatte manches »zu verdauen«. Aber es ist mir nie schlecht bekommen, mir nicht und meiner Umwelt nicht. Ich kenne manche seiner Bildfindungen, die dem Betrachter das Äußerste abverlangen, die ihm zu schaffen machen, die ihn befremden, ihn zurücktreten oder erschrecken lassen, – nie aber um ihn abzuweisen oder abzustoßen. Hrdlicka will nicht den Bruch mit dem, der vor dem Bild steht, im Gegenteil, er will den Mitstreiter, den Kampfgenossen, in welchem weltanschaulichen Lager er auch immer steht.

In der Kunst von Alfred Hrdlicka steckt viel von dem überzeitlichen Versuch der Kunst, den Menschen aus seinen optischen Sehgewöhnungen zu holen, aus seinem Achselzucken, aus dem dumpfen und passiven Zur-Kenntnis-Nehmen. Das Klagelied ist nicht neu. Es wird ständig rezitiert: »Wie wir mit unseren Nachrichtensendungen fertigwerden! Wie wir die aufreizende Reklame verkraften! Wie wir der pornographischen Aufdringlichkeit an den Zeitungskiosken begegnen!« Es ist ja nicht wahr, daß alle diese Machenschaften still unter der Ladentheke schlummerten. Sie wollen verkauft werden, und sie werden an den Kunden gebracht. Da wird kräftig nachgeholfen. Für Sehhilfe sorgt die konzentrierte Aktion gebündelter Maßnahmen, wie z. B. jüngst die Plakatierung für ein amerikanisches Männermagazin mit intellektuellem Feigenblatt. Doch mehr noch: bestimmte Methoden gewisser Massenmedien versuchen gerade auf dieser Welle Nachrichten zu produzieren. In täglich millionenfacher Aufmachung werden die Fakten so zurechtgezimmert, daß sie neue und alte Kunden aufreißen und anreizen. In Wien reicht es nicht, daß in einem großen Krankenhaus eine Massenmörderin entdeckt wird, nein, sie muß gegen alle Wahrheit und ohne jeden Anhalt auch noch zur Prostituierten gemacht werden. Gegen diese Art von Abstumpfung anzugehen, ist schwer. Es ist nur seltsam, wenn dies Künstler tun, dann erhebt sich ein Protest, ein Aufschrei, als ginge es nicht um die Sache, sondern um die Institution. Ich denke an die Aufregung um künstlerische Äußerungen von Dali bis Rainer, von Beuys bis Bacon. Natürlich gibt es sie, die Angepaßten, Ästhetischen; gibt es die Salonkunst, die den Geschmack per Auftrag malt, die sich beugt und duckt und im Fahrtwind anderer segelt. Und das geschieht keineswegs nur in der kirchlichen Szene »christlicher Kunst«. Das geht von Lenbach über Breker bis in unsere Tage, bis mittenhinein in den Markt. Alfred Hrdlicka hat da nie mitgemacht. Er kümmert sich nicht um geschmäcklerische Rücksichten. Und damit befindet er sich nicht in schlechter Gesellschaft. Goya mag für viele stehen. Der Genter Altar der Gebrüder van Eyck, die Päpste und Kaiser in der Hölle malten, zeigt nur drastisch, was gemeinhin üblich war. Ist es nicht die Kreuzigung selbst, die stets von neuem in die ursprüngliche Drastik zurückzubringen ist, weil sie des Schockierenden beraubt wurde, weil alles Unerträgliche weggetönt wurde, bis sie in die Herrgottswinkel paßt oder auf die Kommode, schleifgelackt, verkitscht, verkommen der Skandal des Kreuzes, die Absurdität göttlicher Erniedrigung.

Ich verdanke meiner Auseinandersetzung mit dem Werk von Alfred Hrdlicka viele Anregungen, gesellschaftspolitische wie spirituelle. Von der theologischen Relevanz seines Werkes möchte ich abschließend sprechen, um an einem ausgewählten Beispiel zu zeigen, worum es diesem Künstler geht – und mir mit ihm.

KUNST ZUR FREISETZUNG

Theologisch außerordentlich interessant ist bei Hrdlicka die Gestaltung der Christusfigur.

Wie für Johannes den Täufer hat Hrdlicka für Jesus von Nazaret eine hohe Bewunderung. Immer wieder war diese Figur für ihn Ausgangspunkt, sich mit den Themen des Leidens und des Märtyrertums zu befassen. Doch wenn bei ihm von Jesus die Rede ist, dann erfolgt zunächst fast automatisch ein atheistisches Glaubensbekenntnis; es ist, als riefe er sich zur Raison, damit seine Sympathie für diesen Mann nicht mit ihm durchgeht. Andererseits betont er aber ebenso sein engagiertes Interesse an der Person Jesu von Nazaret:

»Ich bin sicher so viel Christ wie ich Marxist bin, und ich verstehe von der einen Sache wahrscheinlich mindestens so viel wie von der anderen. Was mir der Marxismus wirklich gegeben hat, das ist das dialektische Denken. Das heißt: er ist keine Einbahn. Dort wo der Katholizismus und das Christentum zur Einbahn werden, da verachte ich sie zutiefst. Aber wo der Katholizismus dialektisch ist, da ist es etwas anderes. Christus selbst war doch ein großer Dialektiker. Er ist sicher einer, der etwas zu sagen hat. Ich denke

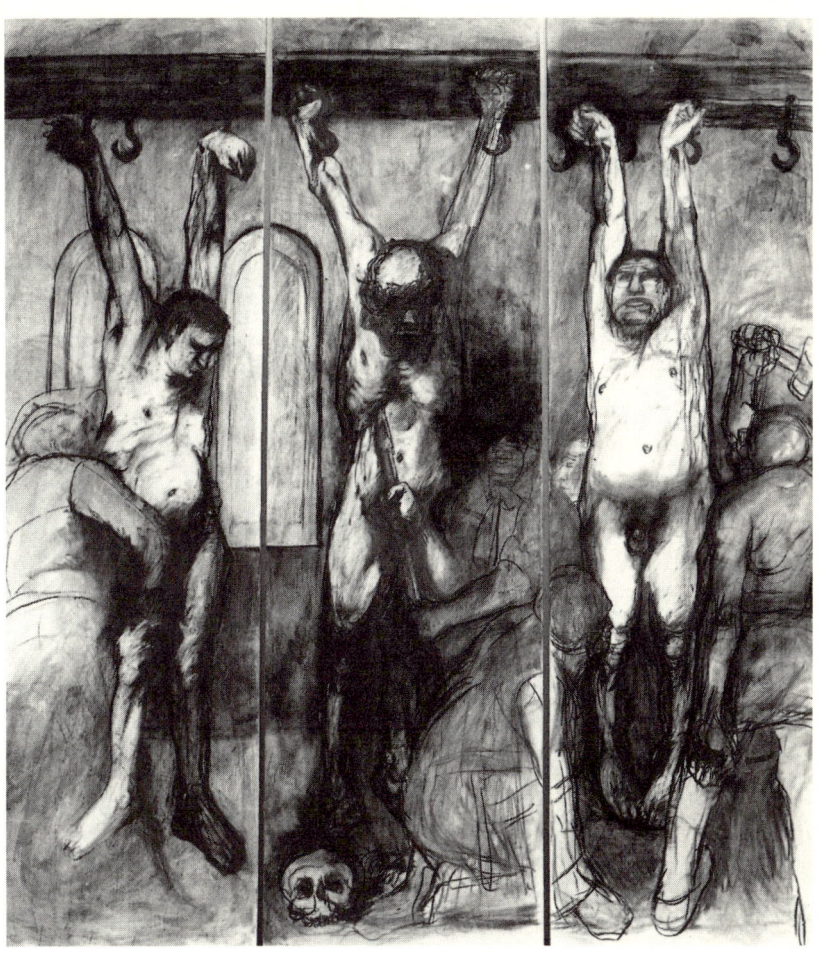

Alfred Hrdlicka: *Plötzenseer Totentanz*, 1969–72.
Diese Kreuzigung in einer Berliner Gemeinde versetzt das biblische
Geschehen in die alltägliche Brutalität der Nazi-Zeit.

z. B. an die Szene mit der Ehebrecherin. Die Sache mit dem ›ersten Stein‹, die gefällt mir dort sehr gut. ›Wer von euch ohne Sünde ist, der werfe den ersten Stein auf sie‹, das ist ein unheimlich großer und wahrer Satz. In ihm ist sehr viel Welterfahrung drin.«

Aus seinem Inneren habe er eine starke Kraft geschöpft. Er habe das geglaubt, was er verteidigt hat. Darin ist ihm Jesus Provokateur, ein intellektueller Unruheherd, der eine neue Sache, nämlich die der Gerechtigkeit und des Friedens, in Schwung bringt. Jesus hat ein Denken in Gang gesetzt, das nie zu Ende kommt. Sein Denken wird leben, solange die Welt sich dreht. In ihm wird deutlich, daß sich das Denken nicht selbst abstellen kann. Über Christus sagt Hrdlicka einmal:

»Er ist für alle Intellektuellen ein unheimlicher Verführer, weil er die Sache nicht zu Ende denkt. Er denkt es weiter, weiter und hört nicht auf zu denken.«

Natürlich ist es auch die außerordentliche Dramatik der Passion Jesu, die diesen Maler fesselt. Es ist die Passion eines Menschen, dessen passiver Widerstand am Ende über alle Bosheit und Menschenschinderei triumphiert. Christus ist für ihn ein Mann des Widerstandes, und sein Kreuz ist das Symbol dafür. Sein Widerstand hat sich für Alfred Hrdlicka aus einer großen inneren Kraft genährt. Und dieser Widerstand sei eben am Ende auch erfolgreich gewesen. Christus ist eine kulturübergreifende Personifizierung des Widerstandes ohne Gewalt. Sein Kreuz ist darum ein Symbol für den gewaltlosen Protest schlechthin. Christus ist für Hrdlicka der Triumph des Denkens gegenüber jedweder rohen Gewalt.

Jesus ist für Hrdlicka ein Mann des Widerstehens: »Die Figur Christi ist für mich die Figur eines Verfolgten (...), eine KZ-Figur. Sie ist eine Märtyrerfigur, die für eine bestimmte Gesinnung steht. Im Grunde kann man diese Figur für alles einsetzen: das linke Lager kann sie für sich beanspruchen wie das rechte oder wie das katholische Lager. Diese Figur (...), ist ein Symbol für das Martyrium.«

Jesus ist also für seine Überzeugung und Lehre eingestanden und war durch keine Isolation zu erschüttern. Hrdlicka:

»Im Altertum (...) durfte über den Kreuzigungstod nicht geredet werden, weil er so qualvoll war wie nichts in dieser Welt. Das muß man sich einmal vorstellen: angenagelt, der Sonne ausgeliefert, tagelang. Ich glaube nicht, daß Jesus nach Stunden gestorben ist. Das hat Tage gedauert. In Wirklichkeit stirbt doch der Gekreuzigte durch den Zusammenbruch des Kreislaufs auf die grauenhafteste Weise. Es ist wahrscheinlich eine schlimmere Folterung als – was weiß ich – etwa die Vierteilung. Wissen Sie, wenn die Glieder auseinandergerissen werden, da schießt das Blut heraus, und Sie sind dann in fünf Minuten tot. Aber die Kreuzigung, das ist ein barbarischer Tod. Und die Kreuzigung Christi, das ist eben nicht der schnelle Tod, sondern es ist der langsame Tod. Und damit ist er für mich zum Zeichen des Widerstandes geworden. Für mich figuriert das Kreuz den Widerstand. Es konkretisiert den politischen Widerstand. Für mich ist darum der Gekreuzigte eine politische Figur.«

Wenn man sich mit den zahlreichen Variationen zur Passion Jesu befaßt, die Alfred Hrdlicka geschaffen hat, dann fällt auf, daß sie sich insgesamt einigen klassischen Stationen der Ikonographie des Kreuzweges zuordnen lassen. Auf diese Weise schreibt Hrdlicka eine alte und doch zugleich neue Passion. Es ist die Passion des Jesus von Nazaret im Kreuzweg von Alfred Hrdlicka.

So sehr Hrdlicka sich, wie viele andere Künstler dieses Jahrhunderts, immer wieder mit den Themen der Passion auf einer sehr breiten Grundlage auseinandergesetzt hat, so wenig ist er einem Thema ausgewichen, um das sich eigentlich alle anderen herumdrücken: dem der Auferstehung. Die Auferstehungsverheißung findet er für die Religion gemäß, weil sie in der Funktion steht, für den einzelnen Menschen eine reale Lebensbewältigung zu leisten. Ohne Auferstehung könne eine solche nicht gelingen, und die Vision der Auferstehung sei für den christlichen Glauben zunächst einmal eine Tatsache. Neben anderen Erklärungen über den Tod sei diese im übrigen noch die realistischste. Die Auferstehung von den Toten, so erklärt er in Gesprächen, erscheine ihm als religiöse Vision möglich. Der Mensch werde geboren, lebe und sterbe – und

Alfred Hrdlicka: *Frankfurter Kreuzigung*, 1987. Hrdlicka schuf diese 9 m hohe
Installation für die Schalterhalle des Frankfurter Hauptbahnhofs zum
Evangelischen Kirchentag 1987.

dann ist er tot. Wenn sein Leben aber einen religiösen Sinn haben soll, dann kann er auch von den Toten auferstehen.

Die Christusfigur ist für Hrdlicka ein Hoffnungsträger. In ihr bewältigt der Mensch sein Leiden durch die Perspektive der Überwindung. Wie sich ihm diese vermittelt, ist eine andere Sache, wie sie sich theologisch ausdrücken läßt, ebenfalls. Dieser unbesiegbare Mensch Jesus ist ihm ein positives Zeichen, das sich gegenüber allen dunklen Mächten der Finsternis behauptet. So setzt er beispielsweise in einem frühen Ölbild Hitler unter die Schergen bei der Gefangennahme Christi.

Die vielleicht dichtesten Christusgestaltungen sind Hrdlicka in einer Kirche in Berlin-Charlottenburg gelungen. Dort hat er für das Gemeindezentrum Plötzensee sechzehn große Zeichnungen erstellt. In diesem evangelischen Gotteshaus konfrontiert sich eine Gemeinde Sonntag für Sonntag mit harten Realitäten: Der Biblische Brudermord und die Enthauptung Johannes des Täufers ist dort ebenso plastisch ins Bild gesetzt wie das literarische Thema »Tod und Mädchen« und der Tod eines Demonstranten. Ihre stärkste Verdichtung zeigen diese Bilder jedoch in zwei Christusbildern. In diesem *Plötzenseer Totentanz*, der aus sechzehn Tafeln von je 350 × 100 cm besteht, in den Jahren 1969–1972 geschaffen, gibt es einen gekreuzigten und einen auferstandenen Christus.

Die ›Kreuzigung‹ ist ein Thema, das Hrdlicka während seiner künstlerischen Laufbahn immer wieder aufgegriffen und in verschiedenen Techniken gestaltet hat. Die Kreuzigungsszene des Plötzenseer Totentanzes besteht aus drei Tafeln, von denen je eine die Schächer und Christus abbilden. Im Unterschied zum traditionellen Triptychon sind formale und inhaltliche Merkmale zur Betonung der Mitte wenig ausgeprägt.

Bei gleicher Größe der Figuren ist die mittlere durch Christus-Attribute herausgehoben: angedeutet sind Dornenkrone, Lanzenstich und Totenschädel. Die Bildidee der schweren, nackten, mit durchbohrten Handgelenken hängenden Körper hat Hrdlicka früh entwickelt. Der Kreuzigungstod – ein Tod durch Kreislaufversagen – ist vor allem als physiologisches Ereignis dargestellt. Die

Leiber der Hängenden sind in Einatmungsstellung. Nur bei Christus ist der Unterleib so eingezogen, daß sich eine tiefe Magengrube und breite Zwischenrippenräume mit dünn darüber gespannter Brustmuskulatur ergeben. Damit kontrastiert Hrdlicka den trainiert disziplinierten Körper Jesu mit der schlaffen Fettleibigkeit der Schächer und läßt so eine ungewöhnliche Art der Hervorhebung von Jesus entstehen. Die metaphysische Erhöhung von Jesus wird ins Physische transponiert.

Diese Kreuzigung findet in einem profanen Innenraum statt. Sie erfährt außerdem eine Aktualisierung, indem sie über die Raumandeutung der *Hinrichtungsstätte Plötzensee* mit dem entsetzlichen Ort eines anderen Leidensgeschehens verbunden ist. Zum anderen transformiert Hrdlicka das Kreuz in nebeneinanderhängende Fleischerhaken, an denen die Hingerichteten mit ausgebreiteten Armen wie an einem Kreuz hängen. Golgota und Plötzensee, Kreuz und Fleischerhaken, Vergangenheit und Gegenwart werden ineinandergeschoben. Das Kreuz wird so ent-ästhetisiert und seine Realität in die Zone der Grausamkeit zurückgerufen.

Das zweite Beispiel für ein Christusbild ist die Zeichnung *Emmausmahl*. Es wurde von Hrdlicka als Bild des christlichen Auferstehungsglaubens geschaffen und soll der Gemeinde, die sich gegenüber den sechzehn Bildern zum Gottesdienst versammelt, Ruhe und Frieden, Trost und Überwindung, Mut und Hoffnung vermitteln.

Auf dem Dreitafelbild sieht man einen Innenraum mit zwei rundbogigen Fenstern, die in dem oberen Drittel eine Eisenstange mit Fleischerhaken durchschneidet. In der Mitte des Raumes sitzt frontal zum Betrachter eine helle Gestalt. Zu beiden Seiten hocken einander gegenüber je drei und zwei Gestalten. Nach links wird ein Mann von einem Uniformierten abgeführt. Die Szene erinnert an Menschen, die in einer Gefängniszelle oder in einem Konzentrationslager auf ihr Urteil warten. Den Hinweis auf Emmaus gibt nur die helle Mittelfigur, indem sie, kaum erkennbar, Brot bricht. Der zur Hinrichtung abgeführte Häftling hat einen auffallend aufrechten Gang. Aufgerichtet wurde er durch das Brotbrechen der Licht-

Figur. Der Marxist Hrdlicka bezeugt seinen Respekt vor der moralischen und menschlichen Stärke christlicher Häftlinge in den Konzentrationslagern der Nazis.

Im *Emmausmahl* verbinden und vermitteln sich drei Bildinhalte: die Erinnerung an alle Menschen in Gefängnissen, die Erinnerung an die besondere Situation der Inhaftierten des Plötzenseer Gefängnisses und die Transponierung realer Ereignisse in ein christliches Bildthema. Wieder gelingt es Hrdlicka in subtiler Weise, traditionelle und gegenwartsbezogene Themen bildnerisch miteinander zu verbinden.

Hrdlicka ist theologisch nicht desinformiert. Er weiß um die Nähe, in der seine Kunstauffassung zu zentralen Auffassungen der christlichen Theologie steht. »Alle Macht in der Kunst geht vom Fleisch aus«, und daneben: »Alle Macht in der Religion geht vom Fleisch aus.« Hrdlicka weist dem Fleisch in der Religion die gleiche Stellung zu wie in der Kunst. Und in der Tat, vom Fleisch ist vielfältig die Rede in der Hl. Schrift: über 400 Mal. Am deutlichsten kommt es im Johannesprolog zur Sprache: »Und das Wort ist Fleisch geworden und hat unter uns gewohnt.«

Was die Evangelisten ins Wort bringen, das haben viele Maler der Kunstgeschichte nach den unterschiedlichsten Gesichtspunkten immer wieder neu zu übertragen und für ihre jeweilige Zeit einzuholen versucht. In dieser Reihe ist auch das Bemühen von Alfred Hrdlicka zu sehen. Freilich, er greift Jesus von seiner Außenseite, von seinem Erscheinungsbild, wo seine Menschlichkeit konkret wird, dem Fleisch und der Haut und dem unmittelbaren Einfluß entlang, und er greift ihn mit dem interessierten Blick eines Marxisten, eines offensiven Intellektuellen, mit dem kritischen Blick eines Künstlers, der darin seinen Zeitgenossen einen Spiegel vorhält, wie sie selbst mit dem Menschen umgehen. Für viele mag dies nicht genügen. Viele wünschen sich bei einem Maler, daß er sich auch persönlich und existentiell zu seinem Motiv bekennt. Aber gibt es eigentlich etwas Größeres für die »christliche Kunst«, als daß ein Künstler sich als Künstler auf die Religion und auf diese Gestalt Jesu einläßt? Und reicht der Künstler seine

Gestaltung nicht gewissermaßen an den Betrachter weiter und macht es ihm zur Aufgabe und zum Auftrag, sich mit dem Bild und seinem Gehalt näher zu befassen?

Gestaltungen des Gestaltlosen

RELIGIÖSE SPURENSICHERUNG IM WERK
VON JOANNIS AVRAMIDIS

Im Zentrum der Arbeiten des 1922 in der UdSSR geborenen Griechen Joannis Avramidis, der seit 1943 in Wien lebt, steht die menschliche Figur. Seit den Tagen seines Studiums bei Fritz Wotruba ringt er mit Strenge und Konsequenz um die innere Form. Es geht ihm, der sich in der Tradition des griechisch-plastischen Formempfindens sieht, nicht um Expression. Für ihn ist die Figur kein Transportmittel für Ideen des Menschlichen. Seine Figuren klagen nicht an und drücken keine Empfindungen aus. Avramidis greift hinter alle diese akzidentellen Formen. Er will zum Wesen, ihn treibt es zur Substanz, zum Kern, zum Eigentlichen. Er will zur Formel, zum Allgemeingültigen. Sein Weg nach innen sucht Wesentliches, Unsichtbares zu gestalten. Ihn interessiert die Idee der Figur jenseits individueller Ausprägungen. Und diese sucht er in eine Formel zu fassen.

Intuitiv erfaßt er den Menschen als Gebäude, als Haus, ja als Tempel, aufgebaut wie eine Kathedrale. In vielen Zeichnungen, in Skizzen und deren konstruktiven Durcharbeitungen, Zerlegungen, Zuschnitten konstruiert er den Aufbau, Proportionen und inneres Harmoniegesetz. Es geht ihm nicht nur um das intuitive Finden, sondern um die Transparenz der Form, die Überführung des Geistigen ins Konstruktive, Wiederholbare, Überprüfbare. Er will die absolute Form, die Formel, die Formulierung der Idee, der Schöpfungsidee, die allem Schaffen zugrunde liegt. Er sucht das Letztgültige, für das jede menschliche Erscheinungsform eine Konkretion ist. Er sucht die Raison des Menschen, oder besser seinen Logos.

In immer wieder neuen Anläufen tastet er sich auf seinem Weg voran. Er umkreist dabei bestimmte Formkanones, kommt aber am Ende stets auf die säulenhafte Form zurück, variiert diese zu Doppel- oder Gruppenvarianten, überhöht sie zur »Polis« oder gar, in einer Art Säulenrunde, zum »Tempel«.

Nach der alten griechischen Philosophie und ihrer mittelalterlichen Rezeption in den Klöstern des Westens war Kunst die Erscheinung der Wahrheit, die Darstellung der inneren Wirklichkeit der Welt, die Repräsentation ihres Ganzen. Nicht in den Erfahrungsdaten des Alltags, nicht in den Expressionen des Augenblicks, sondern in den ästhetischen Grundverhältnissen und Proportionen des Wirklichen fixierte sich die Wahrheit. Das mit der Einbildungskraft ins Leben gerufene Kunstwerk war geradezu das Medium, in dem Menschen mit den Grundtatsachen der Welt und des Seins in Beziehung treten. Für diese ästhetische Idee gehört es zum Wesen des Menschen, daß er die ganze Vielfalt des Seienden auf sein Wesen zurückführt, auf seinen letzten Grund, auf das Sein. Diese Rückführung geschieht nach aristotelischer Auffassung auf dreifache Weise: auf der Stufe der Einbildungskraft als Kunst, auf der Stufe des Verstandes als Philosophie und auf der Stufe der Vernunft als Meditation und Religion. Hier ist vor allem die in der mittelalterlichen wie in der griechischen Philosophie evidente Durchdringung von Kunst und Religion angesprochen, weil in der Kunst das Absolute der Religion und in der Religion das Bildhafte der Kunst lebt. »Wenn daher die Kunst sich völlig von der Religion trennt, wird das ihr eigene Absolute gefährdet: wenn umgekehrt die Religion sich völlig von der Kunst ablöst, wird sie abstrakt und lebensfremd.« (J. B. Lotz) In der theologischen Sprache ist diese Art Erfassen von etwas Verborgenem, der letzten verborgenen Zusammenhänge der Welt mystisch zu nennen. Ihr liegt eine Ausrichtung aller körperlichen und geistigen Wahrnehmungskräfte auf einen Punkt hin zugrunde, in dem alles seinen Zusammenhang findet. Er hat eine asketische Lebensweise zur Voraussetzung, eine strenge Suche und Entschiedenheit. Er ist darüber hinaus auf eine Einschränkung der Aktivität aus, auf eine gestei-

Joannis Avramidis: Skulpturen. Das Foto zeigt eine Gruppe von Werken im Atelierhof der Wiener Akademie der Bildenden Künste, an der Avramidis lange lehrte.

gerte passive Wahrnehmung. Es geht ja um die Wirklichkeit in ihrer Tiefendimension. Diese besteht in einer unmittelbar erlebten Plausibilität, in einem »ekstatischen und unmittelbaren Identifikationswissen in Anschauung und Gefühl«, wie Max Scheler einmal formuliert hat. Sprache und andere Formen der bildlichen Durchdringungen sind ihr eigentlich nur unzureichende Darstellungsmittel. Als individuelles Erlebnis ist es nicht kommunizierbar. Es ist ein persönliches Innewerden, ein privates Bewußtsein des Göttlichen. Die klassische Theologie nennt es eine »cognitio experimentalis«. In ihrer mystischen Dimension zielt dieses geistige Ringen auf die Erfahrung des »Letzten« und »Einen« der Welt, in der die Vielheiten des Lebens ihren Zusammenhang finden. Dieser begegnet dann als etwas »ganz und gar anderes«, es ist eine Begegnung, in der die Möglichkeit zu einer intersubjektiven Erfahrung des Göttlichen beschlossen liegt.

Im Unterschied zu einem nur persönlichen Innewerden solcher Erfahrungen hat es der Künstler wesentlich mit dem Entwerfen von Formen zur Gestaltung innerlich geschauter Einsichten zu tun. Sie ist Gestaltung von Gestaltlagen geistig-geistlichen Erlebens. Jeder Künstler entwickelt dabei seine eigene Sprache. Diese setzt sich um in Formen und Bilder, im radikalsten Fall in Formen, wie sie uns bei Joannis Avramidis vorliegen. Es sind letzte Formulierungen des Menschlichen, die Formulierung göttlicher Formulierungen, die Fixierung des humanen Logos. Das ist die eine Antwort auf die Frage nach der religiösen Dimension der Arbeiten von Joannis Avramidis, wie sie sich stets ansatzweise im Allgemeinen, konkret aber in religiös bestimmter Architektur entfalten. Sie sind von der gleichen mystischen Suche wie Strenge getragen wie jede gute Architektur in religiöser Absicht. In der Suche nach der letzten gültigen Formel des Figürlichen, nach der absoluten Idee des Menschlichen entfaltet sich ein Ethos von Strenge und Konzentration, wie sie jedem transzendenten Ausgriff eignet, insofern er nicht in Leere und Vergeblichkeit auslangen will. Auf dieser Ebene kommen religiöse Versenkung und Ringen um künstlerischen Ausdruck zusammen.

In christlicher Sicht aber handelt es sich beim Menschen nicht nur um eine beliebige Schöpfungsidee Gottes, sondern um eine abbildliche Schöpfung. Der Mensch ist Ebenbild Gottes. Im Menschen, in seiner Idee, bildet sich göttlicher Logos. Im Menschen wird dieser Logos Fleisch. Das besondere Faszinosum der menschlichen Figur als dem Urthema bildnerischen Schaffens überhaupt dürfte in der abendländischen Kunst dieses Logoshafte der Figur sein, dieses Göttliche im Menschen, dem der menschliche Freiheitsdrang wie auch das geistige Bemühen des Menschen schon immer auf die Spur zu kommen suchte. Es ist das Unbedingte seiner Würde, die Basis Freiheit. Diesem ist Avramidis in seinen Arbeiten auf der Spur. Wenn von der religiösen Unmittelbarkeit in den Figuren von Avramidis die Rede ist, von ihrer besonderen religiösen Ausstrahlung, dann wohl deshalb, weil die beständige und lebendige Suche nach der Formel für den Menschen das Göttliche im Allgemeinen berührt, das es zu ertasten gilt. Und dieser inhaltliche Moment dürfte es dann sein, was sich in den poetischen, sensiblen und erhabenen Figuren mitteilt: das Wahre im Transzendenten, das Göttliche im Greifbaren, das unausschöpfbar Göttliche in den künstlerischen Gestaltungen des Gestaltlosen.

»Ich öffne — und mache wieder zu!«

ZUR BILDWELT VON ARNE-BERND RHAUE

Die Sonne schien, da sie keine andere Wahl hatte, auf nichts Neues. Murphy saß, als ob es ihm frei stünde, im Schatten, in einer Gasse West Bromptons. Hier hatte er wohl schon sechs Monate lang gegessen, getrunken, geschlafen, sich an- und ausgezogen, in einem mittelgroßen Käfig mit Front nach Nordwesten und ununterbrochener Sicht auf mittelgroße Käfige mit Front nach Südosten. Er würde sich bald mit etwas anderem behelfen müssen, denn die Tage der Gasse waren gezählt. Er würde von neuem essen, trinken, schlafen, sich an- und ausziehen lernen.

Bögen und Keulen, Sonnen und Kreise, Sterne und Kreuze; Fäden, Leitern, Rippen-, Zwiebelmuster: Das sind Detailstrukturen der Bilder von Arne-Bernd Rhaue. Zusammengehalten werden sie bei den Zeichnungen durch Linien, bei den Aquarellen durch fast blattgroße Figurenumrisse. Bei letzteren herrscht eine Farbigkeit vor, die von Hell-Rot über verschiedene Gelb- und Brauntöne bis tief ins Schwarz hinabreicht. Die Figuren sind streng in einer Zweidimensionalität gehalten. Stark sind die Kontrastierungen. Scherenschnittartig wirken sie wie die Konturierungen bei alten Felsenzeichnungen. Sie stehen im Raum. Selten sind sie allein, meist zu zweit oder dritt. Wo es zwei sind, treten sie ins Männlich-Weibliche auseinander, immer nur zaghaft angedeutet, aber bestimmend: Beckenlinien, Brüste, tänzerische Haltungen oder phallische Markierungen. Diese identifizieren die Figuren und setzen sie zugleich in eine Beziehung zueinander. Doch bleibt diese stets distanziert. Es sind Figuren, die ganz und gar in sich ruhen.

Architektonisch aufgebaut, bestehen sie für sich, entfalten aber verhaltene Spannungen zu ihrem Umfeld, die aber nicht mehr sind als Ausgriffe nach einem Du, das nie erreicht wird.

»Der Mensch ist das einzige, was für mich als Künstler wirklich interessant ist«, sagt er einmal. Und in der Tat, seine Arbeiten – ob Skulpturen, Radierungen, Skizzen, Zeichnungen – sie kreisen um das eine Thema: die Figur, den Menschen, sein Zeichen. Hier findet denn auch seine reiche Formenwelt im Detail inhaltlich ihre Einheit. Es sind zeichenhafte Verdeutlichungen für eine Realität unter der Oberfläche. Rhaue greift hinter die Erscheinung, er häutet gewissermaßen seine Subjekte, physisch wie psychisch. Leitend sind ihm dabei Ahnungen und Träume. Aus ihnen läßt er seine Formen aufsteigen. In einer Art Trance zeichnet er sie direkt aufs Blatt. Er steht hier in Konfrontation mit dem Unbewußten. Diese ist aber nicht psychologisch bestimmt, sondern eher existentiell. Er bringt die Bilder, wie sie sich ihm am Rande des Bewußten einstellen, ins Bild: unerschüttert, kompromißlos, aufdeckend. »Ich öffne!« – und es zeigen sich Bilder und Zustände, Ängste und Sehnsüchte, Heiles und Gebrochenes. »Ich mache wieder zu!« – das Gesehene wieder verdeckend und dessen Spuren verwischend. Zwischen »Öffnen« und »Verbergen« liegt die ganze Spannung dieser Bilder begründet, eine Spannung, die nicht nur zwischen den Figuren herrscht, sondern sich auch zum Betrachter hin aufbaut. Sie gehen ihn unmittelbar an und machen es ihm leicht und schwer zugleich. Er spürt, daß hier etwas über ihn selbst gesagt wird. Er realisiert, daß in riskierender Offenheit ein Künstler eine Formwelt schafft, die etwas Allgemeingültiges ausdrückt. Diese Bilder haben die Kraft, den Betrachter bedrängend nach sich selbst zu fragen. Sie sind aber zugleich von einer Offenheit und Weite, daß er den Widerhall, den sie in ihm auslösen, aushält und ihm nachlauschen kann.

Parallelen lassen sich ziehen, etwa zu Franz Bernhard oder zu Hede Bühl. Alle drei zeichnen sie, und alle sind sie in der Hauptsache Plastiker. Gemeinsam ist ihnen die Suche nach einem Bild des Menschen. Alle drei wissen, daß es darüber heute wenig Objekti-

Arne-Bernd Rhaue:
Ohne Titel, 1988.
Die gebrochenen
Steine zeigen
eine eigenwillige
Formwelt, die
ebenso alten
Steinzeichnungen
wie modernen
Symbolen
entspringen.

ves auszumachen gibt. Doch ebenso entschieden arbeiten sie daran, die Suche nach einer neuen Formulierung voranzubringen; Franz Bernhard in seinen abstrakten Holz- und Eisenformen, die stets eine Orientierung an der menschlichen Figur erkennen lassen; Hede Bühl in den geheimnisvollen Formulierungen auf der Grenze zwischen dem historisch konkreten und dem aus archaischen Erfahrungen gespeisten Allgemeinen; Arne-Bernd Rhaue in seiner existentialistischen Bildfindung, in der er geradezu das Bild des heutigen Lebensgefühls zu beschwören scheint.

Er saß nackt in seinem Schaukelstuhl aus rohem, garantiert unzerbrechlichem Teakholz, das nachts nicht knarrte und gegen Würmer und Witterungsschäden gefeit war. Er gehörte ihm, er verließ ihn nie. Die Ecke, in der er saß, war durch einen Vorhang gegen die Sonne abgeschirmt, die arme, alte Sonne, die zum billionsten Mal wieder im Zeichen der Jungfrau stand. Sieben Schals hielten ihn fest. Zwei fesselten die Schienbeine an die Stuhlkufen, einer seine Oberschenkel an den Sitz, zwei die Brust und den Bauch an die Rückenlehne und einer seine Handgelenke an die hintere Querstange. Es waren nur äußerst begrenzte örtliche Bewegungen möglich. Schweiß brach ihm aus allen Poren und straffte die Gurte. Sein Atem war nicht vernehmbar. Die Augen starrten kalt und reglos wie die einer Möwe hinauf zu einem schillernden Fleck, der über dem Kranzgesims zusammenschrumpfte und verblaßte. Irgendwo wurde eine Kuckucksuhr, die zwischen zwanzig und dreißig geschlagen hatte, zum Echo eines Straßenhändlers, der nun, beim Betreten der Gasse, deutlich Quid pro quo! Quid pro quo! rief.

Eine thematische Einheit, die sich bei diesen »Frontkämpfen« mit dem Unbewußten immer wieder einstellt, ist die dialektische Freiheit von Eros und Tod. Sie findet ihren Ausdruck im männlich-weiblichen Gegenüber. Mehr jedoch liegt sie in der Farbigkeit verborgen, vor allem in der Farbskala zwischen Glutrot und Rostrot. Man spürt die Beziehung des Farbempfindens zum technischen Umgang mit Eisen. Entstehen und Vergehen, Aufleuchten und Abdämpfen, Erzeugen und Zerstören – Tod und Leben sind hier im Ganzen anwesend und kehren wieder im Detail. Vor allem die Figuren selbst leben diese Gegensatzeinheit. Diese Wesen sind isoliert. Sie sind eingeschlossen. Was immer sie an Ausschau nach einem anderen signalisieren, sie werden stets auch wieder negiert. Das Geheimnisvolle, das Schreckliche, das Zerstörerische, das von vielen dieser Figuren ausgeht, evoziert die Bedrohtheit von allem Leben, das diese Werke inmitten allem Negativen durchweht. Eros und Tod – hier sind sie in klassischer Weise zusammenkomponiert, gespeist aus den Grunderfahrungen, auf die sich dieser Künstler so sehr einläßt. »Leben und Tod sind keine gegensätzlichen Welten«, schreibt Octavio Paz, »sie sind ein einziger Stengel mit Zwillingsblüten.« Und das ist dazu Rhaues Interpretation: »Ich ziehe den Bogen sofort von der Liebe zum Tod. Bei mir ist das immer gekoppelt. Eigentlich lasse ich das Leben dazwischen aus. Wo es anfängt, beginnt es gleich zu sterben. Das Geborene geht in den Tod. Es ist eine Faszination und eine Angst zugleich.«

Was die Arbeiten auszeichnet, ist eine ebenso klare wie eigenständige Formsprache, in der das Einzelne mit dem Gesamt in Beziehung steht. Bizarre Formen bauen hier sowohl eine Figur wie eine Architektur auf, und können doch wiederum zugleich ein Medium der Abstraktion sein, das ein Subjekt auf eine rückgratartig gebogene Linie reduziert.

Auffallend ist im Ganzen der hochgradige Sinnbezug dieser Werke. Er ist unerbittlich und ehrlich, er ist von einer Radikalität, wie sie sonst eigentlich nur noch bei Francis Bacon begegnet. Hier wird Kunst auf den Punkt der Sinnlosigkeit gebracht, in den befreienden Schrei aus Verzweiflung. Damit thematisiert dieses Werk im Ganzen, was es in jeder einzelnen Arbeit berührt: Eros und Tod, Hoffnung und Zweifel, Sein und Nichtsein.

Dies waren Erscheinungen und Geräusche, die er nicht leiden konnte. Sie hielten ihn in jener Welt gefangen, zu der sie gehörten, er jedoch nicht, wie er töricht genug hoffte. Er fragte sich dunkel, was seine Sonne auflöste und welche Waren ausgerufen würden. Dunkel, ganz dunkel. Er saß so in seinem Stuhl, weil es ihm Spaß machte!

Über die Figur im geistigen Raum

ZU EINEM ASPEKT IM SCHAFFEN
VON MICHAEL IRMER

Das künstlerische Werk von Michael Irmer ist von großer Strenge. In allen seinen Bildern, Zeichnungen und Skulpturen dominiert die Figur, selbst dann, wenn diese in mehreren Facetten auseinandertritt. Stets ist sie stelenartig auf sich selbst konzentriert. Sie hat keine Hände, die sich ausbreiten oder gestikulieren. Ihr Beine scheinen aneinandergelegt. Sie steht einfach da. Sie ruht in sich. Mumienartig bildet sie eine Senkrechtmarkierung. Sie stellt sich nicht dar oder gar vor, sie findet sich ein, ganz souverän. Alles um sie herum scheint zu ihr zu gehören. Es sind räumliche Markierungen: Tore, Türen, Öffnungen; Säulen, Umrisse, Schatten. Sie scheinen ihr einen Ort zuzuweisen. In Wirklichkeit aber sind sie nichts anderes als Differenzierungen ein und desselben: der Figur. Sie eröffnen verschiedene Spektren. Sie markieren keinen Bildraum, sondern sie sind äußere Erscheinungen einer inneren Wirklichkeit.

Auf die figürliche Bedeutung dieser Formen macht schon ihre Parallelität aufmerksam. Immer stehen sie zur zentralen Form in Proportion oder beziehen von dort her ihr Maß und ihre Funktion im Bild. Sie umrahmen gewissermaßen die Figur oder setzen an ihrer Außenseite ansatzweise eine zweite frei. Diese kann wiederum durch ihren Umraum verdeckt oder auch nur im Umriß markiert sein. Manchmal tritt eine zweite Figur ganz in den Raum hinein, dann wiederum ist sie nur anscheinend, imaginär anwesend.

Auch die Räume können in Variationen auseinandertreten. Und auch in diesem können sich Figuren zeigen. Aber selbst dann, wenn sie nicht auftauchen, sind sie anwesend. Irmers Räume sind immer voller Figur, sie sind deren Grundbedingung und Basis, auf der sie stehen. Zugleich sind sie deren Resonanz und Licht, in denen sie zur Wahrnehmung gelangen können. Die großen Bilder sind wie ein Ineinander von Räumen und Figuren komponiert. Sie stellen verschieden mögliche Differenzierungen und Ausweitungen des immer gleichen Themas vor. Die Figur ist bei Michael Irmer dimensioniert, in Schatten und Strahlungen, die bis ins Räumliche reichen oder durch Räumliches repräsentiert werden.

Die spannungsvollen Beziehungen zwischen diesen beiden Elementen hat ein existentielles Fundament. Der Raum als innere Dimension des Figürlichen, die nach außen in Erscheinung tritt, artikuliert das lebendige Bewußtsein und die geistige Freiheit des Subjekts. Die Figur markiert seine Lebensmöglichkeiten, die von Erfahrung und Geschichte, von Begegnung und Betroffenwerden, von Aufbruch und Ankunft, von Gefangensein und Freisetzung bestimmt sind. Sie ist gerade in ihrer ernst schweigenden Präsenz ein beredtes äußeres Zeugnis ihres unsichtbaren Kerns; sie wirkt wie eine Niederschrift aus einem sensiblen und zugleich entschiedenen Kampf um die Sache, um die es geht: die Frage nach der Person in der Kunst. Es ist die Reflexion auf die Frage nach der menschlichen Freiheit und ihrer Ermöglichung; es ist die Analyse nicht nur des menschlichen und künstlerischen Bewußtseins und zugleich die Frage nach den Chancen seiner Selbstfindung.

Wer von der Souveränität, der Selbstverständlichkeit und der Widerständigkeit der Figuren von Michael Irmer berührt ist, wird nach ihren Möglichkeitsbedingungen fragen. Sie erschließen sich, wenn man den Weg ihrer Entstehung nachgeht. Dieser Künstler weist den suchenden Betrachter auf den richtigen Weg, wenn er in seinem Arbeitsbuch *Prozeß* die verschiedenen Phasen der Entstehung eines Bildes festhält und so entscheidende Stufen seiner Arbeitsweise fotografisch fixiert. In dieser Arbeit sind verschiedene Zustände und Übermalungen einander gegenübergestellt und dokumentiert. So läßt sich der Weg ihrer Entfaltung nachvollziehen. Auch der Titel findet so seine Erklärung.

Michael Irmer:
*Porträt Gordana
Kossanović*, 1986.
Das Bild
erinnert an eine
Schauspielerin
und zeigt diese
inmitten
einer Gruppe,
die ihre eigenen
Figurenräume
besitzt.

Am Anfang jeder Arbeit steht die leere Leinwand, das weiße Blatt, die amorphe Masse, der bedeutungsleere Gegenstand. So konfrontieren sich Ratlosigkeit, Isolation, Einsamkeit. Nur in einer solchen wüstenähnlichen Situation kann es zu einer genuinen Inspiration und zu einer Kreation kommen. Irmer sucht dabei keine Einfälle oder gar Illustrationen. Er sucht nicht einmal eine Formel. Er will für diesen Augenblick nichts anderes als eine gültige Formulierung der Figur, und zwar in dem Ausdruckssystem, das er sich konsequent seit seinen Studien bei Gerhard Hoehme, Dieter Krieg und Erwin Heerich erarbeitet hat. Ähnlich wie viele Große dieses Jahrhunderts, Alberto Giacometti etwa oder Joannis Avramidis oder Franz Bernhard, untersucht er die Möglichkeiten der Figur in der Kunst. Er sucht sie aber nicht in ihrer Beziehung zum Raum, nicht in der Frage nach ihrer Formel, nicht in den Auslotungen ihrer Materialisierung. Er will die Figur als Figur, je neu, je ganz – und immer nackt. Dabei durchläuft jede dieser Figuren alle Stadien naturhafter »Formwerdung«: Geburt, Erziehung, Absetzung, Selbstwerdung, Widerständigkeit. Im einzelnen sieht das folgendermaßen aus:

Nach langen Phasen der Entleerung, der Konzentration und der sensiblen Aufmerksamkeit »setzt sich« mit einem Kohlestrich der Umriß einer Figur auf den Bild- oder Formträger. Auf der Leinwand beispielsweise ist eine *Geburt in Kohle* geradezu das schöpferische Herausrufen eines Wesens aus Staub und Asche, mit denen Kohle ihren bröseligen Zustand teilt. Sie ist verletzlich und empfindsam. Als Material hat sie eine Form und ist dennoch offen für jegliche Veränderung. Offen zum zeichnerischen Geburtsakt, nimmt sie im Detail neue Gestalt an.

Jetzt füllt sich diese noch leere Form mit plastischen Konturen. Pinsel und Farbe sind dabei die Transportmittel. Verfolgen sie die Spuren der Kohle, zieht diese sich hinter der Farbe zurück. Feuchtigkeit bestimmt jetzt das Leben. Der Maler treibt die Formwerdung weiter. Dabei geht er auf eine bleibend wirkende Beziehung mit der ersten Umrißzeichnung ein. Es ist im technischen Sinn nicht die Vorzeichnung, die weiter dominiert und wirkt, sondern ihre Idee, besser: Die Kraft ihrer Idee, die sich behauptet – oder auch nicht; die sich hält – oder einer anderen weichen muß; die diese befruchtet – oder von ihr überwunden wird. Die Figur macht auf diese Weise verschiedene Entwicklungen und Prägungen durch, die einem Erziehungsprozeß ähnlich sind. Immer wieder wird die werdende Figur übermalt, wird ihre Idee verlassen und wieder hervorgeholt. Auf diesem Weg gewinnt sie ihre Individualität, ihren besonderen Reiz, behauptet sich mehr und mehr. Sie nimmt eine eigene Haltung ein, tritt dem Künstler gegenüber, wird zunehmend umworben, läßt sich »umkreisen und durchdringen«, bis sie sich endgültig durchsetzt und widerstandsfähig wird. Hat sie ihre Selbständigkeit erreicht, schickt sie ihren Schöpfer fort, nabelt sich ab, behauptet sich und besticht durch kraftvollen Ausdruck, findet zu einer Aura, der sich der empfindsame Betrachter nicht leicht entziehen kann. Dies ist der Augenblick für den Künstler, sich von seiner Kreation zu verabschieden, sein Werk zu verlassen. Ein Spachtel trägt eine schwarze teerartige Masse auf. So wird sie in einem letzten »Dienst« in ihrer Form unkorrigierbar gemacht, in ihrer Identität fixiert.

Bei den Figuren lassen sich zwei Grundformen voneinander unterscheiden. Die eine wird durch eine Art Umritzung endgültig von ihrem Umfeld abgegrenzt. Sie kann nur noch über Außenbeziehungen kommunizieren und ruht auf diese Weise gänzlich in sich selbst, ist unveränderlich und ein für allemal definiert. Die andere ist offen, hat diffuse Konturen, ist unabgegrenzt, kann von außen her neu bestimmt und geprägt werden. Sie zeigt eine Durchlässigkeit und gewinnt ihre Identität aus der Beziehung. Einmal ist sie eingegrenzt und eingezwängt, ein andermal eingebettet, lebt sie wie eingenistet. Ist die erste Form unbeweglich, abgesetzt und isoliert, gewinnt letztere ihr Sein aus dem Vollzug des Ganzen. Distanz und Nähe. Harmonie und Konflikt. Freiheit und Zwang. Offensein und Gebundenheit. Identität aus Bindung und Identität als Aufgabe – so markieren sich die polaren Dimensionen. Die Farbpalette ist erdhaft reduziert und streng komprimiert: Schwarz-Grau als Basis, Weiß bis hin zu hellen Brauntönen.

Können die ersten Entstehungsphasen des Bildes sich oft jahrelang hinziehen, so sind die letzten vielfach die Arbeit von wenigen Stunden. Sie markieren Spuren der Distanzierung, sind in ihrer Art wie Rücktrittsprotokolle des Schöpfers. Die Titel ergeben sich dabei automatisch – oder auch nicht. Die meisten sind *ohne Titel*. Irgendeine Idee, ein auslösendes Moment, ein Einfall, ein Vergleich, eine Assoziation: *Die Wartende, Verwandlung, Minotaurus, Altes Land, Katenest*.

Diese Titel zeigen neben ihren Bezügen zum Bild auch in die Richtung, wie der Raum bei Irmer verstanden sein will. Er ist in seinem zentralen Sinn keine Lokalisierung, sondern umgreift wesentlich Geistiges und Existentielles. Er ist eine Markierung des Historischen wie des Kulturellen. In seinen 42 *Dürer-Metamorphosen* zum Beispiel greift Irmer auf alte Drucke aus dem 19. Jahrhundert zurück, die W. v. Kaulbach und A. Berling in Nürnberg edierten. Hier ist es die Materialität von alten, vergilbten Drucken, ein Stück Kunstgeschichte, ein Stück Mythos, ein Stück biblische Erzählung. Irmer befaßt sich mit den Personen und Figuren der Vorlage und holt die reproduzierten Formen alter Kunst in seine Ausdruckswelt und in das Thema seiner Kunst ein. Die ganze Vielfalt, der Reichtum und die unerbittliche Einheitlichkeit seines Schaffens kommen dabei gleichermaßen zum Tragen. *Das große Leiden Christi, Das Leben der Maria*, die *Offenbarung Johannis* und *Das Leben der Heiligen* sind eingebunden in die künstlerische Lebenswelt seiner Figuren. Die verschiedenartigen Erscheinungen in der Vorlage bezieht er kraftvoll auf die Formen seiner Bilderwelt, ohne dabei die Bezüge zur Vorlage vollends zu verdecken.

Michael Irmers Figuren sind von einem ernsten Ringen um Sinn und Form von Kunst bestimmt. Inmitten vieler heutiger Ausflüchte, die Kunst an die Nicht-Kunst zu verraten, geht hier ein Künstler in einer für viele unerträglichen Radikalität seinen Weg. Er konzentriert sich auf sein großes Thema. Er weitet dieses Bemühen in das moderne Fragen; seine bohrenden Zweifel treibt er bis in die existentielle Entsicherung und in die harte Konfrontation mit der einzigen Lebensgewißheit: dem Tod. Irmer wagt sich dabei in die Räume des Unaussprechlichen wie des Verdrängten, in unbetretene Zonen der Frage des Menschen nach sich selbst, dem nur die einzige Gewißheit geblieben ist: die Sinnlosigkeit. Aber Irmer kapituliert bei aller fragenden Entschiedenheit nicht vor dieser Themenstellung, sondern gewinnt ihr gerade in seiner Artikulation des Unaussprechlichen den verlorengegangenen Sinn zurück. Je mehr er sich der Sache nähere, desto mehr entgleite sie ihm, bekennt er: »Künstlerische Arbeit ist ein ständiges Scheitern auf bestenfalls höchstem Niveau.«

Das Schaffen von Michael Irmer besticht durch seine Strenge. Seine Arbeiten setzen den Betrachter in Bann, sein Thema regt diesen auf, beide zusammen aber vermögen, ihm eine Ahnung letzter Sinnhaftigkeit zu vermitteln, wenn er sich zu einer eigenen Strenge herausfordern läßt. Diese Bilder sind – um es mit den Worten seines Lehrers Erwin Heerich zu sagen – »Bilder eines intensiven Lebensgefühls (...) Sie handeln von Menschen und ihrem Lebensraum, von Begegnungen und Aufbrüchen, von Trauer und Betroffenheit: (sie sind) stille Zeugnisse und Reflexionen der Zeit, empfindsam und kraftvoll zugleich.«

PRAKTISCHER AUFBRUCH: WANDEL DURCH WANDEL

Zum gegenwärtigen Verhältnis von Kunst und Kirche

RELIGION UND BILDENDE KUNST

Begreift man die Pastoraltheologie als die Wissenschaft vom konkreten Lebensvollzug der Kirche, dann steht sowohl der einzelne Mensch als auch seine jeweilige gesellschaftliche Situation im Zentrum ihres reflektorischen Bemühens. Dabei geht es nicht nur um die innerpsychische Dynamik des Menschen, sondern um seine vielfältigen Einbindungen und Interaktionen im gesellschaftlichen Kontext. Die Pastoraltheologie steht gewissermaßen im Schnittpunkt von anthropologischen und theologischen Analysen und ist von daher mehr als andere Disziplinen der Theologie aufgerufen, Bezüge über den innerkirchlichen und innertheologischen Bereich hinaus zu knüpfen. So sind denn auch eine Reihe von konkreten wissenschaftlichen Ergebnissen der Sozial- und Individualpsychologie, der Jugend- und Alterssoziologie und nicht zuletzt der Reflexion der gesellschaftlichen Funktion der Religion in den letzten Jahren in der theologischen Reflexion aufgegriffen worden. Ein wichtiger Bereich, die Auseinandersetzung mit der Situation des Menschen in der gegenwärtigen Gesellschaft aufzunehmen, ist der des kulturellen Lebens, und zwar in seiner gesamten Auffächerung: Literatur, Publizistik, Film und Theater, Musik und bildende Kunst.

Religion und Kunst lassen sich unter dem Begriff Kultur zusammenfassen. Als kulturelle Erscheinungen haben sie es mit der Frage der Gesellschaft nach sich selbst und der Stellung des einzelnen in ihr zu tun. Kultur ist im soziologischen Verständnis alles das, was sich der Mensch zur Bewältigung seines Daseins aufbaut und was er zur Gestaltung seiner Umwelt benötigt. In ihr werden Alltagserfahrungen verobjektiviert, aus dem praktischen Entstehungszusammenhang ›abgezogen‹ und in einen theoretischen und allgemein verstehbaren Zusammenhang ›auf-gehoben‹. Kultur ›sammelt‹ also die Lebensformen, Inhalte und Weisheiten des Menschen und macht sie mittelbar und überlieferungsfähig.

Religion, Kunst und Wissenschaft sind verschiedene Weisen, in denen die mannigfaltigen Symbol- und Sinnentwürfe eingefangen und in eine zusammenhängende Einheit gebracht werden. Eine solche Einheit wird in der Wissenssoziologie symbolische Sinnwelt genannt. Sie ermöglicht dem Menschen, seinen Standort in der Gesellschaft und seine persönliche Identität zu finden. In ihr transzendiert er seine Alltagserfahrung in übergreifende Bedeutung und ordnet so sinn-voll sein Leben.

Sinn konstruiert sich soziologisch gesehen dort, wo eine (empirische) Einzelerfahrung mit einer (nicht-empirischen) Symbolwelt kombiniert wird. In diesem Sinnvollzug wird der Mensch zur Person, nimmt er die subjektive Gestaltung seines Lebens aktiv in die Hand oder läßt sie innerlich geschehen. Er bezieht Stellung zu einer intersubjektiv gefüllten Weltauslegung und entwirft die Konturen seiner Freiheit.[1]

In dieser Sicht stimmen Kunst und Religion darin überein, daß sie es mit der Suche des Menschen nach Sinn in seinem Leben zu tun haben. Geschah dies in früheren Gesellschaftssystemen in relativer Einmütigkeit von Kunst, Religion und Wissenschaft, so hat sich mit dem Entstehen der modernen Gesellschaft dieses enge Verhältnis gelöst, ja in ein Nebeneinander entwickelt.

Spätestens seit der Aufklärung ist dieser gesellschaftliche Prozeß der Differenzierung im Gange. Dies steht im Zusammenhang mit einer allgemeinen Aufsplitterung der Gesellschaft in relativ unabhängige Teilbereiche wie Politik, Wirtschaft und Kultur; aber auch innerhalb dieser einzelnen Bereiche gibt es Entfaltungen und Spezialisierungen. Man denke bei der Religion nur an die Trennung in Konfessionen, das strukturelle Auseinanderfallen von Amtskirche und Volkskirche, ja von theologischer Theorie und pastoraler Praxis. Ähnliches gilt für die Kunst und die Wissenschaften.

So aktiv die Entwicklungen vielfach unter dem Leitgedanken der Freiheit vorangetrieben wurden, so deutlich treten aber auch ihre Schattenseiten hervor. Der Gewinn an Freiheit geht einher mit einem Verlust von Einheitlichkeit und damit auch von allgemeiner Verständlichkeit. Zumal in der Kunst kommt anschaulich zur Erfahrung, was längst in den meisten Bereichen der Gesellschaft zur Wirklichkeit geworden ist: der Pluralismus der Positionen, Stile, Bezüge, Richtungen . . .

Das Stichwort der Entfaltung der Gesellschaft in ihre Teilbereiche gibt einen Erklärungshintergrund für das ungute Verhältnis, in dem heute Kunst und Kirche zueinander stehen. Sieht man nun Kunst und Kirche in dem soziologischen Theorem der Differenzierung der Gesellschaft, dann erübrigt sich das vielfach angestimmte Klagelied über die vorliegenden Spannungen. Es handelt sich um Beziehungen zwischen getrennten Bereichen, die sich einander entfremdet haben. Und diese sind eben gekennzeichnet durch alle Attribute der Fremdbeziehung: Mißverständnisse, Unterstellungen, Befürchtungen, Feindverhältnis, Konkurrenz, Angst . . . Kurzum: die Beziehungen sind von allen erdenklichen Vorurteilen belastet. Darum hilft es wenig, Schuldzuweisungen vorzunehmen und die kirchlichen Amtsträger oder gar die Theologen für diese Entwicklung verantwortlich zu machen. Doch es hilft auch nicht, Appelle zur moralischen Aufmunterung zu erlassen. Das Verhältnis von Kunst und Kirche ist, was es ist: das Verhältnis zweier unterschiedlicher Reflexionsweisen mit sehr verschiedener Praxis. Doch bleibt der gemeinsame Boden, der trotz aller Unterschiedlichkeit im Inhaltlichen eine Grundlage für punktuelle wechselseitige Bezüge und Berührungen abgibt. Sie besteht in dem gemeinsamen Interesse an der Sinnreflexion in der Gesellschaft.

MODERNE KUNST UND
NEUERE THEOLOGIE-ENTWICKLUNGEN

Der Durchbruch zur modernen Kunst Anfang dieses Jahrhunderts ist gleichbedeutend mit dem Abschied vom »traditionellen Ideal des harmonisch-kulinarischen Formzusammenklangs« (Karin Thomas).[2] In immer neuen Aufbrüchen findet die bildende Kunst zu einem ihr zunehmend wichtigen Thema: zum Menschen und seinen Bedrohungen in der Kultur der Moderne. Expressionismus, Futurismus, Dadaismus, Surrealismus und Realismus. Gleichzeitig setzten sich zahlreiche Künstler mit den Ergebnissen der Psychologie, der politischen Kritik und anderen theoretischen Strömungen auseinander. Wassily Kandinsky, George Grosz, Max Ernst und Max Beckmann seien hier stellvertretend für viele genannt. Die Kunst tritt vielfach ein in den Kreis der kritischen Intelligenz, die sich engagiert mit der gesellschaftlichen Entwicklung auseinandersetzt. Ihren Mitteln entsprechend übernimmt sie dabei weitgehend den Part des demonstrativen Vorzeigens, der Anklage, des Schockierens und der Enttabuisierung.

In der Entwicklung der modernen Kunst ist aber noch eine andere Beobachtung zu machen: der zunehmende Stellenwert der Kunsttheorie. Gerade die Querverbindungen zu anderen Bereichen der geistigen Welt führten viele Künstler zu theoretischen Überlegungen, die ihre Arbeit begleiteten und unterstützten.[3] Nicht selten nehmen solche Überlegungen die Form von Manifesten an, wie etwa das Erste futuristische Manifest von Filippo Tommaso Marinetti oder ›Das Erste Manifest des Surrealismus‹ von André Breton. Auch hier liegt die Erklärung für diese Entwicklung in der Ausdifferenzierung der modernen Gesellschaft. War früher ein einheitlicher weltanschaulicher Bezugsrahmen in der Gesellschaft vorhanden, der die verschiedenen Ausprägungen der Kultur miteinander vereinte, so ist der Künstler heute gezwungen, sich vielfach den verlorenen theoretischen Rahmen seiner Kunst selbst zu zimmern. Dies bringt es dann mit sich, daß

Horst Egon Kalinowski: *Golgatha*, 1969. Eine Holzskulptur überzieht Kalinowski
mit dem Leder getragener Kleidungsstücke: eine zweite Haut voller Lebensspuren.

bedeutende Künstler der Gegenwart zugleich auch Autoren ihrer künstlerischen Theorie geworden sind. Dies verdeutlicht das inzwischen beträchtliche theoretische Werk zum Beispiel bei Joseph Beuys, Alfred Hrdlicka und Arnulf Rainer.[4]

Doch hat sich auch die Disziplin der eigentlichen Kunsttheorie in diesem Jahrhundert gewandelt. Ging sie früher noch einträchtig mit der Philosophie ihren Weg, so hat sie sich inzwischen weitgehend davon gelöst und versteht sich zunehmend als selbständige Einzelwissenschaft. Als solche beschäftigt sie sich mehr mit Strukturen, Schematisierungen, poetischen Botschaften und dem Gebrauch ästhetischer Zeichen in der Kunst als mit deren philosophischer Reflexion.

So vielfältige Aspekte der Kunst sich auch in dieser modernen Kunsttheorie bieten, eines jedenfalls hat sie wieder hergestellt: nämlich den Zusammenhang von Kunst und Leben. Gerade dieser war ja durch die neuzeitliche Parole von der ›autonomen Kunst‹ verlorengegangen. Der Kunsttheoretiker Wolfgang Iser schreibt dazu: »War die autonome Kunst eine Folgeerscheinung der philosophischen Ästhetik, die die Kunst aus ihrer Dienstbarkeit befreite, so bringt moderne Kunsttheorie das Kunstphänomen auf Lebenszusammenhänge zurück, jedoch nicht, um neue Dienstbarkeit oder gar Nützlichkeit zu propagieren, sondern um eine Aufklärung der Notwendigkeit von Kunst zu leisten.«[5] Hauptmerkmal für die Gegenwartskunst ist darum nicht mehr unbedingt das handwerkliche Können, sondern »die Gabe, die für eine Idee adäquate Darstellungsweise zu finden, ihr zum sichtbaren Auftritt zu verhelfen.«[6]

Auch die Theologie fand seit Beginn dieses Jahrhunderts zu einem Neuaufbruch. Wußte noch die ältere Kirche bis ins 18. Jahrhundert hinein eine rege kulturelle Tätigkeit zu entfalten, so zieht sie sich im 19. Jahrhundert mehr und mehr auf die Theologie und die Philosophie zurück. An zahlreichen wissenschaftlichen, technischen und kulturellen Neuerungen des 19. Jahrhunderts ist die Kirche nicht mehr beteiligt. Auch die soziale Entwicklung geht weitgehend an ihr vorbei. Doch sucht sie dann durch eine innere

Reformbewegung zwischen 1875 und 1914, gefolgt von den Erneuerungen in der Zwischenkriegszeit und in den ersten Jahren nach dem Zweiten Weltkrieg, Anschluß an die geistigen Bewegungen in der profanen Kultur zu finden.

Dieses Bemühen gipfelt im Zweiten Vatikanischen Konzil. Hier findet die Kirche zu einem neuen Selbstverständnis zurück und begreift sich vor allem als das Volk Gottes. Theologie und Pastoral versuchen zugleich weltweit, den Menschen und die menschliche Gesellschaft theologisch zu bedenken.

Eine entscheidende Rolle fällt dabei der Christologie zu. Zahlreich sind die Versuche, die Gestalt Jesu von Nazaret tiefer und aktueller zu begreifen und seine Bedeutung für den Menschen von heute zu erschließen. Die Vielfalt der Entwürfe ist in die Einheit des gemeinsamen Suchens zurückgebunden. Seit dem Zweiten Vatikanischen Konzil hat die Theologie eine neue Sensibilität für die ›Zeichen der Zeit‹ entfaltet, die es im Sinne der Pastoralen Konstitution über die Kirche in der Welt von heute zu erforschen und im Lichte des Evangeliums zu deuten gelte.

Wir sehen also, wie sich die immanenten Entwicklungen innerhalb der modernen Kunst und der neueren Theologie trotz geradezu eifersüchtiger Unabhängigkeits- und Emanzipationsbestrebungen den Grundfragen des heutigen Menschen und der heutigen Kultur stellen. Damit sind die Ansatzpunkte gegeben, gemeinsamen Fragestellungen nachzugehen und sie miteinander zu verknüpfen. Doch ist dabei jeder Versuchung einer gegenseitigen Vereinnahmung zu widerstehen. Das Verhältnis von Kunst und Religion kann nur in gegenseitiger Distanz bestehen. Das schließt jedoch ein Zusammengehen in Einzelfragen nicht aus. Konflikte müssen angenommen und ausgehalten werden.

DIE CHRISTOLOGIE KARL RAHNERS UND
DIE CHRISTUSIKONOGRAPHIE
ARNULF RAINERS – BERÜHRUNGEN

Es ist das Grundanliegen in der Christologie Karl Rahners, das Christus-Geheimnis in einer vor den »Zeichen der Zeit« verantwortbaren Weise innerlich zu erhellen und zu rechtfertigen, nämlich daß Gott Mensch geworden ist und daß dieser menschgewordene Gott der konkrete Jesus Christus ist. Rahner versucht dies im Rahmen seiner transzendentalen Christologie, indem er einerseits die innere Bedingung der Möglichkeit für die Erscheinung und Selbstaussage Gottes unter den Menschen aufweist und dabei herausstellt, wie sich der Mensch praktisch und tatsächlich zu dieser seiner inneren Möglichkeit verhält, und wie er ›ausschaut‹ und ›auslangt‹ nach einem Gott, der sich leibhaft geschichtlich dem Menschen zuwendet.[7]

Über diese Zielperspektive seiner Christologie hinaus hat Karl Rahner Wege zu einer intensiveren und erfahrungsbezogeneren Hermeneutik gesucht und aufgezeigt. Dabei hat er mehrfach auf andere Bereiche der Kultur Bezug genommen, auch zur bildenden Kunst. In den letzten Jahren seines Wirkens geschah dies in zwei beachteten Aufsätzen: *Zur Theologie der Kunst*[8] und *Zur Theologie der religiösen Bedeutung des Bildes*[9]. In diesen Arbeiten geht es ihm darum, die bildende Kunst als eine eigenständige Selbstaussage des Menschen zu begreifen, die nicht adäquat in Wortaussagen übersetzt werden kann. Ja, im Blick auf die bildende Kunst relativiert er die Wortdimension der Theologie, wenn er formuliert: »Wenn man Theologie nicht von vornherein mit Worttheologie identifiziert, sondern als die totale Selbstaussage des Menschen versteht (...), dann wären religiöse Phänomene in den Künsten selber ein Moment adäquater Theologie.«[10]

Vor allem in dem zweiten Aufsatz entfaltet er die These von der Vielschichtigkeit menschlichen Erkennens. Es gebe in der Wahrnehmungsfähigkeit des Menschen zwei Momente: die sinnliche

Erfahrung und die geistig-begriffliche Erkenntnis. Beide Formen bildeten im Menschen eine Einheit, ja, jede geistige Erkenntnis fuße nicht zuletzt auf der Anschauung. Das gelte auch für die religiöse Erfahrung. »In letzter Grundsätzlichkeit gibt es auch im Religiösen nur Begriffe und Worte, die überhaupt nur verstanden werden können, wenn und sofern sie ein Moment der Anschaulichkeit in sich haben.«[11] So kommt auch der Christ erst dann eigentlich voll zu sich selbst, wenn sein Glaube »durch alle Tore seiner Sinnlichkeit« in ihn eingezogen ist.

In diesem Zusammenhang gewinnt das Sehen eine besondere Bedeutung und zwar gerade in seiner Nichtrückführbarkeit auf das Hören und auf das Wort. Es stellt ein eigenständiges geistiges Vermögen dar. Angesichts der Tiefe des Geheimnisses »Mensch« ist es notwendig, gerade das Sehen und das ›Begreifen‹ in Bildern zu entfalten, zusammen mit allen anderen Dimensionen der Wahrnehmungsfähigkeit. Sie gilt es aufzuspüren, »tief innerlich zu erfassen« und »auszukosten«. Denn so wie sich durch das Denken der Mensch in den Raum des Denkens hineinverweisen lassen kann, so vermittelt auch das Bild auf etwas Absolutes, auf den absoluten Raum hin. »Man sieht gewissermaßen bei jedem geschauten Gegenstand durch ihn hindurch in die Weite des überhaupt Schaubaren, man sieht etwas als Bestimmtes, indem man in dieser Schau auch immer gleichzeitig die ungeschaute Fülle des Schaubaren miterfährt; man kann die Grenze und Eigenart des direkt Geschauten überhaupt nur erfahren, wenn der Blick immer auch über diese Grenze in die Weite des ungeschauten Schaubaren hinauszielt.«[12] Ebenso hört man ja auch immer bei einem bestimmten Laut schon die Stille mit, die den einzelnen Laut umgibt und den Raum bildet, innerhalb dessen dieser Laut überhaupt erst gehört werden kann.

Gerade im Hinblick auf den kreativen Reichtum der modernen Kunst ist Rahners Hinweis auf die ›Anwendung aller Sinne‹ wichtig und notwendig. Er führt zu einer konzentrierten und dichteren Erfahrung. Und diese besteht nicht nur in der ruhigen und passiven Anschauung, sondern auch im Erspüren und Aushalten der Spannungen, die solchen Erfahrungen eigen ist. Moderne Kunst versteht sich eben nicht nur mehr im Sinne ihrer alten Konzeption als »von Mächtigkeit erfüllte Gegenstände« (Günter Bandmann), sondern die Bedeutung der Bilder und des Bildschauens besteht vor allem in der Erweckung von Erfahrungsbereichen neuer sinnenhafter Wahrnehmung. In der modernen Kunst äußert sich künstlerische Selbsterfahrung, und diese ist oft gesteigerte Erfahrung, die in künstlerischer Inspiration und Kraft zu einem bestimmten Ausdruck findet in Formen wie Zumutung, Affekt, Entrüstung, Erregung, Betroffenheit, Solidarität. Mit ihm gilt es, sich auseinanderzusetzen im Sinn des hermeneutischen Zirkels, der sich auf die Formulierung bringen läßt: »Ich verstehe das eigene, indem es mir durch fremdes Erleben aufgeschlüsselt wird; ich verstehe das fremde Erleben nur, indem ich eigenes einbringe.«[13]

Das macht das Besondere dieser bildtheologischen Beiträge von Karl Rahner aus, daß er nicht nur thematische Neuformulierungen in der Christologie vorlegt, sondern auch die Aufmerksamkeit auf die Ausweitung der diese Reflexion tragenden Erfahrung lenkt.

Eine der zentralen Persönlichkeiten der Gegenwartskunst ist der Österreicher Arnulf Rainer. Ohne ihn als religiösen Künstler einstufen zu wollen, ist doch die relative Häufigkeit der Christusthematik in seinem Gesamtwerk auffallend. Dieser Christus ist aber alles andere als »schön«, gefällig oder gar trostvoll. Er entreißt vielmehr das Bild Christi jeder Art von geschmäcklerischem und anpassendem Zugriff und macht es zum Gegenstand einer intensiven Auseinandersetzung.

Eine wichtige Form der Auseinandersetzung ist die Übermalung. Arnulf Rainer übermalt eigene und fremde Bilder, Fotografien und bereits übermalte Werke. Die Übermalung entwickelte sich anfangs aus der Mitte des Bildes heraus. Immer dichter wurden die sogenannten ›Zentralgestaltungen‹, und immer stärker gerieten Flächen in Spannung zu den freigebliebenen Flächenteilen. Während sie anfangs eher locker oder malerisch sind, werden sie später immer dichter und fester. In ihnen nimmt die psychische und physische Anspannung des Künstlers Gestalt an, seine vitale Unruhe, seine hohen Ansprüche, seine zermürbenden Zweifel und seine Hoffnungen.

Ein Motiv, bei dem Arnulf Rainer inzwischen über dreißig Jahre lang diese Übermalungen vorgenommen hat, ist das Kreuz. In der Übermalung entzieht er das Kreuz dem gewohnten Anblick, er verhüllt es, übermalt es und setzt gerade darin die Spannungen wieder frei, die ursprünglich vom Thema des Kreuzes ausgingen. Wer den Korpus vermißt, muß ihn selbst – in frommer Erinnerung oder im Bemühen grausamer Phantasie – anheften. Wer Jesus am Kreuz sehen will, muß ihn sich selbst annageln. Wem die Verhüllung unangemessen erscheint, enthülle sie.

Arnulf Rainer greift in seinen Übermalungen in tiefliegende Vorgänge geistlichen Lebens ein, nämlich die der Kreuzverdrängung, der Ambivalenz vor dem Kreuz. Verhüllt, längst ihre Grausamkeit verschleiernd, sind unser Kreuze durch die sogenannte Ästhetik des »schönen Anblicks«. Das Kreuz ist weitgehend zur reinen Illustration verkommen. Das »schöne Kreuz«, gar im »Herrgottswinkel« verobjektiviert, ist längst das verdrängte Kreuz, wird schon lange nicht mehr in seiner Botschaft aufgenommen. Die Kirche selbst weiß um diese Gefahren, wenn sie gemäß alter Gewohnheit in der Passionszeit die Kreuze verhüllt, um sie am Karfreitag wieder in ihre ursprüngliche Realität freizugeben.

Die Dialektik von Verbergen und Enthüllen ist ein Weg in die symbolische Sinnwelt von Arnulf Rainer. Der Zugang zu seinem Werk erschließt sich jedenfalls nicht im haben-wollenden, trivialen und konsumhaften Zugriff der Frage: Was will der damit sagen? Was bedeutet das? Eine Antwort auf die Bedeutung seiner Werke liegt nicht auf der Ebene des »dies da« und »das da«. Nein, sich Rainers Werken zu nähern gelingt nur dem, der sich auf die Werke einläßt und sich von ihnen nach-, mit-, weitervollziehend in die Sphären tragen läßt, auf die sie ›ausschauen‹ und ›auslangen‹.

Schon die Figur des Kreuzes ist im Schaffen von Arnulf Rainer nicht einfach das christliche Symbol. Es ist zuerst und zunächst ein grafischer Markierungspunkt. Weiter ist es eine geometrische Kreuzung von zwei Linien. Sicher ist es auch Bedeutungsträger von vertikalen und horizontalen Lebensdimensionen. Es ist ein anthropologisches Grundzeichen, und es ist – auch – Träger einer tief religiös-christlichen Symbolik.

In und über aller inhaltlichen Bedeutung ist aber das Kreuz für Arnulf Rainer die Figuration einer ihm immanenten Dialektik. Er ist als Künstler wie als Mensch voll äußerer Dynamik und Anspannung und findet doch immer neu zu Phasen absoluter Ruhe und Konzentration. Einerseits gibt es bei ihm ein unstetes Streben und Suchen, ein Suchen, das letztlich auf sich selbst gerichtet ist, das um die eigene Identität kreist; andererseits weiß er inmitten solcher Bewegung und drängenden Ekstase dem Suchen einen ruhigen Ausdruck zu verschaffen und zu sich selbst zu finden. Ganz im Sinne seines surrealistischen Aufbruchs in den ersten Nachkriegs- jahren ist Rainers Kunst »provoziertes Leben«, wie Gottfried Benn es einmal genannt hat. Es ist eine Selbstherausforderung als Selbst- reflexion, doch nicht im Sinne narzißtisch verfangener Selbster- kenntnis, sondern er sucht die verborgenen Sinnebenen des moder- nen Menschen, ihm geht es um künstlerische Form, die dem heutigen Menschen entspricht.

Nicht selten geht Rainer in seinen Arbeiten aus vom Phänomen des Schrecklichen, Häßlichen, Schockierenden. »Rainers Ästhetik erwächst aus dem Häßlichen und resultiert aus dem Schrecken«, wie es eine wichtige Kennerin seines Werkes formuliert. »Das Häßliche und der Schrecken dienen Rainer als Folie und Stimulans (...) Sie sind der Ursprung für eine provozierte und provozierende Kunst. Nur indem er das Häßliche und den Schrecken zur Kunst erhebt, kann er unbewußte Bereiche erschließen, und wiederum nur durch sie kann er zu jenem schmalen Grat des emphatischen Augenblicks vorstoßen, wo das Häßliche in Protest umschlägt.«[14]

Doch ist nicht gerade ein solcher künstlerischer Ansatz, der vom Unvollkommenen, Verletzten, Geschundenen und Verzerrten des Menschen ausgeht, dem biblisch-christlichen Denken nahe? Es ist der Mensch am Rand, in Leid und Verzweiflung, der Mensch in der Negation seiner selbst, dem sich ein erlösendes Wort zuwendet. Doch ist auch hier Vorsicht geboten. Biblische Theologie ist kein

Zugang zur künstlerischen Sinnwelt von Arnulf Rainer. Er selbst würde sich jedem derartigen Versuch entziehen. Auch seine Werke verweigern sich im Grunde einer einfachen Deutung. Er ist nur in dialektischen ›Räumen‹ zu verstehen und hält diese Dialektik auch offen, wo er sich explizit auf die christliche Symbolik des Kreuzesgeschehens einläßt.

Seine Kreuzübermalungen und seine Bilder des Gekreuzigten, sei es im Kreuzformat oder sei es im Anschluß an das Werk anderer Künstler, sind immer eine offene Auseinandersetzung im je offenen Sinnraum einer Dialektik von Position und Negation.

Für Otto Mauer zeigt sich in den Werken Arnulf Rainers die Tendenz, »dem Absoluten auf dem Wege der Askese, der Abscheidung und Abtötung, aber auch auf dem Wege der Konzentration, der Beschauung, näher zu kommen«[15].

Rainers künstlerische Wege folgen nicht selten den Spuren des Mystischen. Es sind Gratwanderungen zwischen Glauben und Zweifel. Von vielen anderen Zeitgenossen unterscheidet er sich darin, daß er gegen den Druck der »Welt«, gegen die »Zeichen der Zeit« seinen Kurs hält, den Weg des Suchens und des ringendgläubigen Erfassens. Inmitten allen Glaubensverlustes sucht er ihn. Und da er ihn nicht »billig« zu haben trachtet, »treibt« er ihn. Sein malerisches Schaffen wird ihm letztlich zu einer Übermalung seines eigenen Ringens und Sehnens. Das, was er übermalt und verhüllt, ist nicht das Kreuz, ist nicht der Christus: Es ist er selbst, er selbst in seinem Drang, der als Künstler eins geworden ist mit seinem malerischen Schaffen. Das Malen hat sich für ihn – so bekennt er einmal – zu einem eigenen Körperorgan ausgebildet.

Gerade in diesem Sinn ist Arnulf Rainer, sich selbst als Künstler verhüllend, ein Bild des heutigen Menschen. Es gibt kaum ein Leiden, das ihn nicht betrifft, das nicht durch ihn hindurchgeht und sich in seiner tiefen Verletzlichkeit niederschlägt. Der Künstler als die Figuration des verletzten Menschen: So verweist er auf Christus, in dem Arnulf Rainer das Urbild des wahren und wirklich großen Künstlers sieht. Er ist für ihn der ideale ›Performance-Künstler‹: »Er hat in seinem Leben nur wenige, vielleicht nur eine

(einzige Performance, *F. M.*) gemacht. Aber die ist eine Allesfor-
mulierung. Also das vollkommene Werk. Das befreiende Werk.
Die Botschaft, daß die Siege sich nur aus und in den Niederlagen
ergeben, die Vollkommenheit nur aus dem Kreuz.«[16]

KÜNSTLERISCHES SEHEN
UND THEOLOGISCHES DENKEN
IN OFFENEM ZUEINANDER

Menschenbild und Christusbild, Kunst und Religion, Christus-
Ikonographie und Christologie, diese Wortpaare stecken ein pro-
blematisch gewordenes Verhältnis ab. Die hinter ihnen stehenden
Sinnbereiche der Gesellschaft haben sich auseinanderentwickelt.
Doch die gemeinsame gesellschaftliche Grundfunktion, der sie
entstammen, und das gleiche Ziel, nämlich den Menschen und sein
Leben in der Gesellschaft sinn-bezogen zu reflektieren, führen
immer wieder zu Berührungspunkten. Ja, im Sinne einer gemeinsamen humanen Raison gebietet die »Sache«, um die es geht, der
Mensch in seiner Lebenswelt, Wege der Begegnung und der Auseinandersetzung miteinander konkret und praktisch zu suchen.

Jörg Splett, der sich seit langem um einen gebührenden Platz der
Ästhetik in der Philosophie und in der Theologie bemüht, hat das
Verhältnis von Kunst und Religion mehrfach bedacht. »Das
Schöne denken?« heißt eine grundsätzliche Beschäftigung mit dem
hier angesprochenen Problem.[17] »Das Schöne« hier im Sinne des
mitzuvollziehenden Ausschauens; das »Denken« hier im Sinne des
Aufgreifens dessen, was mitvollziehend geschaut wird. »Das
Schöne denken hieße (...)« – mit Splett – »statt es zu begreifen, sich
von ihm ergreifen zu lassen, um betroffen seinem unvordenklichen
Aufblitz nach-zudenken.«[18]

Doch beim bloßen Zueinander der beiden Bereiche soll es nicht
bleiben. Keine Seite soll sich selber verleugnen. Auch die Theologie
muß – um der Sache des Menschen willen – Theologie bleiben. Sie

soll engagiert gerade im Anblick des »Schönen« die ihr genuine Frage vorantreiben, ob denn die »Verheißung des Schönen« auch »wahr« sei. Als Theologie muß sie diese Frage weiter treiben als manche räsonierende Position der kunsttheoretischen Moderne. Ja, als Theologie wird sie im Glauben danach trachten, das Denken über jedes verhüllende Zweifeln und Rätseln hinaus zu enthüllen, hoffentlich aber immer im profanen Gegentest. Denn die Dialektik zwischen Verbergen und Freisetzen ist nicht nur dem künstlerischen Schaffen eigen, sondern ist gewissermaßen der schöpferische Ort der Theologie selbst. Hier ist der Theologe als »Künstler« gefordert. Und als solcher trachtet er zu erfassen »in den Splittern hiesiger Schönheit das Licht einer HERRLICHKEIT, deren FRIEDE (Phil 4,7) ÜBER ALLE VERNUNFT ist«. Was sonst?

Neue Kunst in alten Kirchen

ÜBER KONZEPTION UND ERFAHRUNGEN
IN DER KUNST-STATION
SANKT PETER KÖLN

Zu Beginn des Jahres 1987 wurde die Pfarrstelle der Jesuitenge-meinde Sankt Peter in Köln so umbesetzt, daß an diesem Ort eine intensive Auseinandersetzung zwischen der zeitgenössischen Kunst und Musik einerseits und der Theologie und der katholischen Kirche andererseits beginnen konnte. Dazu wurde im Mai des gleichen Jahres die »Kunst-Station Sankt Peter Köln« eröffnet, die sich zum Ziel gesetzt hat, durch Vorträge, musikalische Darbietungen und vor allem durch Ausstellungen in einem breitgefächerten und differenzierten Programm zu dokumentieren, daß der römische Katholizismus in der Lage ist, sich unbefangen, offen und lernbereit mit den neuen Ausdrucksmöglichkeiten der Kunst zu befassen. Im folgenden soll es darum gehen, die Hintergründe, die Leitlinien, die Konzeption und erste Erfahrungen vorzustellen und zu diskutieren.

DIE KUNST UND DIE KIRCHE

Das Verhältnis der Kirche zur bildenden Kunst ist seit dem Beginn der Neuzeit mehr und mehr problematisch geworden. Doch steht die Kirche darin nicht allein: Auch Parteien, Gewerkschaften, Militär und Wirtschaft etwa tun sich mit der Kunst schwer. Der institutionell gefaßte und der ›freischwebende‹ Geist sind nun einmal Gegensätze. Kunst stößt an, treibt voran und legt Wunden bloß. Institutionen verteidigen, rechtfertigen und arrangieren sich. So sind auch Kunst und Kirche zwei verschiedene Sinnrichtungen. Die eine geht von überkommenen Grundannahmen aus, die andere muß sich diese erst zweifelnd und bohrend erringen. Die Kirche steht auf einem Boden komplexer Traditionen, die Kunst ist in ihrer Zielperspektive streng fixiert auf die Gegenwart und auf die Zukunft. So ergibt sich insgesamt ein distanziertes Verhältnis zwischen beiden Bereichen. Den künstlerischen Ambitionen der Kirche entspricht heute weithin eine devot-devotionale Hofkunst, die ›Kunst‹ der Ruhe und Gefälligkeit. Theoretische Hilfestellung holt sich die freie Kunst längst bei den benachbarten Disziplinen der Ästhetik, der Philosophie oder der Kunstwissenschaft. Theologie ist hier seit langem abgeschrieben. Zugleich beansprucht die moderne Kunst nicht selten selbst ein Monopol auf authentische Interpretation des Menschen und seiner Situation in der Gegenwart. Die zeitgenössische Kunst ist in summa anti-kirchlich, und die Kirche ist in diesem Jahrhundert alles andere als dem Bereich der bildenden Kunst und des Kulturellen gegenüber aufgeschlossen.[1]

Trotz dieses Trümmerfeldes zerbrochener Einheiten gibt es aber immer wieder Grenzgänger und Brückenbauer, die für ein neues, offenes Verhältnis zwischen Kunst und Kirche eintreten. Es ist eine lange Reihe von Namen, die hier zu nennen sind. So verschieden ihre geistigen Verwurzelungen auch sein mögen, gemeinsam ist ihnen das Mühen um die Verlebendigung eines zerstörten Dialogs und das Bewußtsein, daß Kunst und Kirche eigentlich beide um ein vernünftiges Sinnverstehen in der Welt von heute bemüht sind. Zu diesen Persönlichkeiten gehören auf kirchlicher Seite Theologen wie Martin Deutinger, Andreas Schmid, Romano Guardini, Otto Mauer oder die Dominikaner Louis-Bertrand Rayssignier, Marie-Alain Couturier, Pie Regamey oder Diego Götz; andererseits sind es Künstler wie Wassily Kandinsky, Georges Rouault, Piet Mondrian oder Joseph Beuys. Doch auch Kunstwissenschaftler sind zu erwähnen, z. B. Hermann Kern, Werner Hofmann oder Wieland Schmied.

Das Verbindende zwischen Kunst und Kirche liegt vor allem im Strukturellen. Es läßt sich mit dem Oberbegriff »Kultur« zusammenfassen. Kunst und Religion haben als kulturelle Erscheinungen mit der Frage der Gesellschaft nach sich selbst und der Stellung des einzelnen in ihr zu tun. Kultur ist im soziologischen Verständnis alles das, was der Mensch sich zur Bewältigung seines Daseins aufbaut und was er zur Gestaltung seiner Umwelt benötigt. In ihr werden Alltagserfahrungen objektiviert, aus dem praktischen Entstehungszusammenhang ›abgezogen‹ und in einen theoretischen und allgemein verstehbaren Zusammenhang ›auf-gehoben‹. Kultur ›sammelt‹ die Lebensformen, Inhalte und Weisheiten des Menschen, macht sie mitteilbar und überlieferungsfähig.

Die wichtigste Funktion der Kultur besteht darin, daß der einzelne sein ›Hier und Jetzt‹ zu übersteigen vermag. In Religion, Wissenschaft und Kunst, vor allem aber in der Sprache, kann er sich in ›Räume‹ hineinbegeben, innerhalb derer er seinen Standort finden und festlegen vermag, ›Räume‹, in denen sich der Mensch den Horizont seiner Weltanschauung und seiner Sinnwelt[2] aufbaut. In diesem Bezug findet der Mensch zu sich selbst. Er kann Fragen, die über den unmittelbaren Bereich seines Alltags hinausreichen, beantworten, Schicksalsschläge abfangen und sich den Sinn seiner Freiheit entwerfen.

Stimmten früher Kunst und Kirche darin überein, daß sie die Suche des Menschen nach dem Sinn seines Lebens betrieben bzw. ihn darin unterstützten, anregten oder herausforderten, so ist die frühere Einmütigkeit mit dem Entstehen der modernen Wirtschaft zerbrochen. An ihrer Stelle hat sich ein Nebeneinander, allenfalls ein pluralistisches Miteinander entwickelt.

Spätestens seit der Aufklärung ist dieser gesellschaftliche Prozeß der Differenzierung im Gange, der nur ohne einen historischen Zublick wie ein Bruch aussieht. Diese Entwicklung steht im Zusammenhang mit einer allgemeinen Aufsplitterung der Gesellschaft in relativ unabhängige Teilbereiche wie Politik, Wirtschaft und Kultur. Aber auch innerhalb der einzelnen Sinnzonen gibt es Entfaltungen und Spezialisierungen. Man denke bei der Religion nur an die Trennung in Konfessionen, an das strukturelle Auseinanderfallen von Amtskirche und Volkskirche, ja von theologischer Theorie und pastoraler Praxis. Ähnliches gilt für die Kunst.

ALTE KUNST IN ALTEN KIRCHEN

Die Kirche Sankt Peter, die zusammen mit der romanischen Kirche Sankt Cäcilien das letzte Beispiel der zahlreichen Kölner Doppelkirchenanlagen ist, entstammt in ihrer heutigen Form weitgehend dem Bau, der in den Jahren 1513–1525 errichtet wurde. Es ist der letzte spätgotische Kirchenbau Kölns: eine dreischiffige, lichte, hohe Hallenkirche mit dreiseitigem Emporeneinbau. Um die Mitte des 12. Jahrhunderts wird Sankt Peter erstmals als Pfarrkirche des Cäcilienstiftes genannt, doch darf vermutet werden, daß diese Kirche bereits seit dem Jahre 941 zu dem Cäcilienstift gehörte. Ohne auf den langjährigen Streit einzugehen, ob nun Sankt Peter der erste Bischofssitz von Köln war oder auch nicht, lassen sich aufgrund archäologischer Funde sechs Bauperioden festmachen. Vor allem die 1956 durchgeführten Ausgrabungen des Römisch-Germanischen Museums unter Leitung von Otto Doppelfeld, aber auch spätere Untersuchungen schließen auf sechs Bauperioden, von denen zwei römisch zu sein scheinen. Zwei Meter unter dem heutigen Kirchenniveau wurde dann aufgrund von Ausgrabungen ein Kirchenfundament mit Pfeilern entdeckt, das spätrömischen Ursprungs sein dürfte. Eine vierte Ebene läßt auf einen späteren staufischen Bau aus dem 12. Jahrhundert schließen, mit dem der romanische Westturm im Zusammenhang steht. Um die Mitte des 14. Jahrhunderts wird eine ›nova capella‹ mit einem Barbara-Altar urkundlich erwähnt, und schließlich kommt es zu Beginn des 16. Jahrhunderts in der sechsten Bauperiode zur Errichtung der heutigen Kirche.

Das Innere wird von einem 37,5 m langen und in der Mitte 21 m breiten dreischiffigen, gewölbten Raum gebildet, den nicht nur auf charakteristische Weise die an drei Seiten umlaufende Empore prägt, sondern auch die dreiteilige Apsis und das durch die Glasfenster wunderbar gestaltete Licht. Die Glasmalerei besteht aus großartigen Glasgemälden der frühen Renaissance und deren farblich einfühlsamer Ergänzung durch die Gestaltungen von Hans Lünenborg. Seit der Zerstörung der Kirche im Zweiten Weltkrieg wurde im Mittelschiff eine Kassettendecke eingezogen, die diese Lichtführung beträchtlich stört, doch ist zu hoffen, daß bei der anstehenden grundlegenden Sanierung der Kirche diese durch ein wie immer geartetes neues Netzgewölbe ersetzt wird.

Die Kirche besitzt einige Kunstgegenstände, von denen zwei eine besondere Erwähnung verdienen: die *Kreuzigung Petri* (1638) von Rubens und ein Triptychon aus der Entstehungszeit der Kirche. Peter Paul Rubens hat bis zu seinem zehnten Lebensjahr im Pfarrsprengel von Sankt Peter gewohnt und hat das Gemälde in seinen späteren Jahren durch die Vermittlung von Everhard Jabach für seine ehemalige Pfarrgemeinde gemalt. Es ist ein vielbewundertes Spätwerk des Meisters und hängt bis heute in der Kirche.

Der andere maßgebende Akzent in der Innenausstattung der Kirche wird von einem niederrheinisch/niederländischen Flügelaltar aus dem Jahre 1525 gesetzt. Er hat einen geschnitzten Mittelteil (250 × 230 cm) und zwei gemalte Seitenteile. Sie zeigen von links über das Mittelteil nach rechts lesend die Passion, das Sterben und die Auferstehung Jesu, wobei das Ganze auf die Kreuzigungsgruppe im oberen Mittelteil zentriert ist. Der gesamte Mittelteil wurde nach dem Krieg nicht wiederhergestellt, weil ein Teil der Figuren fehlte. So hingen die beiden Seitenteile beziehungslos jahrelang allein über einem Seitenaltar der Kirche. Erst durch die Ausstellung moderner Kunst kam es zu dem Entscheid, das Triptychon seiner Form wegen als Torso vorläufig zu restaurieren, bis es einer endgültigen Aufarbeitung zugeführt wird.

Architektur, Fenster, Raumgestaltung und Triptychon sind also die Charakteristika dieser Kölner Pfarrkirche, die jahrhundertelang zu den größten Kölner Gemeinden zählte. Nach der Zerstörung durch die Kriege ist sie allerdings auf einen Bruchteil des ehemaligen Bestandes zusammengeschrumpft (vor dem Krieg 7500, jetzt etwa 600 Gemeindemitglieder). Nach dem Krieg übernahmen die Jesuiten unter Leitung von Alois Schuh diese Kirche, um sie in Zusammenarbeit mit der Akademie für Erwachsenenbildung in der Jabachstraße für eine intensive Bildungsarbeit zu nutzen. Nebenbei versahen sie auch die Seelsorge in dem kleinen Pfarrsprengel. Besonders die Predigttätigkeit von Pater Schuh und seine persönliche Ausstrahlung machten Sankt Peter in den sechziger und siebziger Jahren zu einem Zentrum intellektuell sensibler und suchender Katholiken. Sowohl die bauliche Gegebenheit wie die pastorale Tradition der Nachkriegszeit bilden in Geist und Form eine Herausforderung für die Arbeit, die nun mit der zeitgenössischen Kunst, der modernen Musik und später wohl auch mit der neueren Literatur begonnen wurde.

Das Zusammenspiel von Raum, Licht und Theologie wird hier in eine offene Einheit gebracht, die im Blick auf die Wallfahrtskirche von Ronchamp deren Architekt, Le Corbusier, auf folgende Weise formuliert hat: [3]

Der Schlüssel, das ist Licht.
Und das Licht erhält Formen.
Und diese Formen haben Gewalt, zu erregen
durch das Spiel der Proportionen,
durch das Spiel der Beziehungen,
der unerwarteten, verblüffenden.
Aber auch durch das geistige Spiel
ihres Grundes zu sein:
ihre wahrhaftige Geburt, ihre Fähigkeit zu dauern, Struktur...

NEUE KUNST IN ALTEN KIRCHEN

Die in der Kunst-Station Sankt Peter begonnene Arbeit vollzieht sich – in ein konzentrisches Modell geordnet – in vier verschiedenen Kreisen: Ausstellungen von Plastik draußen im Kirchhof, Präsentationen von Malerei auf der Empore, Gastateliers in einem Turm-Anbau und das wechselnde Ausstellen von Triptychen im Altarraum. In allen Bereichen kommt es zu einer Begegnung zwischen einem alten architektonischen oder bildnerischen Bezugsrahmen und moderner Kunst, und zwar nicht nur durch diese örtlichen Besonderheiten, sondern auch durch den unterschiedlichen Geist, dem diese jeweiligen künstlerischen Hervorbringungen entstammen. Bevor daher auf die einzelnen Zonen eingegangen wird, sei auf die grundsätzliche Differenz im alten und im neuen Kunstbegriff hingewiesen.

Versteht sich der namentlich in der Kirche vorherrschende mittelalterliche Kunstbegriff in der Tendenz metaphysisch und universal, so ist die moderne Kunsttheorie durch den Bezugsrahmen zu Einzelwissenschaften gekennzeichnet. War nach der alten Auffassung Kunst die Erscheinung der Wahrheit, die Darstellung der Wirklichkeit, die Repräsentation eines Ganzen, so ist diese Deckung von Kunst und metaphysischer Ästhetik in der modernen Kunstauffassung aufgehoben. Hier fungiert die Ästhetik nicht mehr als Teildisziplin eines philosophischen Systems, vielmehr geht sie von authentischen Kunsterfahrungen, von der Dinghaftigkeit des Kunstobjektes aus. Galt es zuvor, der Kunst innerhalb eines bestimmten Weltrahmens einen Ort zu geben, so sind nach der Emanzipation der Kunst aus dem Ganzen einer ehedem einheitlichen Kultur allenfalls noch kunstbezogene Funktionen übriggeblieben, d. h. Arten und Weisen, wie sich Kunst vollzieht und auf sich selbst reflektiert. Die Einheit der alten Auffassung mit der Religion und anderen Lebensphilosophien war grundgegeben, deren Trennung in der Moderne allerdings ebenso selbstverständlich. Das Zusammenspiel von Religion und Kunst charakterisiert das

Günther Förg: *Knie, Hand, Torso*, 1994. Drei Formen setzen die alten Themen des traditionellen Tafelbildes ins Fragment und stellen sie zugleich in Frage.

mittelalterliche, metaphysische Kunstverstehen, deren Trennung das moderne. Zwei Zitate mögen dieses verdeutlichen.

In seiner *Ästhetik aus der ontologischen Differenz* begründet Johannes B. Lotz die Einheit von Kunst und Religion: »Kunst und Religion durchdringen sich, weil in der Kunst das Absolute der Religion und in der Religion das Bildhafte der Kunst lebt. Wenn daher die Kunst sich völlig von der Religion trennt, wird das ihr eigene Absolute gefährdet; wenn umgekehrt die Religion sich völlig von der Kunst ablöst, wird sie abstrakt und lebensfremd. Eine gänzlich profane Kunst gleitet aus dem Sein heraus und zerstört damit sich selbst; und eine gänzlich bilderlose Religion verliert die Verwurzelung im Menschen und löst sich damit auf. – Mit Recht pflegt das Christentum die organische Einheit mit der Kunst; Anfänge davon finden sich bereits in den Katakomben um Rom herum. Dabei widerstreitet der Ganzheit des Menschen ebenso der Rigorismus, der alle Bilder ausschließt, wie der Ästhetizismus, der im Bildhaften versinkt.«[4]

In der Moderne wird Kunst und Kunstgeschehen von jedweder philosophischen oder anderen Umklammerung befreit und zumindest in ihrem Selbstverständnis und in ihren Absichten auf die ursprünglichen Lebenszusammenhänge des Alltags zurückgebracht. Hier wird der einzelne Kunstgegenstand, seine Entstehung und seine Kommunikation, die von ihm ausgelöst wird, zum Gegenstand der Theorie. »Folglich reden die Kunsttheorien nicht mehr von Kunst überhaupt, sondern von Strukturen, Schematisierungen, Botschaften, ästhetischen Gegenständen, poetischen Nachrichten, ästhetischer Zeichenverbindung und zerlegen damit das durch metaphysische Prämissen vereinheitlichte Phänomen Kunst in einen gefächerten Bereich aufklärbarer Teilkomponenten.«[5]

So sehr manche vielleicht die Entschlackung der Kunst von einer Art metaphysischem Überbau begrüßen mögen, so sehr ist die Kunst nun mit der Notwendigkeit konfrontiert, für ihr eigenes Verstehen unabdingbare Theoriebezüge selbst zu stiften. »Das autonome Kunstwerk muß aus sich heraus den Sinnzusammenhang entwerfen, der dem fragenden Menschen Orientierung gibt.«[7] Von daher rührt eine tendenzielle Pluralisierung der Kunst in verschiedene Stilrichtungen, die den, der diesen Entwicklungen nicht ständig auf der Spur bleibt, vor das große Rätsel der Kunst in Form und Inhalt stellt. Moderne Kunst ist etwas für Spezialisten geworden, und Beziehungen zwischen verschiedenen Kunstwerken, gerade von neuen zu alten, werden damit zu einem Problem, das es zu vermitteln gilt.

MODERNE SKULPTUREN IM ALTEN KIRCHHOF

Die Peterskirche ist von zwei Freiräumen zur nördlichen und zur südlichen Seite hin umgeben. Einer davon verbindet die Peters- mit der Cäcilienkirche, der andere, zur Südseite gelegene Freiplatz geht auf einen ehemaligen Kreuzgang zurück, der jetzt durch drei wohl über hundert Jahre alte Platanen, durch eine Mauer gegenüber der Tuffstein-Kirchwand und westlich wie östlich von einer modernen Backsteinarchitektur aus den fünfziger Jahren begrenzt ist. Sie nehmen aufeinander Bezug und fügen sich den baulichen Vorgegebenheiten. Entworfen hat sie der Architekt Karl Band. Ursprünglich umgab der Kreuzgang einen kleinen Garten auf drei Seiten. Er war mit einem offenen Gebälk gedeckt, das auf schlanken, achteckigen Steinsäulen ruhte. Wegen der Erweiterung der südlich davon gelegenen Sternengasse, doch auch wegen Baufälligkeit wurde er 1848 abgebrochen und an der neuen südlichen Kirchhofsmauer teilweise mit den alten Elementen wieder aufgebaut. Ein erneuter Umbau im Jahre 1890 verkleinerte diesen Kreuzgang zu einer Art Vorhalle, bis schließlich durch Kriegseinwirkung alle Reste davon beseitigt wurden. Heute existiert an dieser Stelle eine 30 × 20 m große Rasenfläche, auf der in Ausrichtung auf die Stützpfeiler der Kirche drei große Platanen stehen, die den Raum in etwas mehr als der Hälfte der Längsseite gänzlich überdecken und dominieren.

Neben der Kirchenmauer geht dann der Blick den gotischen Stütz-pfeilern entlang zum freien Himmel. In der Zwischenkriegszeit wurde dem ehemaligen Pfarrer und späteren Weihbischof Stoffels eine Grabstätte zugewiesen, die auch nach den Zerstörungen des Zweiten Weltkriegs erhalten blieb. Die Rasenfläche vertieft sich ein wenig zur Mitte des Rasens hin, wodurch sich eine Muldensitua-tion ergibt.

Im Juni 1987 eröffnete nun der Kölner Bildhauer Ansgar Nier-hoff in dieser Situation eine Ausstellung. Er zeigte neueste und neuere Arbeiten und versuchte, aus der Formsprache seiner Kunst diesem Raum gerecht zu werden. Die Arbeiten Nierhoffs sind stark von dem Material Eisen bestimmt. Ihre Formen sind einfach und konkret geometrisch gehalten, ebenso wie sie sich aus den Schneide- und Schmiedevorgängen mit dem Roheisen ergeben. Auf zwei Längsachsen ordnete er sechs Arbeiten, die insgesamt ein Ensemble bilden. Es lagen unter den Bäumen parallel zu ihren Stämmen und der dahinter befindlichen Mauer drei große flache Eisenplatten, auf denen geometrische Grundformen wie eine ge-schmiedete Kugel, ein Würfel und ein Ring standen. In der nicht von den Bäumen überdeckten anderen Seite des Innenhofes waren drei sich zu vier Meter Höhe aufschwingende Streckungen in unterschiedlichen Akzentuierungen aufgereiht.

Diese Arbeiten intensivierten zunächst die Wahrnehmungen des Raumes insofern, als sie seine Strukturen als überdacht und him-melwärts offen unterstrichen. Zugleich nahmen sie Bezug auf umgebende Raumbestimmungen wie ›beschattet‹ und ›nicht be-schattet‹. Der dominierende Eigencharakter des Eisens unterschied sich nicht nur augenfällig von den umgebenden Elementen wie Tuffstein, Naturholz, Rasen und Klinkerstein, sondern intensi-vierte auch die einzelne Wahrnehmung der verschiedenen Materia-lien. An der Kirchenwand war zwischen zwei Stützpfeilern eine Gedenktafel für den verstorbenen früheren Pfarrer angebracht, dessen Grab sich in einem Abstand von etwa zwei Metern davor befand. Dieser Situation wurde Nierhoff durch eine große Eisen-platte gerecht, die er an den vier Ecken durch Ausschneiden von ca.

10 cm breiten Quadraten zu einem erst bei einem zweiten Hinsehen bemerkbaren Kreuz gestaltete.

Die Ausstellung im Kirchhof wurde schließlich durch eine Stele in den Kirchenraum selbst hinein verlängert. Gleich hinter den südlichen Eingang setzte Nierhoff in einen gotischen Bogen eine »Streckung«, welche die drei anderen vertikalen Arbeiten ergänzte.

Was hat diese Ausstellung von Nierhoff-Plastiken bewirkt? Zunächst einmal die Bereinigung eines »heruntergekommenen Hofes« von allem Gestrüpp und verkrüppeltem Grünzeug, zum anderen die Entdeckung, daß die Kirchengemeinde inmitten der Stadt einen großartig proportionierten Hof besitzt, darüber hinaus aber durch ein ausgesprochen architekturbezogenes Aufstellen die Entdeckung einer alten ›Aura‹ von ›paradiesischen‹ Dimensionen. Der Kirchhof war ja ehedem eine Vorzone, ein ›Paradies‹, in dem sich die Kirchenbesucher versammelten, bevor sie in die Kirche hineingingen, und in den sie nach dem Gottesdienst wieder heraustraten – nicht nur, um fromme Dinge miteinander zu besprechen.

So fremd den heutigen Gemeindemitgliedern die modernen künstlerischen Formen auch gewesen sein mögen, die Betroffenheit vor diesem Ensemble im Kirchhof war groß. Die Menschen hielten inne und fragten nach Bezügen. Die Führungen versuchten nicht, den Erwartungen nach inhaltlicher Erklärung entgegenzukommen, sondern ein Staunen vor den Formen und Kombinationen hervorzurufen. Was wahrzunehmen war: die Formsprache von Ansgar Nierhoff, zugleich aber auch die Proportionen eines architektonischen Freiraumes mit langer Tradition.

NEUE MALEREI AUF SPÄTGOTISCHER KIRCHENEMPORE

Die spätgotische Kirche Sankt Peter ist durch das Streben nach breiter und lichter Weiträumigkeit und durch eine harmonische und freie Raumentfaltung charakterisiert. Sie strahlt große Ruhe und Ausgeglichenheit aus. Geprägt wird der Innenraum durch die an den Seiten umlaufenden Emporen, die jeweils vor dem östlichen Joch der Seitenschiffe abbrechen, so daß hierdurch für die Innenwirkung eine Art Querschiff gebildet wird, das dann der Erweiterung des Chores dienen kann. Sowohl die Seitenschiffe als auch die Emporen tragen regelmäßige Netzgewölbe und verstärken so den ruhigen Eindruck im Innern der Kirche.

Stellt man die Frage nach dem Grund für einen so umfangreichen Emporenbau, so ist sie sicher nicht eindeutig zu beantworten. Es kommen verschiedene Aspekte zusammen: die Größe der Gemeinde, die Tradition solcher Bauweisen im Rheinland (vor allem bei Nonnenklöstern), statische Probleme, sicher aber auch eine Art modischer Trend.

Die Emporen in Sankt Peter sind in den Seitenschiffen über die Orgelempore miteinander verbunden; sie erstrecken sich über drei Joche. Sie sind zum Innenraum hin offen und besitzen Brüstungen, die mit verschieden gemustertem Maßwerk gefüllt sind. Zum Mittelschiff hin öffnen sie sich auf rechteckigen Pfeilern in Rund- und Spitzbögen. Diese erlauben einen besonders reizvollen Durchblick durch das Kircheninnere und schaffen somit ausgesprochene Sehzonen. Ursprünglich haben sie in ihrem Kern auf der jeweils gegenüberliegenden Seite ein Fenster, das aber für die Ausstellungsnutzung durch eine verschiebbare Stellwand abgedeckt ist. Dadurch entsteht eine sehr geeignete zentrierte Hängemöglichkeit für Bilder. Die linke Empore ist gegenüber der rechten um etwa ein Drittel schmaler und hat nach der Zerstörung im Zweiten Weltkrieg kein Netzgewölbe mehr, sondern eine flache Decke. Dadurch unterscheidet sich auf besonders interessante Weise die linke Empore von der wesentlich breiteren, mit einem Netzgewölbe versehenen rechten. Auf der rechten Empore wiederum ist an deren Ende ein flacher Altar, auf dem ursprünglich ein Schrein stand; das erlaubt die Installation eines Bildes als Altarbild. Auf beiden Seiten der Empore ergibt sich ein freier Durchblick auf den Abschluß des linken Seitenschiffes.

Seit Beginn der Ausstellungstätigkeit hängen nun in regelmäßi-

Adolf Frohner: *Opferstätte*, 1987. In aktionistischer »Einfühlung« sucht Frohner
die archaischen Gewalten zu repräsentieren, welche die alten Opferriten prägten.

gen Abständen großformatige Bilder an den Wänden, die teils rein farblicher, teils figürlicher Art sind. Zu den beiden ersten Ausstellungen gehörten Werke des Kölner Künstlers W. Gies und des Wiener Akademieprofessors Josef Mikl. Beide Werke leben aus der Farbe, bei Gies jedoch ohne eine figürliche Orientierung. Seine Arbeiten bauen sich aus dem Schwarz auf, zeigen vorherrschend Rot, tragen aber auch Gelb, Grün, Weiß und Blau. Die Bilder von Mikl dagegen werden durch den Dualismus eines sehr klaren, hellen Rot und eines Goldgelb bestimmt, zu denen sich dann andere Farben wie Blau und für manche Linienführungen Schwarz gesellen. Während die Farbtöne von Mikl denen der Fenster entsprachen, setzten sich die härteren und sehr stark aus dem Schwarz herausgerufenen Farben von Gies betont davon ab, ohne zu ihnen in einen Widerspruch zu treten. Das besonders Charakteristische dieser beiden farblich orientierten Ausstellungen war die Kommunikation der Bilder im Raum, d. h. ihre Farbwirkungen von einer Seite der Empore zur anderen und ihre Kombination mit der Lichtgestaltung in der Gesamtkirche. Schon allein dadurch wurden die Ausstellungen zu einem Erlebnis, insofern sie die Licht- und Farbführung des Raumes wahrnehmbar beeinflußt haben. Waren die Bilder von Gies ohne jede Anhaltspunkte, es sei denn solche reinster Phantasie, so ließen bei längerem Betrachten die Bilder von Mikl seine thematischen Orientierungen durchscheinen: Köpfe, Büsten, Figuren.

Von einer christlichen Ikonographie war in den Werken beider nichts zu erkennen. Dennoch hingen diese Bilder in einer mittelalterlichen Architektur und in einem Kirchenbau. Sie störten in keiner Weise den sakralen Gesamteindruck des Raumes, aber sie vereinigten sich auch nicht mit ihm. Die sakrale Aura des Raumes legte wohl entsprechende Stimmungen, die den Bildern immanent waren, offen. Daß es hier deutlich Beziehungen gibt, wurde durch die Dualität von Bild und Raum spürbar. Der Raum vergewaltigte weder das Bild noch das Bild den Raum, im Gegenteil, beide Elemente berührten und ergänzten sich.

Anders war dies bei den figürlich orientierten Ausstellungen, von denen besonders zwei erwähnt werden sollen, nämlich die Plastik-Ausstellung von Jürgen Brodwolf und die Malerei von Volker Stelzmann. Die Skulpturen, Tücher und Bücher von Jürgen Brodwolf gehören in den Zusammenhang einer Suche nach der Figur. Sie sind charakterisiert durch letzte Reduzierungen; ihnen fehlt jede Extremität und Äußerlichkeit, sie sind stark nach innen zurückgenommen. Die Figuren ruhen in sich, entfalten sich aber über bestimmte Farbstränge oder durch Raumbezüge aus durchsichtiger Plastik. Es kann kein Zweifel darüber bestehen, daß die Figuren von Jürgen Brodwolf einen allgemein existentiellen Ausdruck tragen, der aber von jeder spezifisch religiösen Bedeutung frei ist. Die Figur ist hier auf einen generell gültigen Kern zurückgeführt. Dieser erwies sich allerdings als offen gegenüber dem nun bestimmenden Bau, der sich vor allem durch die gotischen Stilelemente als sakral ausweist. Dadurch weitete sich der allgemein existentielle Charakter von Brodwolfs Arbeiten zum Religiösen. Auch hier ergänzten sich Architektur und plastisch-künstlerische Gestaltung, ohne sich gegenseitig zu vereinnahmen. Das eine schien den Charakter des anderen zu verstärken und zu unterstreichen. Zugleich erhielt jede Seite von der anderen eine bestimmte Ergänzung.

Eine andere Art von Verhältnisbestimmung zwischen Raum und künstlerischer Gestaltung ergab sich bei der Ausstellung von Volker Stelzmann. Seine Arbeiten waren vor allem durch zwei Themen gekennzeichnet: durch die Figur in Bewegung und durch klare Anklänge nicht nur an die Malerei der frühen Renaissance, sondern auch an die christliche Ikonographie. Die meisten seiner Arbeiten zeigten eben nicht nur Figuren oder Gestalten, sondern auch ungewöhnliche Anklänge an die Motive der christlichen Passion und der nachösterlichen Geschehnisse. Die weitgehend in dunkler Farbe gehaltenen Bilder, aus der die erzählenden Inhalte herausgerufen wurden, paßten so sehr in den Raum hinein, als würden sie seit den Anfängen dieser Kirche da hängen. Die Kontrasterfahrungen, die bei den anderen Ausstellungen zutage traten, fehlten gänzlich. Distanzierungen ergaben sich erst im nachhinein. Dann nämlich erwies sich, daß die christlich-ikonographischen Bezüge allenfalls vage Orientierungen waren, welche die alten Themen entweder distanziert aufgriffen oder sie ambivalent gestalteten. Die Figuren selbst schienen Menschen aus der Gegenwart zu sein, die Malweise verband sie mit der Tradition. Doch desto mehr sich der Betrachter diesen Bildern aussetzte, erkannte er, daß die Spannungen zwischen dem modernen Bild und der ikonographischen Tradition beträchtlich waren. Obwohl die Bilder mit ihren Farbwerten fest in der Kirche verankert waren, wirkten die Ausführungen der Malerei modern. Zwar handelte es sich bei diesen Bildern um Malerei aus malerischen Bezügen, sie gingen aber ganz auf den Raum ein und prägten ihn. Sie unterstützten seinen Charakter als christlichen Sakralraum, gestalteten ihn aber auch als einen Raum, der sich noch im 20. Jahrhundert behauptet. Bei vielen Besuchern auf der Empore bestach der Durchblick über das Mittelstück hinweg und damit eine Wahrnehmung der einzelnen Bilder gewissermaßen aus zwei Distanzen, nämlich einem direkten Blick, der sich vor dem Bild ergab, und einem entfernten aus dem gegenüberliegenden Emporenteil. Auf diese Weise kam es bei den meisten Betrachtern zu der Erfahrung, daß sie nicht nur eine neue Ausstellung gesehen hatten, sondern auch durch neue Seherfahrungen bereichert wurden.

Ohne Zweifel gehören die Ausstellungsmöglichkeiten auf der Empore von Sankt Peter zu den interessantesten in Köln. Sie sind in ihrer Art einzigartig. Freilich werden hier Kunst und Kirche nicht miteinander vermischt, sondern allenfalls aneinander herangeführt. Hier werden bestimmte Verhältnisformen erprobt, identifiziert und entwickelt. Anlaß für die Auswahl der Werke sind neben einem unverzichtbar hohen Anspruch an die künstlerische Qualität vor allem drei Aspekte: 1. die Arbeit an der menschlichen Figur, 2. die Artikulation einer maßgebenden Sinn- und Formsuche und 3. die Gestaltung einer irgendwie gearteten Transparenzerfahrung, die zur religiösen Erfahrung hin offen ist. Die Ausstellungen möchten im Bereich der Kunst »Spuren sichern«, in denen sich die Sprache der modernen Kunst dem interessierten Kirchenbesucher erschließt. Daß dies eine besonders behutsame Begleitung des Betrachters notwendig macht, versteht sich von selbst. Pro Ausstellung werden zahlreiche Führungen und Einzelgespräche angeboten.

JUNGE KÜNSTLER IN ALTEN GEMÄUERN

Im Turm-Anbau wohnen jeweils zwei Künstler, ein Maler und ein Komponist. Für ein Jahr erhalten sie die Möglichkeit, gastweise ein kleines Atelier bzw. ein Studio zu beziehen, teilweise in der Hausgemeinschaft der Jesuiten mitzuleben, vor allem aber mit der Gemeinde in Kontakt zu stehen. Die Kunst-Station und die Gemeinde versuchen sich für einen Künstler zu engagieren und ihm beim Aufbau einer beruflichen Zukunft behilflich zu sein. Die Künstler werden am Ende des Jahres mit einer Ausstellung auf der Empore bzw. einem Sonderkonzert verabschiedet. Das Autonomiebewußtsein eines jungen Künstlers und seine kritische Einstellung gegenüber stabilen Institutionen wie die Kirche sind nicht immer frei von Vorbehalten gegenüber dem Gemeindeleben. Andererseits tut sich das christ-katholische Milieu nicht gerade leicht, solchen Gästen unbefangen und unbegrenzt offen zu begegnen. Doch haben beide Seiten im Umgang miteinander gelernt. Der erste ›artist in residence‹, Arne-Bernd Rhaue, hat eine beachtete Ausstellung abgeschlossen und ist nun mit einigen Ausstellungskontakten in seine künstlerische Laufbahn eingetreten.

Chieo Senzaki:
Transparent, 1990.
Der Japaner
versucht, mit seinen
raumbezogenen
Installationen
aus Zweigen
eine Verbindung
zur gotischen
Architektur
herzustellen.

ZEITGENÖSSISCHE KUNST
IM TRADITIONELLEN ALTARRAUM

Der augenfälligste Ort in Sankt Peter ist zweifellos der von Licht
und Architektur am meisten akzentuierte Altarraum. Er hat in der
dreiteiligen Apsis einen alten Altar, der auf einer zweifachen
Erhöhung von fünf Stufen steht.

Auf der Achse zwischen den beiden letzten Stützpfeilern der
Empore steht seit einigen Jahren ein kleiner Altar. Diesen Zelebra-
tionsaltar hat im April 1988 der Düsseldorfer Bildhauer Klaus
Simon durch eine ungewöhnliche Arbeit abgelöst: *Ulmensterben.*
Aus Ulmenholz hat er drei gleichgroße T-Elemente aus einem
1,20 m dicken Baumstamm herausgeschnitten und diese zu einem
etwa 1,50 × 0,95 m Tischvolumen zusammengefügt. Bestechend
ist die Plastizität des Holzes und die Einfachheit seiner Bestand-
teile, zumal sie einem Baumstamm entstammen, den es immer
weniger in Deutschland gibt und der vom Aussterben bedroht ist.
Gesunde Ulmenbestände sind heute nur noch in Schleswig-Hol-
stein anzutreffen. Doch auch dort sind sie von der sogenannten
Ulmenkrankheit befallen, die darin ihren Grund hat, daß ein
bestimmter Käfer oder Pollenwinde einen kleinen Parasiten an den
Baum herantragen, der dort einen Schimmel auslöst. Wenn sich
dieser ausbreitet, überlebt keine Ulme. Bis auf den heutigen Tag ist
dafür kein Gegenmittel gefunden worden.

Obwohl diese Arbeit von Simon durch ihre klare Form beein-
druckt und überzeugt, besticht sie durch ihr Material, das kranke
und sterbende Ulmenholz. Joseph Beuys hat zu diesem Faktum
einen theologischen Bezug formuliert: »Wenn der Wind durch die
Kronen geht, dann geht zu gleicher Zeit durch die Kronen, was die
leidenden Menschen an Substanz auf die Erde gebracht haben, d. h.
die Bäume nehmen das längst wahr. Und sie sind auch schon im
Zustand des Leidens. Sie sind entrechtet. Sie wissen das ganz
genau, daß sie entrechtet sind. Tiere, Bäume, alles ist entrechtet
(...) Der Baum, der Lebensbaum ist ja überhaupt dieses Zeichen

für die allgemeine Intelligenz. Und auch der Prozeß, der mit dem Baum geschieht, und den wir heute am Wald wahrnehmen, zeigt dies auf. Heute wird der Wald von selbst zu dem, wozu das Holz des Kreuzes benutzt wurde.«[7]

Die Gestaltung eines zentralen liturgischen Ortes durch einen Künstler unserer Tage findet ihre Fortsetzung in der Präsentation zeitgenössischer Triptychen hinter dem Hauptaltar, über den sich in ca. 5 m Höhe die alten Kirchenfenster aus der Frührenaissance erheben. Hier hängen nun seit Errichtung der Kunst-Station in regelmäßiger Folge Triptychen aus der Gegenwartskunst. Einige der bisherigen Namen sind: Gerhard Altenbourg, Francis Bacon, Joseph Beuys, James Brown, Eduardo Chillida, Felix Droese, Marlene Dumas, Jenny Holzer, Rum Mields, Hermann Nitsch, Arnulf Rainer, Cindy Sherman, Antoni Tàpies, Rosemarie Trokkel. Ohne Zweifel findet hier in der Apsis nicht nur eine Berührung, sondern eine Überkreuzung von Kunst und Kirche statt. Auch entladen sich hier begeisterte Zustimmung wie erbitterte Ablehnung seitens der Kirchenbesucher. Aus diesem Grunde soll auf die tiefe Beziehung zwischen dem dreiteiligen Flügelaltar und dem Altarraum näher eingegangen werden.

Der Altar hatte im christlichen Kultbereich zu verschiedenen Zeiten unterschiedliche Standorte. Befand er sich in den römischen Basiliken im Anfang des Christentums meistens im Vordergrund der Apsis, so verlegte man ihn im Zuge des Vordringens der sog. Gebets-Ostung mehr und mehr an das Ende der Apsis, nahe an die Wand. Dadurch wurde die sich ursprünglich hinter ihm befindliche Cathedra aus praktischen Gründen vor den Altar verlegt, was dann mit der zahlenmäßigen Zunahme des Klerus zur Entwicklung des sog. Chorraumes führte. Mit diesem Standortwechsel veränderte sich auch das Ansehen und die Gestaltung des Altares. Dieser verband sich nun zunehmend mit der Rückwand der Apsis. Sie bot sich geradezu an, die Bedeutung des Altares im Christentum, nämlich Christus selbst und sein Opfer zu repräsentieren, durch Rahmung und Aufbau auszugestalten und ihn in ein größeres Gesamt einzufügen. Seit dem 13. Jahrhundert wurden regelmäßig

Kreuz, Leuchter, sicher wohl auch schon Blumen aufgestellt. Schließlich brachte man Reliquien zur Verehrung auf den Altar; wenn man viele davon besaß, mußte man sie in mehreren Reihen übereinander aufbauen. Aus diesen praktischen Anfängen entwikkelten sich dann die gotischen Reliquienaltäre mit einer Vielzahl von Nischen. Bald stellte man auch reliquienlose Heiligenfiguren auf, aus denen sich schließlich die spätgotischen Schnitzaltäre, etwa von Pacher, Riemenschneider oder Veit Stoß, herausgestalteten. Oft wurden dabei die Figuren durch Bilder ersetzt, besonders seit der Renaissance. So entstanden Klapp- und Wandaltäre, bei denen man, je nach der Festzeit, wechselnde Bilder vorstellen konnte. Nicht selten dominierten dabei die Kunstwerke den Altar und schienen ihn zuweilen geradezu zu erdrücken.

Klaus Lankheit, dem wir eine sehr wichtige Untersuchung dieser Kunstform verdanken, sieht im Triptychon den Idealtyp des christlichen Altarbildes. Neben vielen Variationen hat sich vor allem eine Hauptform herausgebildet, die mit einer subordinierenden Mitte.

Das Triptychon hat eine sakrale Wirkung, eine Art Affektkraft, ja eine Ausstrahlung, die in der Kirche noch durch die Einbeziehung in die liturgischen Handlungen, wie Ausschmückung durch Blumen und den Glanz zahlreicher Kerzen, erhöht wird. Deshalb hat Lankheit das Triptychon als eine »Pathos-Formel« der Kunst schlechthin bezeichnet.[8] Dieses Pathos ist ein besonderer Realitätsgrad, durch den die Einbeziehung der Bilder in die objektive Handlung der Liturgie an Bedeutung gewinnt. Das Gemälde selbst ist das sichtbare Zeichen für die unsichtbare Anwesenheit des Herrn. Es setzt Christus gegenwärtig. Das Bild veranschaulicht und verwirklicht; es entfaltet und vollzieht die tiefe Symbolik des Altares und des Altargeschehens selbst. Auf diese Weise ist die Kunst bei ihrer ureigensten Sache, indem sie das Unsichtbare, das normalen Augen verborgen ist, sichtbar macht. Das Triptychon ist im Bereich der christlichen Liturgie zugleich auch ein Mysterium. Die wie immer geartete künstlerische Darstellung dient der sakramentalen Vergegenwärtigung Christi.

Nun sind diese ursprünglichen Zusammenhänge zwischen dem Altarbild und seiner sakramentalen Bedeutung heute nicht mehr ohne weiteres jedem plausibel. Auch die aus einer ersten Einheit zwischen Kunst und Kirche stammenden mittelalterlichen Tafelbilder können heute weitgehend nicht mehr entziffert oder verstanden werden. Dies erwies schon das erste Triptychon in Sankt Peter, eine Arbeit von Markus Lüpertz: *Ich war in einem Land, in dem die Schmetterlinge gekreuzigt wurden.* Auf einem Dreitafelbild war in der Mitte ein ganzer Schmetterling bildgroß auf ein Kreuz geheftet, der dann jeweils rechts und links zur Hälfte in eine neue Form variiert wurde. Farbig stach ein Braungelb auf weißem Papier hervor. Es erinnerte in seiner Farblichkeit an eine Art zisterziensische Malerei und hob sich in seinen Farbreduzierungen gut von den vollstrahlenden Fenstern ab. Obwohl diese Arbeit als Bild viele Menschen, auch der modernen Malerei Unkundige, unmittelbar anzog, befremdete doch das Motiv. Der Schmetterling als ein ausschmückendes Detail der mittelalterlichen Malerei ist heute in Vergessenheit geraten. Nun gehört Markus Lüpertz sicher nicht zu denen, die der christ-katholischen Tendenz zum Vergessen zu Leibe rücken wollen, vielmehr hat er ein grandioses malerisches Thema gegriffen: einen riesigen Schmetterling als Motiv, um seine Farb- und Formkompositionen daran festzumachen und in eine Einheit hineinzubinden. Irgendeine Art Interesse an der Pflege christlicher Ikonographie kann bei ihm nicht unterstellt werden, allenfalls eine Auseinandersetzung mit der Malerei vergangener Zeiten. Gleichwohl bindet er dieses Thema an das Schema des Dreitafelbildes, das er klassisch und auf die Mitte hin zentriert. Auch seine Ausmaße sind so, daß sich dieses Bild gut in den Raum einpaßt.

Freilich, auch der Raum tut das Seine. Er vereinnahmt das wohl eher malerisch gedachte Motiv und interpretiert die vage und ansatzweise vorhandene christliche Aussage. Der Schmetterling, für viele eine Überraschung im Altarraum, provoziert die Frage nach seinem Sinn. Dies führt zu einer alten Symbolik, vor allem der des Wandelns von einer Lebensstufe in die andere. Auf dem Bild war der Schmetterling als Inbegriff des Schönen und Zarten brutal irdischer Gewalt unterworfen und gekreuzigt. Dennoch wirkte er in seiner Symbolik als Wandler zwischen den Welten. Die Sinndimensionen des christlichen Altares, Tod und Auferstehung, werden hier auf eine ungewöhnlich poetische Art entfaltet. Die im Altarstein verborgene Symbolik erhält so Licht und Deutung.

Ein anderes Triptychon, das einen nachhaltigen Eindruck in Sankt Peter hinterlassen hat, ist *Palenque 78* von Fred Thieler (1978). Das Bild steht in der Tradition der informellen Malerei. Charakterisiert wurde das Bild von einem Blau, das sich in Rot und Grün und Violett bis hin zu den »Nicht-Farben« Schwarz und Weiß transformierte. Zwischen den Farben ergaben sich starke Spannungen.

So sehr dieses dreiteilige Bild auf den ersten Blick einer Augenblickseingabe zu entstammen schien, so klar wurde bei näherem Hinsehen, daß die drei Teile jeweils zentriert und weitgehend zur Mitte hin ausgebaut waren. Die Dynamik zwischen den Farben schwirrte nicht frei herum, sondern sie war gebunden und gezügelt. Auch schien das Blau aus Grau und Schwarz heraus entwickelt worden zu sein. Durch Farbwahl und Aufbau entstanden Farbräume, die den Betrachter gleichsam aufrufen, alle Seh- und Phantasiekräfte zu mobilisieren; dies konnte soweit gehen, daß er in die Unendlichkeit des Farbraumes mit hineinzufallen schien. Dadurch berührte sich diese Art von Seherfahrung mit theologischen Ausführungen von Karl Rahner. In seiner These, der Mensch müsse alle sinnlichen Erkenntnisorgane intensivieren, um sie in die Erfahrung des religiösen Geheimnisses einzubringen, formuliert Rahner im Blick auf das Sehen: »Es gibt (...) nicht nur bei dem Hören eine Art sinnlicher Transzendenzerfahrung, die Basis und Elemente der Vermittlung der Bezogenheit des sinnlichgeistigen Subjekts auf Gott als solchen selber hin ist. (...) Auch ein Bild, das nicht unmittelbar ein religiöses Thema hat, kann grundsätzlich ein religiöses Bild sein (...), wenn es in seiner Anschauung durch eine (...) sinnliche Transzendenzerfahrung jene eigentliche religiöse Transzendenzerfahrung anregt und mitkonstituiert.«[9]

Die Arbeiten Thielers haben keine religiösen Inhalte, doch sind sie dem Religiösen gegenüber offen. Wenn ein Bild in einem stark und eindeutig definierten Raum steht, lädt es sich mit seiner Aura auf. Das geschah mit den Bildern Thielers, die in der Form des Altartriptychons Dimensionen anklingen lassen, die über der Realität von Tod und Auferstehung Jesu walten.

Eine Altarinszenierung besonderer Art war der Versuch, das Triptychon plastisch zu installieren, und zwar mit etwa 3,30 m hohen durchsichtigen Plastiksäulen von Jürgen Brodwolf. Sie ragten aus einem ca. 40 cm hohen Eisenrohr heraus. In den Säulen hing eine etwa 2,50 m hohe schwere Figur. Diese drei Plastiken wurden um den Altar gestellt. Sie waren auf die drei Wände hin bezogen und erhielten von dorther ihren Zusammenhang als Triptychon. Wie kaum ein anderes Bild führten sie den auf drei Stufen erhöhten Altar zu einer archaischen Ausstrahlung. Er war nacktgeräumt und hatte von dort seine Ambivalenz sowohl als Golgata wie als leeres Grab. So ungewöhnlich diese Präsentation war, so deutlich zeigte sie aber auch die Vorteile einer plastischen Inszenierung, die den Altar sowohl in seinen archaischen Dimensionen des Opfersteins wie den christlichen des Mahltisches aufzeigten.

Schließlich sei eine Arbeit von Volker Stelzmann erwähnt, die sich an die figürlich-gegenständliche Malerei des ausgehenden Mittelalters anschloß, gleichwohl aber doch alle Attribute moderner Malerei trug. Ursprünglich als Triptychon konzipiert, ergab es sich, daß im Mittelteil des Bildes die Figurengruppe unter dem Kreuz so stark wurde, daß die Gesamtplanung einen weiteren Flügel nicht vertrug. Das Triptychon reduzierte sich auf ein Diptychon. Das Kreuz war nicht genau in die Mitte zentriert; auf dem linken Teil saß hingehockt eine Frau, die allenfalls von fern an Maria Magdalena erinnern ließ; ansonsten fehlten Johannes und die trauernde Maria. Dafür waren mit ›Kreuzigungsfunktionen‹ beschäftigte Männer offensichtlich beim Aufräumen. Mehr als in allen anderen Bildern dominierte in diesem Werk ein Schwarz, aus dem heraus sich die Figuren und Farben entwickelten. So sehr sich in diesem Bild der Vorgang des Malens selbst behauptete, der sich

dann auch über traditionelle Kompositionsschemata hinwegsetzte,
so sehr paßte aber dieses Bild eben an diesen Ort.[10]

NEUE ERFAHRUNGEN MIT EINEM
ALTEN VERHÄLTNIS

Die »Kunst-Station Sankt Peter Köln« besteht nun seit über acht
Jahren. Die Resonanz ist enorm. Die Medien haben in all ihren
Sparten die bisherige Arbeit begleitet und wohlwollend kommentiert. Der Zulauf ist steigend. Die Ausstellungseröffnungen sind
geradezu überfüllt, mehr und mehr Besucher kommen täglich, und
zwar nicht nur einzelne Personen. Gerade dieser Kreis zählt nicht
zu den üblichen Museumspilgern, und insofern stimmt der Satz,
den Arne-Bernd Rhaue formuliert hat: »Hier ist noch einer der
wenigen Orte, wo Kunst wirklich knallt.« Diese Formulierung
wird geradezu plastisch untermauert, wenn man die Reaktion
mancher Ausstellungsbesucher mit Gesichtern voller Ratlosigkeit,
aber auch Ärger sieht. Sie findet ihren Widerhall in einem Besucherbuch, in dem sich bissige bis abwertende, aber auch positive
und begeisterte Stimmen finden. Natürlich gibt es auch Ärger und
Proteste. Sie entluden sich im Zusammenhang mit einer großen
Informationsveranstaltung Anfang 1988.

Unter dem Motto: »In dieser Kirche kann ich nicht mehr beten«
diskutierten zunächst Kritiker, Künstler, Kunstwissenschaftler
und Vertreter der Gemeinde auf einem Podium. Über 500 Menschen wohnten diesem zweistündigen Gespräch an einem Sonntag-
nachmittag in Sankt Peter bei, die sich dann zahlreich und lebhaft
an dem Gespräch beteiligten. Es hat in der Öffentlichkeit große
Beachtung gefunden und deutlich gemacht, daß die kritischen
Stimmen bei weitem in der Minderheit sind. Auch die negativen
Einlassungen im Besucherbuch sind weitgehend von Kritikern
außerhalb der Gemeinde geschrieben.

Und innerhalb der Pfarrei? Der Kirchenvorstand, gegen den

auch in katholischen Kirchen »nichts läuft«, steht einstimmig hinter der Arbeit. Dies ist nicht zuletzt dem resoluten Einsatz seiner drei weiblichen Mitglieder zu verdanken. Trotzdem wurden auch Bedenken im Kreis einer Gottesdienstgemeinschaft geäußert, die sich in ihrem Selbstverständnis in besonderer Weise der Pflege des Wortes Gottes als »Wort« verschrieben haben. Manche von ihnen empfanden die Bilder im Altarraum während des Gottesdienstes als störend. Sie würden ablenken und verminderten die Aufmerksamkeit, so sagten sie. Doch wie es scheint, hat auch diese Minderheit inzwischen gelernt, sich von dem einen oder anderen Bild anregen, zumindest aber anfragen zu lassen.

Es wird immer wieder nach den Kriterien gefragt, nach denen die Bilder vor allem in der Apsis ausgesucht werden. Sie sollten dem besonderen Charakter des Raumes, also des Altarraumes, Rechnung tragen – so wird verlangt. Hier vollzieht sich nach theologischer Auffassung das Kreuzesopfer Christi, hier werden also Leiden, Tod und Auferstehung Jesu sakramental »verhandelt«. In diese Wirklichkeit muß sich eine künstlerische Äußerung einfügen. Die künstlerische Ausdrucksform nimmt darauf Bezug, nicht im Sinne einer Unterordnung, eines »Dienstes«, sondern im Sinne einer Kommunikation.

Wie die Theologie und die Verkündigung selbst um neue Möglichkeiten ringen, das Geheimnis des Altares zum Ausdruck zu bringen, und wie sie selbst im Zweiten Vatikanischen Konzil Wege beschritten, die geradezu revolutionären Charakter tragen (man denke nur an die Umkehrung der Altäre, die Einführung der Muttersprache), wie sich also die Kirche unter das Gesetz der Zeit stellt und auf die »Zeichen der Zeit« Bezug nimmt, so tut es auch die Kunst. Auch sie hat in diesem Jahrhundert neue Wege beschritten. Neben den strukturellen Veränderungen gibt es inhaltliche, in denen auf neue und nicht gekannte Weise die Realität des Menschlichen ausgedrückt wird. Die Expressionen des Leidenden, des Bedrohten, des Fragilen im Menschen finden zu Darstellungen, die an Intensität denen des Mittelalters nicht nachsteht. Auch der Tod wird in immer neuen Formen gegenwärtig. Doch wird oft der fehlende Auferstehungs- und Hoffnungsaspekt beklagt. Die Sänger dieser Klagelieder sind schnell als Unkundige entlarvt, die sich nicht der Mühe unterzogen, die Zeichen der Kunst und ihre Sprachsysteme zu studieren: Bei näherem Hinsehen sind diese nämlich voll Hoffnungen und Lebenszeichen, ja von einer theologisch bedeutsamen Notation einer anonymen bis ausdrücklichen Auferstehungshoffnung. Man denke etwa an Arbeiten wie die von Hans Arp, Horst Egon Kalinowski, Arnulf Rainer, Joseph Beuys, ja sogar Alfred Hrdlicka oder Volker Stelzmann, von den abstrakten Figurierungen ganz zu schweigen. Es ist Sache der Theologie, diese Elemente aufzugreifen und sie in ihre Zusammenhänge zu integrieren. Im übrigen gilt auch hier eine tiefe Einsicht von Karl Rahner: »Die ganze Sinnlichkeit in allen ihren gegenseitig nicht aufeinander zurückführbaren Erfahrungen kann in unzähligen und verschiedenen Abwandlungen und Kombinationen in den religiösen Akt eintreten.«[11]

Was hat es gebracht? so wird gefragt. Eine Verdreifachung des Gottesdienstbesuches zum Beispiel. Also doch: die Kunst als Weg, um der Kirche neue Schäfchen zuzuführen? Nun, mit dem Verdacht einer Verzweckung der Kunst können wir gelassen leben; wir haben genug Beweise dafür erbracht, daß wir die Autonomie der Kunst anerkennen. Aber ein Ort, an dem sich eine Kirchengemeinde offen auf die Zeichen ihrer Zeit und auf kulturelle Bemühungen in der Kunst einläßt, ein solcher Ort der Toleranz und der Begegnung hat eben in einer liberalen Stadt wie Köln sein Echo. Kunst-Station, Missions-Station; letzteres nicht im Sinne einer Zwangsbeglückung, sondern als eine Begegnung, als ein Ort des Hörens und des Lernens, des Sehens vor allem und der vorurteilsfreien Aufnahme von Fremdem. Und wenn denn Mission verstanden wird als Horizonterweiterung, hinüber und herüber, – warum nicht!

Von Atelier zu Atelier

EIN BERICHT ÜBER GESPRÄCHE
MIT KÜNSTLERN

DIE VORGESCHICHTE

Sechzehn Jahre sind es her, seit in einem Seitenschiff einer Stadtrandkirche in Frankfurt die erste Ausstellung mit Werken von Roland Peter Litzenburger gezeigt wurde. Es waren Clowns-Bilder. Doch diese Gesichter trugen unverwechselbare Züge Jesu, des Gekreuzigten, Leidenden, Verspotteten. Die Ausstellung rief damals viel Resonanz hervor, kritische wie zustimmende. Das bewirkte, daß diese eigentlich mehr dem Zufall entsprungene Initiative sich behauptete und in weiteren Ausstellungen ihre Fortsetzung fand.

Die Gemeinde, die sich auf diese Weise mit der Gegenwartskunst auseinandersetzte, hatte eine im Grundriß klassisch neuromanische Kirche aus dem Anfang dieses Jahrhunderts. Die Bilder hingen an Stellwänden in einem Seitenschiff, waren jedoch von den anderen Plätzen in der Kirche klar zu sehen, wenn man sie sehen wollte; doch konnte der Blick natürlich auch an ihnen vorbeihuschen.

Nach etlichen Ausstellungen, die alle eher nicht-religiöse Themen zeigten, reifte der Entschluß, das Ausstellungsprogramm für eine gewisse Zeit auf das Christusbild abzustellen. Dabei kam die Idee auf, die Bilder nicht mehr nur im Seitenschiff, sondern kreuzwegartig im ganzen Kirchenraum bis in die Apsis hinein aufzuhängen. Gerade diese Entscheidung und der Mut, der sie trug, wirkte bei den Künstlern, die normalerweise dem kirchlichen

Milieu skeptisch und distanziert gegenüberstehen, wie eine besondere Herausforderung. Es zeigte sich nämlich bei vielen von ihnen eine grundsätzliche Achtung vor der Religion, sofern diese sich nur offen und begegnungsbereit gab. So konnten manche schlechten persönlichen Erfahrungen mit der Kirche als Institution aufgearbeitet und Sperren durchbrochen werden.

Doch der befreiende Aufbruch zu einer positiven Begegnung mit der Kirche war bei den Künstlern mit einer einfachen Einladung nicht sofort zu sichern. Es gingen den Ausstellungen lange Gespräche und oft mehrmalige Treffen mit den meisten von ihnen voraus. Schließlich reifte der Plan, gerade diese Form der Begegnung zwischen Kunst und Kirche in Gesprächen festzuhalten und zu dokumentieren. Sie wurden – oft nach mehrfachen Korrekturen und Überarbeitungen – in dem Begleitkatalog zur Ausstellung publiziert.

Die Ausstellungsserie zum Thema *Menschenbild – Christusbild*, die schon im Titel den Charakter der Begegnung zwischen zwei sonst getrennten Kulturtypen trug, hatte einen großen Erfolg. Diese Form fand aber dann gleichwohl ein Ende, weil der Pfarrer der Gemeinde in die Hochschultätigkeit versetzt wurde. Dennoch ging die Auseinandersetzung weiter. Der Verlag des Katholischen Bibelwerkes war dabei die treibende Kraft. Er regte weitere Publikationen an. So wurde schließlich ein weiterer Band zum Thema *Mythos und Bibel* und schließlich ein dritter, *Abstraktion – Kontemplation*, herausgebracht. In jedem Buch waren wieder 16 Künstler vertreten. Nimmt man einige andere Gespräche hinzu, die in Ausstellungskatalogen oder Zeitschriften veröffentlicht wurden, dann sind es bislang mehr als hundert Interviews, die jeweils zwischen einem Vertreter der Kirche und einer Künstlerin oder einem Künstler geführt wurden. Was sind nun die gemeinsamen Züge dieser Gespräche? Welche strukturellen Beobachtungen lassen sich an ihnen machen?

Es ist einsichtig, daß in Gesprächen nicht um letzte Ausformulierung und absolute Absicherung gerungen wird. Das macht die Grenze des Gesprächs aus, aber auch seine Chance. Jedes Gespräch nahm bereits mit der ersten Antwort einen individuellen Verlauf. Daher lag auch kein starres Frageschema vor. Der eine Künstler ist den Umgang mit Kirchenvertretern gewöhnt, der andere nicht. Der eine findet leicht zu Worten, der andere ringt um jede Formulierung, und sicher war stets auf beiden Seiten eine gewisse Scheu, ja zuweilen Skepsis zu überwinden. Doch alle Gespräche zeigen Spuren der Überwindung dieser Schwellen, ja Zuwendung und Vertrauen.

Die meisten Begegnungen zogen sich über mehrere Stunden hin. Nicht selten gingen ihnen lose Kontakte voraus, um das Gespräch selbst vorzubereiten. Insofern steckt auf beiden Seiten eine gewisse Bereitschaft, sich auf den Partner einzustellen, ihm zuzuhören, auf ihn einzugehen, ihn von seinem positiven Anliegen her zu verstehen. Es ging nicht um Sezieren und Aussagen, Zurechtrücken oder Beipflichten, es ging um Begegnung. Es ging nicht um Rechthaberei und auch nicht um eine sogenannte theologische Vereinnahmung oder Kommentierung, sondern um gemeinsame Berührungspunkte.

Auf seiten des Fragenden stand die für manchen Künstler problematische Markierung im Raum, den Weg zum Bild über die Persönlichkeit des Künstlers zu finden, und zwar in der Voraussetzung, daß auf diese Weise am ehesten Interesse für die moderne Malerei zu wecken sei. So zielten manche Fragen sehr bald ins Biographische. Wenn dies nicht bei allen Künstlern der Fall war, dann aus dem Grunde, weil sich dies nicht ergab oder im nachhinein als aufgesetzt wirken mußte. Das von Heinrich Böll in seiner Autobiographie geäußerte Mißtrauen »gegenüber autobiographischen Äußerungen bei mir und anderen« stand durchaus im Raum, wurde aber doch hie und da aufgewogen durch den Umstand, daß sich im Biographischen manches miteinander verbinden läßt, was später eher unvermittelt nebeneinander zu stehen scheint.

Inhaltlich wurden verständlicherweise zahlreiche Themen berührt, wie sie sich im Lauf eines offenen Gespräches nahelegen. Doch sind vier Bereiche besonders interessant: Kirchendistanz, Christusbild, Lebensnähe, das Verhältnis von Kunst und Religion.

KIRCHENDISTANZ

Die Gespräche waren nicht immer von heiterer Eintracht gekennzeichnet. Oft war der erste Zugang nicht leicht zu finden. Da stand
die Institution trennend im Raum. Zwar ließ der Fragende die
Kirche im Dorf, war auch bereit, sich hier und da kritisch über sie
zu äußern, aber er wahrte ihr die Loyalität. Schließlich ging es nicht
nur um private Plaudereien. Außerdem erreicht der ›Kunstbetrieb‹
teilweise Dimensionen des Institutionellen, gegenüber dem die
entsprechende Variante in der Kirche geradezu aufgeklärt wirkt.

Doch wie immer: über die Kirche als Institution gab es kaum
eine Verständigung. Die Skepsis gegenüber jedweder Institution
stand dabei Pate. Sie wurde nicht selten durch hautnahe Erfahrung
belegt und individuell verständlich. »Treten Sie aus! Verlassen Sie
die Kirche! Geben Sie ein Zeichen!« – sagte Beuys nicht nur einmal
zu mir. Eine praktische Distanz als Bedingung für das künstlerische Arbeiten artikulierte die Kölner Künstlerin Dorothee von
Windheim (geb. 1945).

D. v. W.: In dem Moment, wo ich mich konkret mit dem
Turiner Grabtuch und dem Schweißtuch der Veronika beschäftigt
habe, bin ich aus der protestantischen Kirche ausgetreten, und
zwar nicht, um in eine andere Kirche einzutreten, sondern um mir
selbst eine Distanz zu schaffen.

F. M.: Inwiefern Distanz?

D. v. W.: Ich brauchte eine emotionale Distanz. Als Katholikin
wäre ich da gleichermaßen ausgetreten. Weil ich mich als Künstlerin mit diesem letztlich religiösen Objekt beschäftigte, mußte ich
von mir her eine Trennung zur Religion vollziehen.

F. M.: Um Ihre künstlerische Freiheit zu wahren?

D. v. W.: Ja, wahrscheinlich.

F. M.: Religion hat viele Aspekte. Sie ist einerseits gesellschaftlich verfaßt in Kirchen, und andrerseits ist es ein Grundvollzug im
Menschen, den man ihm nur schwer austreiben kann.

D. v. W.: Ja, und mit letzterem möchte ich mich gerne beschäftigen. Aber dafür muß ich frei und ungebunden von einer Religion sein.

F. M.: Hat es von seiten der Kirchen schon einmal irgendwelche Reaktionen auf Ihre Arbeiten gegeben?

D. v. W.: Nur auf die Veronikatücher.

F. M.: Wann und wo?

D. v. W.: Bei der Imago-Ausstellung des Evangelischen Kirchbautages 1983 in einer Nürnberger Kirche.

F. M.: Hat es Sie überrascht, daß man Sie in diesen Zusammenhang gebracht hat?

D. v. W.: Überrascht hat es mich nicht, weil ganz konkret diesen Schweißtüchern der Veronika jeweils ein Luthertext beigegeben ist, und zwar das Pamphlet Luthers gegen diesen Kult, der mit dem Schweißtuch der Veronika gemacht wurde. Der Text war geradezu die Negation dieses Tuches selbst. Es faszinierte mich sehr, daß ich auf der einen Seite diese Tücher hatte, das Veronika-Bild in allen Varianten bis zur Unendlichkeit, und auf der anderen Seite dieses Wettern von Luther dagegen, so daß sich das Ganze eigentlich gegenseitig aufhob.

F. M.: Da sind Sie sozusagen zwischen die Mühlsteine von Katholizismus und Protestantismus geraten.

D. v. W.: Ja, aber ich habe das nicht als negativ empfunden. Bei einer anderen Arbeit aus derselben Serie war das, worauf es mir ankam, besonders deutlich: Sie bestand aus einer Mappe, auf der einen Seite das Tuch und auf der anderen Seite das Pamphlet; wenn man beides zusammenklappte, lagen sie aufeinander, war gar nichts mehr da. Das fand ich sehr spannend.

F. M.: Eine dieser Arbeiten war auch in Werner Hofmanns Ausstellung: Luther und die Folgen für die Kunst, in der Hamburger Kunsthalle.

D v. W.: Mich hatte sehr gefreut, daß mit Werner Hofmann zum ersten Mal jemand diese Schweißtucharbeiten ernstgenommen hatte und auch auf diesen Luthertext eingegangen ist. Dieses Schweißtuch der Veronika, das ja nicht existiert – es sei denn im

Kopf der Gläubigen –, verdeutlicht, was Kunst ist, was mit Kunst auch passiert. Auch sie findet ja nur im Kopf des Betrachters statt. In der Konzeptkunst wird das ausdrücklich formuliert, aber es trifft für alle Kunst zu. Da sind schöne Bilder, die irgendwas zeigen, aber was Kunst daran ist, das findet im Kopf statt.

F. M.: Die Zusammenhänge mit dem Text, die haben Sie selbst gesehen? Wo hatten Sie denn den Luthertext ausgegraben?

D. v. W.: Der ist eigentlich ein Fundstück, genau wie diese anderen Arbeiten auch. Als ich mich mit dem Schweißtuch der Veronika beschäftigte, war ich in etlichen Bibliotheken und habe gesucht und gesucht und unendlich viele Äußerungen darüber gefunden, von Petrarca, von Dante, von Goethe, und eben auch von Luther.

F. M.: Und dann kam die Arbeit auch in die Ausstellung des Evangelischen Kirchbautages in Nürnberg. Da hat sie aber ein besonderes Schicksal erlebt, denn sie wurde abgeräumt, soviel ich weiß.

D. v. W.: Ja, wegen angeblicher Anstößigkeit. Sowohl meine Arbeit als auch die von mehreren Kollegen hat eine derartige Empörung bei den Gläubigen hervorgerufen – wie es hieß –, daß die Arbeiten zu gefährdet waren; denn die Veranstalter befürchteten, daß die Gläubigen handgreiflich würden und an die Dinge herangingen. Und da mußte das abgeräumt werden.

F. M.: Welche anderen Arbeiten waren das noch?

D. v. W.: Das waren Alf Schuler, Martin Rosz, ich glaube auch Daniel Spoerri, später noch andere.

F. M.: Und was war das, was Anstoß erregte?

D. v. W.: Ich kann das konkret von drei Künstlern sagen: Alf Schuler hatte eine Skulptur in Kreuzesform, die auf dem Boden lag; Martin Rosz hatte eine ganz große Arbeit, wo einer in der Ecke stand, der aussah, wie wenn er urinierte. In meinem Fall war es so, daß diese Schweißtücher auf der Erde lagen. Und das ging nicht, weil man mit Füßen hätte drauftreten können. Die Gläubigen meinten, zu einem Kunstwerk müsse man aufschauen. Und der Mann, der in die Ecke macht, paßte eben nicht in ein Gotteshaus.

Cindy Sherman: *Untitled # 216*, 1989. Die Amerikanerin reflektiert und
kritisiert die Illusionswelt alter Kunst, hier die *Madonna von
Melun*, 1450, des Jean Fouquet.

F. M.: Wie hat denn das Ganze auf Sie gewirkt? Einerseits muß es Sie doch gefreut haben, daß Sie Werner Hofmann in den Zusammenhang seiner großartigen Hamburger Ausstellung gestellt hat; andererseits wird es doch auch ermutigend gewirkt haben, daß offizielle Kirchenstellen diese Arbeit für eine Ausstellung erbaten.

D. v. W.: Ja, das hat mich gefreut. Es hat mich gereizt, eine Arbeit zurückzutragen an den Ort, wo sie eigentlich herstammte. Es ist ja der christliche Ort, von dem sie kommt. Ganz abgesehen von der Konfrontation mit der Architektur einer Kirche. [1]

Entschiedener in der Ablehnung war ein Statement des Österreichers Arnulf Rainer (geb. 1929), wenn er unmißverständlich das Verhältnis von Kunst und Kirche als Konflikt anspricht:

»Es gibt einen Konflikt, der darin liegt, daß die Kirche derzeit unfähig ist, Kunst in ihren strengen Selbstansprüchen ernst zu nehmen. Das aber muß heute jede Institution, die mit der Kunst ins Gespräch kommen will. Ich halte daher lieber Distanz zur Kirche. Das ist fruchtbarer. Die Distanz zwischen Kunst und Kirche hat doch etwas Produktives und Konstruktives. Und ich bin nicht frustriert, wenn auch die Kirche diese Distanz weiter einhält. Ich habe fast immer komische Gefühle, wenn ich mit Kirchenmenschen zusammen war. Trotzdem suche ich immer wieder diese Begegnungen, aber es gibt danach fast immer dieselbe unangenehme Betroffenheit. Statt ein Mindestmaß an Offenheit, Entfaltung und Geistesfreude zu haben, wie es etwa unter Künstlern selbstverständlich ist, begegnen einem psychisch überdurchschnittlich eingeschränkte Menschen. Nur in Distanz zu den Menschen der Kirche kann Kunst, möglicherweise auch die christliche, heute entstehen und leben. Gäbe es dabei nicht die ganz wenigen, sonderbaren, völlig unerwarteten Ausnahmen (diese sind übrigens in anderen Institutionen undenkbar), wie ich sie nach dem Krieg in Wien erlebt habe, säßen wir heute nicht hier.« [2]

Differenzierter argumentiert mit Blick auf die katholische Kirche der Vereinigten Staaten der Amerikaner Frank Stella (geb. 1936) in einem Gespräch:

F. S.: Das Problem der katholischen Kirche in den Vereinigten Staaten besteht darin, daß sie sehr bewußt den Weg zu den einfachen Leuten eingeschlagen hat, und das ist alles andere als ein intellektuell geprägter Weg. Die Kirche hat für diese Form der Popularisierung einen enormen Preis gezahlt. In der durchschnittlichen Pfarrei herrscht geradezu eine Diktatur des Proletariats. Dabei müssen die Gläubigen nicht selbst zum Proletariat gehören, sondern können durchaus aus den Mittelklassen kommen. Aber diese Art der sog. Demokratisierung der Kirche hat endgültig jede Hoffnung, daß sich der ästhetische Standard bessern könnte, zunichte gemacht. Schauen Sie, eine Gemeinde ist natürlich eine Gemeinschaft, und sie entscheidet selbst, wie groß die Kirche sein soll und wie sie aussehen soll. Die Gemeinde gibt das Geld. Das war früher anders. In der alten Kirche gab es die Hierarchie, die Kardinäle, die Bischöfe. Und die konnten z. B. sagen: Baue diese Kirche, ich zahle dir das, und dafür werdet ihr die Bilder von meinem Neffen malen lassen. So war das früher. Heute kann man keinen Druck mehr von oben machen, und überhaupt ist die heutige Hierarchie an solchen Problemen völlig uninteressiert. Es ist heute eine Sache des Geldes. Die Kunst in der Kirche ist ein einziges Geschäft. Das Geld geht zu dem Bauunternehmer; und die Leute, die in der Kirche sind, geben es. Dann machen sie diese Pseudomosaiken, diese Kitschfiguren. Das Ganze läuft jetzt seit 40 oder 50 Jahren so und ist inzwischen zur Tradition geworden. Niemand kann sie brechen. Die Gemeinden akzeptieren das. Es ist genau die Vorstellung und die Idee, die sie von der Kirche haben.

F. M.: Würden Sie sagen, daß es mehr eine Frage der sozialen Struktur ist?

F. S.: Ich glaube, es ist eine Art von ästhetischer Uninteressiertheit, auch von Unwissenheit. Was dem Volk gefällt, ist gut genug für die Kirche. So ist das. In einer gewissen Weise wollen sie ja nur reproduzierte Kunst, die aussieht wie Kunst von früher. Sie wollen nicht, daß diese Kunst etwas mit ihrem eigenen Jahrhundert zu tun hat. Dafür gibt es zwei Gründe. Einmal sind es die Künstler. Man könnte sich ja reiben an ihrer Einstellung zur Kunst! Zum anderen ist es die Architektur. Die Kirche hat mit der modernen Architektur gebrochen, als man in den USA den zeitbezogenen Baumeistern nicht erlaubte, Kirchen zu bauen. Die besseren Architekten arbeiten nicht mehr für die Kirche. Es gibt keine Chance mehr für die Besseren, weder für die Architekten, noch für die Künstler. So einfach ist das.

F. M.: Aber das ist ja nicht nur ein Problem der Kirche, sondern es ist eines der Gesellschaft. Ist es nicht so, daß die moderne Kunst insgesamt doch mehr eine Kunst für die höheren Schichten ist?

F. S.: Das wäre nicht so, wenn man die Menschen mehr angeleitet hätte. Wenn sie z. B. in einem Arbeiterviertel eine Kirche von einem guten Architekten bauen und sie nur ein wenig von guten Künstlern ausgestalten lassen, dann würden die Leute auf jeden Fall in diese Kirche gehen! Wenn die Leute wirklich an einer kirchlichen Gemeinschaft interessiert sind, an der Kirche, an der Religion, dann kommen sie zusammen, so oder so. Im übrigen gilt, daß gute Architektur für alle Leute da ist, für alle Schichten, für die mittleren, für die einfachen und die höheren. Darum ist es generell eine große Herausforderung für die Architektur, daß sie die Innenstädte gut baut. Ich sage Ihnen, mit der modernen Kunst haben Sie mehr Resonanz in der einfachen Klasse oder bei den reichen Leuten als in der Mittelklasse. In Amerika ist es die reiche Mittelklassenpfarrei, die der modernen Kunst den meisten Widerstand entgegenbringt, und ich bin sicher, daß es in Deutschland nicht anders ist. Die bürgerliche Mittelklasse ist der modernen Kunst gegenüber am meisten ablehnend eingestellt, und sie ist auch in der Lage, diesen Widerstand praktisch durchzusetzen. Sie ist cleverer und sie weiß, wie man mit Geld umgeht. Diese Leute können kämpfen, und sie gehen die Sachen hart an. Die armen Leute dagegen nehmen, was sie bekommen, und die Reichen kann man davon überzeugen, daß etwas Gutes interessant sein kann. Sie sind neuen Ideen gegenüber mehr aufgeschlossen.[3]

MENSCHENBILD – CHRISTUSBILD

Die Gespräche machten im Laufe ihrer Entstehung immer klarer, wie tief die Thematik des Christusbildes mit der des Menschenbildes verwoben ist. Vor allem war die Suche nach dem Menschenbild vielfach die Brücke, die den Künstler und den Kirchenmann miteinander verband, ja manche Frage und Antwort miteinander verwob.

Dem Theologen fiel die ungebrochen positive Wertschätzung der Person und der überlieferten Geschichte des Jesus von Nazareth bei den Künstlern auf, ja die teilweise ausgesprochene Freude am Thema. Die Gespräche waren freimütig und kreativ. Es gab keine dogmatischen Grenzziehungen, wenig dieses so eingefahrenen wie einengenden innerkirchlichen Jargons. Es war befreiend zu hören, wie hier archetypische Variationen des Jesusbildes geäußert wurden, nicht selten freilich in einer sehr vagen Anbindung an die Bibel, ja sogar in einer gewissen Scheu, nur nicht in die Fänge der kirchlichen Lehre oder in die Klammer des Wortes zu geraten. Trotzdem verloren sich die Gespräche nicht ins Beliebige. Die kirchlich-christliche Sozialisation hatte feste Begriffe und Einstellungen vermittelt. Vielfach lag jedoch eine Orientierung am traditionellen Christusbild vor oder war Bezugspunkt für eigene Wege, dem gegenüber sich andere Lösungen im jeweiligen künstlerischen Schaffen durchsetzten ... Das Christusbild erscheint jetzt in anderen Zusammenhängen, an einem anderen Horizont. Es wird in andere Verbindungen gebracht. Es war dieses Christusbild der Überlieferung, von dem sie sich im Blick auf die Bedürfnisse des heutigen Menschen und der gegenwärtigen Gesellschaft absetzten. Diese Künstler hörten vielfach andere Antworten auf die Fragen nach dem, was Christus wollte, sie fragten anders und fanden andere Auslegungen als die gängigen kirchlichen. Sie deuteten Jesu Verhalten anders und seine Lehre, ja, sie sahen eine andere Vollmacht, ohne daß dabei gleich ein dogmatischer Zeigefinger erhoben wurde oder sich Bedenken anmeldeten.

Die Gespräche liefen letztlich auf eine schöpferische Bereicherung des Christusbilds hinaus, die diese Gestalt in neue und menschennähere Bezüge brachte. Das Christusbild der zeitgenössischen Kunst ist plastischer, unmittelbarer, konkreter als das formalisierte und generalisierte der Theologie. Es riecht nach Leder, schreit in der Farbe, provoziert in der Figuration und in seiner Spannung. Vor allem aber drängt es zum verweilenden Betrachten und zum suchenden Aushalten. Wer um die eigene Not einer lebendigen Auslegung des Wortes Gottes weiß, das sich in der Gestalt Christi ausspricht, der wird viele Impulse für sein eigenes Christusbild entdecken, dem wird sich der Stachel eines befreienden Zweifels am traditionellen Christusbild nur um so tiefer ins Fleisch bohren. Aber vielleicht erfährt er dann auch die Wahrheit, die in dem Satz Alfred Hrdlickas steckt: »Alle Kunst geht vom Fleisch aus!«

Die Leidenschaft vieler Künstler für diese Erde und für die Alltagswirklichkeit des heutigen Menschen ist davon bewegt, in diesem Ausgriff das wirkliche Leben des Menschen, seine Nöte und Wünsche abzustecken. Und so greift Hrdlicka in seinem Schaffen in die blutige Erde der Verfolgung, der Unterdrückung, der Gewalt, die sich der Mensch antut, der Gewalt, die in ihm steckt, in seinen Trieben und Instinkten: Fleisch und Erde, Realität und Alltag – und begegnet gerade hier dem ›menschgewordenen Gottessohn‹: »Alle Religion geht vom Fleische aus!«, sagt Hrdlicka (geb. 1929), und zum Fleische geworden, begegnet dieser Jesus als ein ganz und gar außerordentlicher Mensch.

KUNST UND LEBEN

Um dieses Fleisch geht es auch in der Kunst. Das wurde in einem sehr komplexen Gespräch mit den beiden britischen Künstlern Gilbert & George (geb. 1943 bzw. 1942) deutlich. Was sie in ihren Fotoarbeiten abbildeten, das sei direkt aus dem Leben genommen und direkt an das Leben gebunden:

George: Wir kommen beide aus einfachen Verhältnissen und haben als Kinder gemeint, daß Kunst etwas für Akademiker ist und daß guterzogene Kinder ins Museum gehen. Es ist eine noch junge Entwicklung, daß auch normale Leute mit der Kunst in Kontakt kommen.

Gilbert: Auch in den Kirchen hingen in früheren Zeiten ganz einfache Bilder, um Jesus Christus darzustellen.

George: Die Kunst, wie wir sie heute kennen, ist ja eigentlich erst aus dem Zusammenbruch der christlichen Kultur hervorgegangen, etwa Ende des letzten Jahrhunderts. Obwohl sie inzwischen sehr elitär geworden ist, glauben immer noch viele, daß Kunst das Leben bereichert, daß sie auch einfach sein kann und hilft, das Leben anzunehmen...

F. M.: Können Sie beschreiben, wie Ihre Fotoarbeiten auf die Leute wirken? Einige zeigen doch wirklich sehr ausgelassene Situationen.

George: Wir sehen eigentlich nie die Reaktion. Wenn wir gelegentlich in einem Museum oder in einer Galerie sind, sprechen uns manchmal Leute an. Dann sehen wir, daß unsere Kunst sie berührt, sie betroffen macht.

F. M.: Es fällt natürlich schwer zu glauben, daß Sie in einer Londoner Galerie Leute aus dem Eastend antreffen.

George: Natürlich nicht. Aber es kommen oft einfache Leute zu uns, mehr als zu anderen Künstlern. Und die Galeristen sagen uns, daß die Leute auch länger bleiben.

Gilbert: Und daß eine Menge junger Leute kommen.

F. M.: Wie verstehen Sie Ihre Kunst? Gibt es für Sie ein Ziel, eine Leitvorstellung?

Gilbert: Kunst ist für uns Gottesnähe. Es ist eine Art Suche nach Gott.

George: Sie ist ein Fortschritt für die Leute, eine Verbesserung. Alle wollen die Zivilisation verbessern. Sie wollen, daß die Menschen weiterkommen.

F. M.: Es gibt eine Phase in Ihrer Arbeit, wo Sie nicht darüber reden, was die Menschen glücklich macht, sondern darüber, was sie unglücklich macht. Sie nennen es nach einem britischen Autor »human bondage«. Sie sprechen von einem schrecklichen Überfall auf die menschliche Seele.

George: Es ist eine absurde Gewohnheit der Zeit, in der wir leben: dieses verrückte Suchen nach Glück, nach Ruhe und Frieden. Mit den anderen Seiten des Lebens werden sie nicht mehr fertig. Die sind unannehmbar wie das Unglück. Alles soll rein sein, glücklich, gut und friedvoll. Wir meinen, daß das ein fürchterlicher Fehler ist, der den wahren Reichtum des Lebens verfehlt.

F. M.: Die Kunst reflektiert also das Leben?

George: Sie ist da, um das Leben zu formen.

F. M.: Was ist denn bei solcher Sicht der Kunst der Unterschied zur Religion? Fällt das für Sie nicht zusammen?

George: Kunst kann niemals die formale Kraft haben, wie sie die christlichen Kirchen hatten.

F. M.: Aber wenn Sie Kunst als einen Weg zu einer Art höherer Moral definieren, dann hat sie doch zumindest die gleiche Funktion wie Religion?

George: Wir sehen mehr die Unterschiede. Die meisten religiösen Gruppen ignorieren die Komplexität des Lebens. Sie sind so bombastisch. Das war die Kunst nie. Wir glauben, die Kirchen sind zu weit weg von der Gebrechlichkeit des Lebens.

F. M.: Bei Ihrer »Human-bondage-Serie« war das generelle Thema die Abhängigkeit.

Gilbert: Es war weniger die Abhängigkeit, es war das Unglücklichsein.

George: Wenn man unglücklich ist, kommt man in Berührung mit dieser starken Kraft in sich selbst. Wir sagen nicht, daß wir unglücklich sein wollen; wir wollen immer glücklich sein. Aber unglücklich sein macht einen Teil des Lebens aus, und das kann Teil einer Weiterentwicklung sein.

Gilbert: Es gilt, das ganze Leben zu akzeptieren, nicht nur Teile davon.

F. M.: Sie haben die Unterschiede zur Religion herausgestellt, wo liegen die Verbindungen?

Gilbert: Wohin wir auch gehen, wir haben die Religion immer bei uns.

George: Ja, und wir akzeptieren sie.

F. M.: Aber wie tun Sie es? Wie akzeptieren Sie sie?

George: Ohne Religion säßen wir nicht hier. Es gäbe keine Gesetze, keine Bank, keine Schule, keine Kirche, keine Straßen, keine Justiz, keine Ordnung – alles kommt doch von der Religion.

F. M.: Man könnte sagen, das kommt aus der Mitte der Gesellschaft, die Religion ist davon nur ein spezieller Teil. Viele Leute sind doch gar nicht an der Religion interessiert.

George: Vielleicht nicht interessiert, aber sie tolerieren sie.

F. M.: Sie sind weniger interessiert an den alten Traditionen und Mythen.

Gilbert: Aber sie hungern nach neuen Möglichkeiten, sich auszudrücken. Wir glauben, daß darum die Kunst für junge Menschen so wichtig ist.

F. M.: Ich möchte noch einmal auf theoretische Aspekte Ihrer Kunst zu sprechen kommen. Sie richten sich in Ihren Arbeiten nach dem Alltagsleben, Sie wenden sich an alle Menschen.

Gilbert: Ja, an jeden, an den Arbeiter wie an den Intellektuellen. Und ich glaube, daß gute Kunst immer das Interesse aller Menschen wecken kann.

George: Das geht auch über kulturelle Grenzen hinaus. Auch eine afrikanische Skulptur wird über alle Grenzziehungen hinaus Beachtung finden, sofern sie gut ist.

Gilbert: Kunst ist zeitlos.

F. M.: In Ihrem Alltagsbezug schauen Sie auf das Leben, und in Ihrer Arbeit spiegeln Sie das Leben: Leiden und Glück, Liebe und Trennung, Krisen und Erfolg... diese ganze Bandbreite. Die Frage ist aber doch die, ob Sie über die bloße Darstellung hinaus auch Position beziehen, ob Sie sich zu Vorlieben bekennen, ob Sie Lösungsvorstellungen haben.

Gilbert: Wir haben keinerlei Ideen im Kopf.

F. M.: Sie haben doch eine optimistische Einstellung zur Zukunft. Sie glauben, daß die Menschen eine bestimmte Entwicklung mitmachen. Dazu bekennen Sie sich zwar nicht in der Form einer Religion, aber doch durch Ihre Kunst; Kunst in einer Weise, daß sie nach neuen Perspektiven ausschaut und irgendwie das Leben reflektiert, es darstellt, es in Symbole verschlüsselt, – Kunst am Ende als eine mythologische Kraft?

Gilbert: Nein, nein. Wir geben keine Lösungen. Jeder muß seine Lösung für sich selbst finden. Und jeder muß seine eigene Interpretation finden, wenn er vor unserer Arbeit steht.

F.M.: Jede Art von Verhalten ist gebildet aus weltanschaulichen und mythischen Grundmustern, aus moralischen Vorstellungen. Wie finden Sie Ihre Lösungen?

Gilbert: Sehr langsam. Wir konzentrieren uns auf das, was uns gefällt. Was gut ist für uns.

George: Durch Leiden am Leben, durch das Leben selbst, sein Auf und Ab.

F.M.: Ihre Arbeiten sind sehr offen. Sie sind nicht eindeutig. Manchmal z.B. diese netzartige Anordnung der Bilder, diese Art Gitter, die üppigen, sehr lebendigen Farben; dann aber wieder eine große Strenge, ja Härte.

George: Härte, ja das wollen wir.

Gilbert: Und die Titel sind uns sehr wichtig. Die sollen die Arbeit verstehen helfen.

F.M.: Bei Ihren Bildern fällt seit etwa 1981/82 auf, daß sich sowohl religiöse Bezüge wie sexuelle Motive vermehren.

George: In vielen Arbeiten hängt das sehr eng zusammen. Man kann doch die Bereiche gar nicht voneinander trennen.

F.M.: Dabei stehen Formen und Symbole männlich betonter Sexualität auffallend stark im Vordergrund, so daß sie von manchen mit der homoerotischen Kunst in Verbindung gebracht werden.

Gilbert & George: Damit haben wir überhaupt nichts zu tun.

Gilbert: Das ist Sache des Betrachters. Wir jedenfalls verbinden damit nichts. Wir glauben an den Sex und nicht an eine besondere Form davon. Auf das Homosexuelle in der Kunst haben wir nie irgendein Gewicht gelegt. Wir haben keine einzige Arbeit, die etwa den Titel »Schwules Bekenntnis« oder »Warmer Bruder« trägt. Das ist überhaupt kein Gegenstand für uns. Die entsprechenden Motive haben nur eine allgemeine Bedeutung. Schauen Sie, auf unseren Bildern gibt es Blumen, die – wenn Sie wollen – befruchtet werden, aber niemand kennt sich aus, welche Blumen nun heterosexuell und welche homosexuell sind.

F. M.: Also ist das Ganze ein Mißverständnis?

George: Nein, aber ein anderes Verständnis. Wir legen darauf keinen besonderen Wert.

F. M.: Ein anderes Thema, das in Ihren Arbeiten vorherrscht, ist der jugendliche Mensch.

George: Die Jugend spielt die wichtigste Rolle.

Gilbert: Sie ist gewissermaßen das Material für das kommende Leben.

F. M.: Sie selbst werden älter – und die Zahl der jugendlichen Figuren nimmt zu.

George: Das ist sehr einfach. Wenn ein traditioneller Künstler ein Blumenbild macht, dann geht er in den Garten und pflückt sich die schönsten, nicht die verwelkten.[4]

KUNST UND RELIGION

Breitesten Raum nahm in den Gesprächen die Grenzziehung zwischen Kunst und Religion ein. Gerade aufgrund einer alten Verwandtschaft zwischen diesen beiden Formen menschlichen Sinnverstehens führte eine Neubestimmung der Kunst auch zu einer neuen Auffassung von der Religion. Und da jeder moderne Künstler die Kunst für sich versteht, folgt daraus für viele ein ganz persönliches Verständnis der Religion, beispielsweise für den Italiener Piero Dorazio (geb. 1927).

F. M.: Worin besteht für Sie der Unterschied zwischen der Religion und der Kunst?

P. D.: Ich würde sagen, die Religion reitet ein Pferd, und die

Kunst geht zu Fuß. Beide bringen Eigenschaften des Menschen zur Anwendung, die nur ihm eigen sind. Beide sind inspiriert durch eine Tugend, die Hoffnung heißt. Sie wird angeregt durch den ständigen Wandel. Er erfordert eine dauernde Anpassung, damit die Menschen überleben können. Jeder muß sich immer wieder der Welt und der Wirklichkeit anpassen. Wir leben durch die Hoffnung. Kunst und Religion leben durch die Hoffnung. Die Religion predigt die Hoffnung den Menschen, die ohne Hoffnung sind, sie lehrt sie, die Hoffnung zu entdecken, ohne die doch niemand leben kann. Sie zeigt Wege auf, wie man hoffen kann. Die Kunst tut dasselbe, aber sie benutzt dazu die Sinne, vor allem die Augen. Die Elemente der Kunst sind die einfachen Parameter des Lebens wie Raum, Schwere, Horizont, Projektionen, Linien, Parallelen, Diagonale ... Die Kunst ist eine Art Herangehen zu Fuß. Sie geht mit beiden Beinen durch eine sehr konfuse Welt der Wahrnehmung. Ihr gegenüber ist die Religion ein besser organisiertes System und arbeitet nicht mit Empfindung, sondern mit Gedanken. Sie lehrt Begriffe und ist ein Denksystem, das die Menschen zu einer bestimmten Idee der Wahrheit und der Gerechtigkeit, der Hoffnung und der Dauer führt.

F. M.: Religion ist also für Sie ein System des Denkens?

P. D.: Ja, sie gibt dem Menschen Perspektiven, Perspektiven auch für den Augenblick des Todes. Sie zeigt, wie es weitergeht. Religion übermittelt im übrigen auch das Wissen von einer Generation zur anderen. Die Kontinuität ist ihr etwas Wichtiges.

F. M.: Kunst wäre demgegenüber ein System der Sinne?

P. D.: Ein Künstler drückt ja viele Dinge aus, und doch ist er dabei nur der Überbringer und der Mittler. Er bringt eine Botschaft, welche die alltäglichen Probleme und Einschätzungen geschrieben haben, mit denen wir umgehen müssen, die es für eine bessere Welt heute und morgen anzuwenden gilt ...

F. M.: Wie sehen Sie die tieferen Verbindungen zwischen Kunst und Religion? In Ihrem Werk finden sich eine Reihe von Bildern von außerordentlich meditativer Tiefe. Sie konzentrieren Kräfte und fordern den Betrachter zur Konzentration heraus.

P. D.: Ja, diese Dinge sind mir sehr wichtig. Das macht die Berufung des Menschen aus, daß er eine gewisse Würde gewinnt, eine persönliche Sicherheit, ohne dabei arrogant zu werden. Er muß sich als Körper und Geist zugleich entdecken und verhalten. Und damit er dessen gewahr wird, muß er meditieren. Er muß darüber nachdenken, wo er steht und wer er ist. Wenn man ein abstraktes Bild betrachtet, kommt man um diese Frage nicht herum. Gauguin hat einmal die Frage formuliert: Wo kommen wir her? Wer sind wir? Wohin gehen wir? Es klingt ein bißchen seltsam, aber alle moderne Kunst befaßt sich mit diesen Fragen. Ich meine zudem, Gauguin sei einer der mystischsten Künstler unserer Zeit, und das, obwohl seine Bilder sehr sinnenhaft sind. Inmitten von größter Profanität kann es sehr spirituell zugehen.[5]

Auf seine Weise nüchtern und pragmatischer, zugleich aber auch radikaler als Künstler sieht es Frank Stella.

F. M.: Gibt es Beziehungen zwischen Religion und Kunst?

F. S.: Ich glaube nicht. Man hat von der »großen religiösen Malerei« gesprochen, aber sie hatte keinen großen Einfluß auf religiös empfindende Menschen. Sie hat allenfalls gewisse Künstler berührt. Diese waren dadurch tiefer in die Religion selbst eingedrungen. Doch waren es die anderen, die die Kirchen dekoriert haben.

F. M.: Was heißt das für Sie, »tiefer« in die Religion eindringen?

F. S.: Als Künstler arbeiten. Sehen Sie, Raphael war sicher nicht besonders religiös. Der eine ist halt ein wenig sentimentaler als der andere. Raphael war auch nicht sentimental, er war ziemlich zynisch. Michelangelos Sicht ist sicher nicht unreligiös, aber er hat sehr viel von seinem eigenen Leben und seinen persönlichen Ansichten in seine Arbeiten gegeben, was nicht viel mit der Kirche zu tun hat. Doch die Kirche lebt mit seiner Kunst. Michelangelo hat nicht sehr viel zu tun mit dem Dogma der Kirche, allenfalls mit seiner Version davon. Wer weiß, vielleicht hat auch die Kirche keine Sicht von ihrem eigenen Dogma; sie ist ja nicht einmal in der Lage, uns ein Bild davon zu geben. Es kann sogar sein, daß viele von uns Michelangelos Version davon angenommen haben und nicht die der Kirche.[6]

Ein anderer Zugang zur Religion stellt für manchen Künstler die Praxis des alltäglichen Schaffens dar, das stark mit Entbehrung, Askese und der Not vor dem künstlerischen Begreifen einhergeht. In dieser Arbeitsdisziplin sieht der ostdeutsche Künstler Gerhard Altenbourg (1927–1989) einen Weg in die Religion.

F. M.: Wenn ich Ihren Bildern nachgehe, komme ich vom Bild zum Wort, vom Wort zur Wissenschaft, von der Wissenschaft ins allgemeine Fragen und Reflektieren, manchmal sogar zu einem frommen Verweilen. Aber das, worum es am Ende insgesamt geht, ist das Leben, das menschliche Leben als Geheimnis, als Tiefe, als Vision. Und in all dem liegt ein radikales Ringen, die ganze Komplexität dieser Welt zu erfassen.

G. A.: Ich würde das sogar sehr persönlich sagen: Ich arbeite, um mich zu begreifen, d. h. ich setze etwas außerhalb meiner selbst, um daran zu begreifen, was sich außerhalb meiner selbst für mich aufschließt. Ich will begreifen, nachdem ich begriffen habe, daß das Leben nicht zu umgreifen ist. Denn wenn ich es umgreife, verschwindet es. Es entzieht sich. Die schlimmste Erfahrung ist, daß sich alles beim Betasten entzieht. Darum ist das Entscheidende, es im Unwägbaren zu belassen. Ich kann keine Erfahrung durch Experimente machen, wie Goethe das naturwissenschaftlich versuchte. Jedes Experiment ist ja schon vorprogrammiert. Wir können uns der Natur nur nähern, indem wir sie nicht vorprogrammieren. Alle unsere Wissenschaft ist ein Experiment, um etwas zu erzielen. Ich habe aber begriffen, daß dies das Allerschlimmste ist: wir können nichts umgreifen. Da kommen wir nur wieder zu der Einsicht, daß die Dinge uns fremd sind. Wir können sie nicht in unser Herz, in unsere Seele, in uns hineingeben. Daher die Kunst des Wartens. Ich muß warten, mich ergreifen lassen, daß ich ein Ergriffener werde. Daher mein Lebensstil: der ist zurückgezogen. Ein Warten auf Anwesenheit und Verwandlung.

F. M.: Aus dem, was Sie formulieren, spricht für mich ein starkes religiöses Weltempfinden, der Bezug zu etwas, das sich einem gleich entzieht, wenn man es zu fassen sucht, und dem man nur in Ehrfurcht, in Scheu, in offener Hingabe gegenübertreten kann.

G. A.: Gott kann man sich nicht nähern. Man muß sich umwenden, weil er so feurig ist. Es kam einmal eine Frau zu mir, die erzählte, sie mache Yoga-Übungen. Und ich sagte zu ihr: »Erfüllen Sie denn auch alle 8 oder 13 Yoga-Gebote? Eine der Bezähmungen ist doch die absolute Enthaltsamkeit von allen sexuellen Bildern und Tätigkeiten.« Da meinte sie, sie nähme das nicht so streng. Die Strenge ist aber die Grundlage des Yoga.

F. M.: Askese und Disziplin sind Wege zur Mystik und zum inneren Schauen.

G. A.: Die Menschen von heute kommen bei einem halben Satz schon mit der Kritik. Ich kann aber nur etwas wirklich erfahren, wenn ich es erst einmal kritiklos auf mich wirken lasse.

F. M.: Sie sind als Pastorensohn im evangelischen Christentum aufgewachsen. Trotzdem haben Sie manche katholische Einstellung. Haben sich für Sie die konfessionellen Grenzziehungen verschoben?

G. A.: Ich lese sowohl katholische, protestantische wie freikirchliche Literatur. Bei einem Menschen wie Bonhoeffer ist es mir gleichgültig, ob er Protestant oder Katholik war. Natürlich ist mir auch Barth sehr nahe.

F. M.: Sie sind ein Mensch, der große Extreme miteinander zu verbinden weiß. Einmal voll durchdrungen von den Chancen und Grenzen des Wissens, der Freiheit, der Kultur, und dann wieder – ich möchte fast sagen – »konservativ«, durchdrungen von der Gesamtschau der Dinge. In Annäherung und Distanz leben Sie in einem ebenso ausdrücklichen wie offenen Ordo-Bezug.

G. A.: Das hat ja sogar ein Kritiker geschrieben: Ich wäre im Gegensatz zu den phantastischen Wienern oder auch zu den anderen in der Bundesrepublik einer von denen, die noch das Ganze sehen. Und das ist für mich eine wesentliche Feststellung. Denn das Bindungslose, das ist mir deswegen zuwider, weil es ursächlich diese Auflösung mit nach vorne gerufen hat. Ich würde ohne diese Auflösungen sicher große Schwierigkeiten haben. Ich würde mit meinem Denken in einer engen Gemeinschaft überall anecken, genauso wie die Mystiker überall angeeckt sind. Eckhart und Suso oder Paracelsus, der Arzt. Ich bin ein vollkommen heutiger Mensch, aber mit den Bindungen an das Ganzheitliche. Und ich kam und komme von weither, aufgehoben in dem, was war, in Anwesenheit.[7]

Religion wie Kunst sind nur bei angestrengtem Mühen fruchtbar. Beider Kern ist auch für den Polen Roman Opalka (geb. 1931) das permanente Ringen und Suchen. Nur dann stelle sich ein Begreifen der Welt und ihrer Rätsel ein:

F.M.: Ich glaube, daß Sie in einer sehr konsequenten Weise Ihr Leben leben, mit einer sehr starken inneren Disziplin und auch einer starken Treue zu sich selbst und zu Ihrer Entscheidung. Wenn Sie ein solches Bild machen, dann ereignet sich doch für Sie nicht nur Spannung, sondern ich möchte fast meinen, so etwas wie meditatives Ergreifen von Wirklichkeit.

R.O.: Ja, eine Art Mystik, sicher. Diese Mystik kommt natürlich von Religionsaspekten, die zum Menschen gehören. Sie haben immer die Idee von Gott weitergetragen. Auch die Primitivsten haben sich schon die Frage nach Gott gestellt. Sie haben verschiedene Religionen, verschiedene Strukturen gebaut. Das Denken über Gott war da. Wenn ich aber heute in die Kirche gehe, kann ich nicht mehr so bewegt fühlen, wie ich es in meiner Arbeit bin. Das Religiöse ist bei mir viel stärker, wenn ich vor meinen Details stehe, als wenn ich in einer Kirche bin. Heute ist die Kirche ästhetisch leider sehr kritisch geworden. Ich glaube, daß die Kunst eine große Chance hat, die Menschen, die eine Beziehung zur Mystik haben, tiefer zu verstehen. Die Kunst kann den Menschen und vielleicht auch Gott besser verstehen.

F.M.: Man könnte also sagen: Darin kommen Kunst und Religion überein, daß sie versuchen, auf spezifische Weise das Leben und die Welt und den Menschen, seine Freiheit und seine inneren und äußeren Dimensionen zu begreifen und in eine Gestalt zu bringen. Und Sie als Mann der Kunst haben in Ihrer Kunst und in einer bestimmten kunstgeschichtlichen Tradition ein mystisches oder kontemplatives Niveau geschaffen, d.h. Sie haben eine bestimmte Form der Konzentration, auch der Erfahrung, der Qualität. Und Sie finden in Ihrer Malerei nicht nur die Antworten auf Ihre Fragen, sondern zugleich auch die Wege, die Unbegreiflichkeit und die Grenzen auszuhalten.

R.O.: Ich lebe nicht in einem Kloster, ich habe nicht meine Schlüssel zum Fenster hinausgeworfen. Ich weiß nur, daß wir begrenzt sind. Unser Raum im Sinn von Kosmos ist unendlich, unser kosmisches Programm ist phantastisch, und trotz allem sind wir begrenzt durch unsere Zeit. Das ist das Problem: Zeit als unsere Grenze zu zeichnen.

F.M.: Viele religiöse Gedanken erreichen heute den Menschen nicht mehr, weil sie nicht so formuliert werden, daß sie dem heutigen Menschen gerecht werden. Die Kunst ist vielfach an die Stelle getreten, an der früher die Religion gestanden hat, und versucht also jetzt, auf ihre Weise diese Grenzen aufzuzeigen.

R.O.: Die Kunst ist nur eine Möglichkeit, einen Weg zu neuen Synthesen von dem zu finden, was der Mensch Gott nennt. Ich weiß, was wir benennen wollen, wenn wir »Gott« sagen, aber ich weiß auf diese Weise nicht, wer und was Gott ist. Wir müssen versuchen, dieses Interesse für Gott wachzuhalten, denn durch die Technologie unserer Zeit steht der Mensch in der Gefahr, sich zu verlieren.

F.M.: Die Religionen der Menschheit haben, wie die Kunst, immer in einer starken gegenseitigen Befruchtung gestanden. Sie haben eigentlich an demselben Ziel gearbeitet. Heute aber gehen Kunst und Religion getrennte Wege. Sehen Sie für die Religion noch eine Funktion in der modernen Gesellschaft? Oder wird auf Dauer die Kunst ihre Stellung übernehmen?

R.O.: Ich glaube, es wäre wieder eine Illusion zu sagen, die Kunst wird das schaffen. Die Kunst hat einen kommerziellen Aspekt. Dazu braucht man eine Alternative. Die Situation in der heutigen Kirche ist dadurch, daß wir sehr kritisch geworden sind, besonders schwierig. Wir haben diese Kritik von außen in die Religion hineingetragen, aber sie hat sich natürlich auch selbst einer

Eduardo Chillida: *Hommage à Juán de la Cruz*, 1993. In großen Filz-Gravitationen
gestaltet der baskische Bildhauer sein hermetisches Triptychon
im Altarraum von Sankt Peter Köln.

modernen Kritik unterzogen, und das ist auch beim Kommunismus in den freien Ländern passiert. Die Kirche hat sich in unserer Gesellschaft selbst reduziert. Aber Religion ist wichtig für den Menschen. Der Mensch muß suchen und tasten. Er kann nicht alles wissen, und was er sucht, wird er nicht finden. Aber das Suchen ist ein Weg zu dem, was unsere Mystik in Zukunft sein kann.[8]

Schließlich ist der Katalane Antoni Tàpies (geb. 1923) als Künstler zugleich ein Anwalt einer erneuerten Religion. Diese müsse aber die bestehenden Systeme und Konfessionen überwinden. Hier vertritt er eine Auffassung, die auf ihre Weise etliche andere Künstler formuliert haben, etwa Joseph Beuys oder Gotthard Graubner. Sie sehen die Religion unabhängig von ihren dogmatischen Voraussetzungen vor allem als eine Kultur des menschlichen Suchens und Fragens nach Einheit und Zusammenhang der Welt und des menschlichen Sinns. Freilich ist dieses Anliegen in der alten theologischen Position einer »fides, qua creditur«, also eines Glaubens, dem es mehr um das Wie als um das Was geht, zu erinnern. Nicht von ungefähr begegnen in diesem Zusammenhang daher stets die Namen Lao Tse, Raimundus Lullus oder Meister Eckhart.

F. M.: Ich glaube, der Schlüssel zu Ihrem Werk liegt im Geist der Stille, des Schweigens, der Kontemplation. Mich wundert, daß Sie sich als Agnostiker bezeichnen, weil Sie doch ein Mann einer ausgesprochen hohen meditativen Kultur sind. Ist das nicht ein Widerspruch? Wo liegen die Quellen für Ihre Meditation?

A. T.: Ich glaube, das religiöse Gefühl gehört nicht exklusiv zu einer bestimmten religiösen Konfession. Es ist ein allgemein menschliches Gefühl, das jeder besitzen kann. Man kann es religiös nennen, auch wenn man nicht an ein Dogma irgendeiner Religion glaubt. Ich kenne durchaus einige Religionen, die sich sehr gut an die Mentalität der Moderne und die Bedürfnisse unserer Zeit anpassen; dazu gehören besonders einige Religionen des Fernen Ostens. Ich hänge persönlich keiner Religion an. Selbst wenn ich eine konkret wählen würde, dann nicht das Judentum und nicht das Christentum und schon gar nicht den Katholizismus. Ich würde mich dann schon eher dem Buddhismus anschließen und vor allem jener Mischung, die er mit dem chinesischen Humanismus eingegangen ist, dem japanischen Zen. Dort würde ich mich am ehesten aufgehoben fühlen. Es gibt also sehr wohl eine Quelle für meine meditative Einstellung, und es gibt ferne geistige Wurzeln, die man in der Tat religiös nennen könnte, obgleich es sich natürlich um eine weltliche und säkularisierte Form von Religion handelt. Der Zen glaubt kaum an irgendwelche Inhalte, nicht an Buddha, nicht an irgendwelche Schriften und selbstverständlich nicht an Gottheiten.

F. M.: Es gibt tatsächlich so etwas wie eine natürliche Religion, unabhängig von Kulturen und konkreten Konfessionen. Und es könnte sogar sein, daß die westliche Kultur im Gegensatz zu dieser Art von Religion steht, ja daß sogar abendländisch geprägte Religionen mit ihrer Tendenz zur Rationalisierung und Systematisierung dieses natürlich-religiöse Element unterdrücken und transformieren.

A. T.: Ja, sicher, diese natürliche Religion antwortet eher auf menschliche Gefühle, und diese gehören nicht exklusiv den Religionen...

F. M.: Obwohl Ihre Kunst eine kritische Einstellung gegenüber der überkommenen westlichen Kultur hat, zielt sie doch auf Erweiterungen, Bewußtseinserweiterungen. Worauf zielt sie konkret?

A. T.: Das Ziel ist vage und allgemein. Vielleicht könnte ich sagen, ich versuche, den Betrachter zur Reflexion und zur Meditation zu bringen, damit er zu einem höheren Bewußtsein und zu einem tieferen Wissen um die Wirklichkeit gelangt. Das ist mein Anspruch. Ich trachte zu einer tieferen Erkenntnis der Wirklichkeit zu gelangen, um auf diese Weise ein besseres Handeln im Alltag und ein größeres gesellschaftliches Engagement für Gerechtigkeit zu ermöglichen...

F. M.: Die Kunst heute gewinnt einen immer zentraleren Stellenwert. Das hängt meiner Ansicht nach unter anderem auch damit zusammen, daß die alten Religionen immer mehr an Bedeutung verlieren. Ist Kunst eine Art Religionsersatz?

A. T.: Ja, ich meine schon. Das ist auch der Grund, warum die Kirche voll in die Verteidigung gegangen ist. Es paßt ihr ganz und gar nicht, daß wir in ihre Bereiche eindringen.

F. M.: Also ganz im Sinne von Walt Whitman, den Sie einmal zitieren, wenn er davon redet, daß der Priester verschwindet und der Maler kommt. Glauben Sie, daß die klassischen westlichen Religionen verschwinden?

A. T.: Nein, nein. Ich glaube, es geht nicht um das Sein oder Nichtsein von Religion. Es handelt sich vielmehr um den Inhalt von Religion. Die Religiosität ist ein Phänomen, das es nach meiner Ansicht immer geben wird. Das steckt schon in der ursprünglichen Wortbedeutung von Religion: daß wir uns bezogen fühlen auf bestimmte Kräfte. Wir fühlen uns in einer »re-ligio«, d. h. bezogen und verbunden mit Kräften außerhalb von uns. Wir sind eben mit dem ganzen Kosmos verbunden. Ich glaube, ein solches Gefühl werden alle Menschen zu jeder Zeit haben. Etwas locker gesagt: der religiöse Geist gehört nicht exklusiv den etablierten Religionen![9]

Eine offene Auseinandersetzung mit den Bereichen der Kultur – hier exemplifiziert an der Begegnung mit der bildenden Kunst – birgt für die Theologie zwei Chancen: sie macht fähig zur Wahrnehmung anderer Inhalte, und sie befreit zu einer Intensivierung der Wahrnehmung selbst.

Eine offene Beziehung geht aus von der Begrenztheit der eigenen Wahrnehmung. Sie ist betroffen von Lebensfragen, zu deren Beantwortung die eigenen Erfahrungen und das eigene Wissen nicht ausreichen. In einer Zeit, in der das Spezialwissen vorherrscht, ist dies leicht einsehbar. Eine Kirche von heute kann sich eben in ihrer erzieherischen und pädagogischen Arbeit nicht nur auf ihre Theologie, sondern sie muß sich auch auf die Ergebnisse entsprechender Detailwissenschaften stützen. Das bedeutet nicht, die Theologie zu verabschieden, denn sie ist als Allgemeinwissenschaft weit mehr in der Lage, verschiedene Einzelaspekte miteinander zu verbinden, als das die speziellen, zumal die empirischen Wissenschaften können.

Es muß aber über diese – übrigens sehr traditionelle – Aufgabe der Theologie auch die Kommunikation mit den anderen Reflexions- und Allgemeinwissenschaften führen, mit der Soziologie, der Philosophie, der Pädagogik, der Anthropologie, der Literatur- und Kunstwissenschaft. Und dieser Kontakt geschieht mehr, als es vielleicht bekannt ist. Doch diesen Wissenschaften liegen praktische Bereiche zugrunde: Sozialarbeit, Lebensberatung; das Verfassen von literarischen Texten und eben das bildnerische Tun. Die Erziehungswissenschaften vermitteln ein anderes Lebensbild des Jugendlichen als die praktische Sozialarbeit, die Psychologie wieder ein anderes Bild von den psychischen Lebensbedrohungen als die praktische Lebensberatung, und die bildende Kunst ein anderes Menschenbild als die Kunstwissenschaft, die ja doch nur gleich wieder das Bild versprachlicht. Die Komplexität der Aspekte, die konkrete Form, die verschiedene Bereiche zusammenbringt, muß unmittelbar, ohne das Wort der Interpretatoren, erfahren werden, die zuweilen mehr ver-klären als erklären. Es geht nicht darum, ein Plädoyer für die Kunst im allgemeinen zu halten: es geht darum, das konkrete künstlerische Werk selbst hinzuhalten und auszuhalten. Es geht um Begegnung, um unmittelbare Erfahrung, um Praxis. Wer sich ihr aussetzt, wird betroffen von den Niederschlägen anderer Erfahrung, begegnet Erfahrung. Und der Theologie täte es gut, solche Betroffenheiten einmal schweigend auszuhalten, ohne ihrer notorischen Neigung zu Kommentierung, Sezierung, Theoretisierung nachzugehen. Worte machen kann eine Flucht sein. Doch daß Betroffenheiten im Nachgang auch reflektiert sein wollen, ist keine Frage. Nur, Reflexion ist ein Wieder-Hinsehen, ist etwas Sekundäres.

Die begegnende Auseinandersetzung mit der bildenden Kunst ist nicht nur eine thematische Bereicherung, sondern ist selber eine Schule der Erfahrung. Sie verweist den Betrachtenden von der Ebene des Wortes und der begrifflichen Reflexion zur Schau. Gerade in der christlichen Spiritualität ist es ein alter vertiefender Weg, von der diskursiven Betrachtung zur inneren Schau der Dinge zu gelangen. Ignatius von Loyola wird in seinem Exerzitienbuch nicht müde, diesen Weg immer wieder anzumahnen und anzuregen. Er geht dabei den Weg über die Anwendung der Sinne, er will den geistlichen Gedanken ganz ins Körperliche hineinholen, um ihn – durch den Körper durchgezogen – zur eigentlichen Visio, zur inneren Schau der Dinge zu führen. Erst hier kann es zum Erspüren der inneren Wahrheit kommen, und erst von hier kann der Mensch sich zurechtbringen und zu der Entscheidung kommen, von der die Wahrheit seines Lebens und seiner Geschichte abhängt, – eine Einsicht, die Ignatius in Manresa zur Erfahrung geworden ist.[10]

Anhang

Anmerkungen

VORWORT

1 Thomas Merton, *Verheißungen der Stille*. Luzern/Stuttgart 1963, S. 132 f.
2 Ebd., S. 137.
3 Ebd., S. 139.

MYTHOS – KUNST – RELIGION

1 *Theologisches Wörterbuch zum Neuen Testament*, Bd. 4, Stuttgart 1942, S. 769–803.
2 Manfred Frank: *Der kommende Gott. Vorlesungen über die Neue Mythologie I*, Frankfurt/M. 1982, S. 110 f.
3 Max Weber: *Gesammelte Aufsätze zur Wissenschaftslehre*, Tübingen 1986, S. 610.
4 Wolfgang J. Mommsen: »Rationalisierung und Mythos bei Max Weber«, in: Karl Heinz Bohrer (Hg.): *Mythos und Moderne. Begriff und Bild einer Rekonstruktion*, Frankfurt/M. 1983, S. 398.
5 Leszek Kolakowski: *Die Gegenwärtigkeit des Mythos*, München ³1984, S. 136.
6 Ernst Cassirer: *Philosophie der symbolischen Formen*, 3 Bde., Berlin 1925–1929.
7 Ebd., Bd. 2, S. 47 f.
8 A. Horstmann: »Mythos, Mythologie«, in: *Historisches Wörterbuch der Philosophie*, hg. von Joachim Ritter und Karlfried Gründer, Bd. 6, Darmstadt 1984, Sp. 302.
9 Heinz Paetzold: »Mythos als symbolische Form. Zu Ernst Cassirers philosophischer Deutung des Mythos«, in: *Neue Zeitschrift für systematische Theologie und Religionsphilosophie* 25 (1983), S. 241.
10 Paul Tillich: »Mythos und Mythologie«, in: Ders: *Gesammelte Schriften*, Bd. 5, Stuttgart 1964, S. 189.
11 Ebd.

12 Ebd., S. 189.

13 Ebd., S. 191.

14 Johannes Heinrichs: *Reflexionstheoretische Semiotik*, 2 Bde., Bonn 1980–1981.

15 Johannes Heinrichs: *Mystik, Logos, Mythos*, Vortragsmanuskript 1982.

16 Johannes Heinrichs: »Handlung – Sprache – Kunst – Mystik. Skizze ihres Zusammenhangs in einer reflexionstheoretischen Semiotik«, in: *KODIKAS/CODES Ars Semiotica* 6 (1983), S. 258.

17 Heinrich Schlier: »Das neue Testament und der Mythus«, in: Ders.: *Besinnung auf das Neue Testament. Exegetische Aufsätze und Vorträge*, Freiburg 1964, S. 83.

18 Rudolf Bultmann: »Mythos und Mythologie im Neuen Testament«, in: *Religion in Geschichte und Gegenwart. Handwörterbuch für Theologie und Religionswissenschaft*, hg. von Kurt Galling, Bd. 4, Tübingen ³1960, Sp. 1278.

19 Rudolf Bultmann: »Das Problem der Entmythologisierung«, in: Ders.: *Glauben und Verstehen. Gesammelte Aufsätze IV*, Tübingen 1965, S. 133.

20 Die Diskussion um Bultmanns Entmythologisierung ist außerordentlich umfangreich geworden. Siehe dazu den Überblick in der Textedition, von Franz Schupp: *Mythos und Religion. Der Spielraum der Ordnung*, Düsseldorf 1976, S. 62 f.

21 Hermann Timm: »Remythologisierung? Der akkumulative Symbolismus im Christentum«, in: Bohrer, Mythos und Moderne, a. a. O., S. 435.

22 Heinrichs, Handlung – Sprache – Kunst – Mystik, a. a. O., S. 258.

23 Schlier, Das Neue Testament und der Mythus, a. a. O., S. 89 f.

24 Heinrich Fries/Hans Georg Gadamer: »Mythos und Wissenschaft«, in: F. Böckle (Hg.): *Christlicher Glaube in moderner Gesellschaft*, Bd. 2, Freiburg 1981, S. 39.

25 Paul Tillich: »Die Kategorien der Religion«, in: Ders.: *Gesammelte Schriften*, Bd. 1, Stuttgart 1959, S. 353 f.

26 Emile Durkheim: *Die Regeln der soziologischen Methode*, hg. und eingeleitet von René König, Neuwied 1961, S. 115.

27 Max Weber: *Wirtschaft und Gesellschaft. Grundriß einer verstehenden Soziologie*, Tübingen ⁵1972, S. 6.

28 Arnold Gehlen: *Anthropologische Forschungen. Zur Selbstbegegnung und Selbstentdeckung des Menschen*, Reinbek b. H. 1961, S. 111.

29 Ebd., S. 142.

30 Max Weber, Wirtschaft und Gesellschaft, a. a. O., S. 1. In der folgenden Entfaltung des Begriffs ›Wissen‹ halte ich mich an die Wissenssoziologie von Thomas Luckmann und Peter L. Berger. Peter L. Berger/ Thomas Luckmann: *Die gesellschaftliche Konstruktion der Wirklichkeit. Eine Theorie der Wissenssoziologie*, Frankfurt/M. 1969.

31 Immanuel Kant: *Kritik der reinen Vernunft*, B132. Nähere Ausführungen zu diesem Zusammenhang finden sich bei Johannes Heinrichs: »Der Ort der Metaphysik im System der Wissenschaften bei Paul Tillich. Die Idee einer universalen Sinnhermeneutik«, in: *Zeitschrift für Katholische Theologie* 92 (1970), S. 249–286.

32 Thomas Luckmann: »Religion in der modernen Gesellschaft«, in: Jakobus Wössner (Hg.): *Religion im Umbruch. Soziologische Beiträge zur Situation von Religion und Kirche in der gegenwärtigen Gesellschaft*, Stuttgart 1972, S. 5.

33 Peter L. Berger: *Zur Dialektik von Religion und Gesellschaft. Elemente einer soziologischen Theorie*, Frankfurt/M. 1973, S. 165 ff. Friedhelm Mennekes: »Zur Bildung soziologischer Religionsbegriffe«, in: *Stimmen der Zeit* 102 (1977), S. 526–540.

34 Thomas Luckmann: *Das Problem der Religion in der modernen Gesellschaft. Institution, Person, Weltanschauung*, Freiburg 1963, S. 36.

35 Gottfried Boehm: »Mythos als bildnerischer Prozeß«, in: Bohrer, Mythos und Moderne, a. a. O., S. 528.

36 Hans Georg Gadamer: »Mythos und Vernunft«, in: Ders.: *Kleinere Schriften*, Bd. 4, Stuttgart 1977, S. 53.

37 Thomas Luckmann: »Zwänge und Freiheiten im Wandel der Gesellschaftsstruktur«, in: Hans Georg Gadamer/Paul Vogler (Hg.): *Sozialanthropologie* (Neue Anthropologie Bd. 3) Stuttgart 1972, S. 188.

38 Zitiert in: Erika Billeter (Hg.): *Mythos und Ritual in der Kunst der siebziger Jahre*, Zürich/Hamburg (Kunsthaus Zürich und Kunstverein Hamburg) 1981, S. 14. Wichtig in diesem Zusammenhang ist Roland Barthes: *Mythen des Alltags*, Frankfurt/M. 1964.

39 Harald Szeemann: »Individuelle Mythologie«, in: Ders.: *Museum der Obsessionen*, Berlin 1981, S. 88.

40 Ebd., S. 92.

41 Ebd., S. 88.

42 Bazon Brock: »Mythos als Aufklärung«, in: Annelie Pohlen (Hg.): *Zeichen und Mythen. Orte der Entfaltung*, Köln 1982, S. 27.

43 Boehm, Mythos als bildnerischer Prozeß, a. a. O., S. 531.

44 Joseph Beuys im Gespräch mit Friedhelm Mennekes, in: Franz Joseph van der Grinten/Friedhelm Mennekes: *Menschenbild – Christusbild. Auseinandersetzungen mit einem Thema der Gegenwartskunst*, Stuttgart ² 1985, S. 105.

45 Ebd., S. 106.

46 Martin Buber: »Ich und Du«, in: Ders.: *Werke*, Bd. 1, München 1962, S. 114.

KONTEMPLATIVE FORMEN KÜNSTLERISCHEN WELTVERSTEHENS

1 Peter L. Berger/Thomas Luckmann: *Die gesellschaftliche Konstruktion der Wirklichkeit. Eine Theorie der Wissenssoziologie*, Frankfurt/M. 1969.

2 Thomas Luckmann: *Das Problem der Religion in der modernen Gesellschaft. Institution, Person, Weltanschauung*, Freiburg 1963, S. 36.

3 Friedhelm Mennekes: »Zur Bildung soziologischer Religionsbegriffe«, in: *Stimmen der Zeit* 102 (1977), S. 537 ff.

4 Jürgen Moltmann: *Gotteserfahrung. Hoffnung, Angst, Mystik*, München 1979, S. 60 f. Mit Moltmann berührt sich im übrigen auch die hier vorgenommene begriffliche Abgrenzung zwischen Konzentration, Meditation, Kontemplation und Mystik. Auf die Wichtigkeit, zwischen meditativer Erfahrung und einer Reflexion derselben zu unterscheiden, hat übrigens auch Karl Rahner hingewiesen: »Eine christliche Theologie ist immer darauf angewiesen, daß ein unaufhebbarer Unterschied besteht zwischen ursprünglicher Transzendenzerfahrung (als ›natürlicher‹ und als durch die gnadenhafte Selbstmitteilung Gottes auf Unmittelbarkeit hin radikalisierter) einerseits und der vergegenständlichenden und verbalisierenden Reflexion auf diese Transzendenzerfahrung andererseits.« (»Transzendenzerfahrung aus katholisch-dogmatischer Sicht«, in: *Schriften zur Theologie*, Bd. 13, Köln 1980, S. 211).

5 Alle folgenden Zitate entstammen Gesprächen, die der Autor mit den Künstlern geführt hat.

6 Vgl. dazu Hugo Rahner: »Die Grabschrift des Loyola. Non coerceri maximo, contineri tamen a minimo divinum est«, in: *Ignatius von Loyola als Mensch und Theologe*, Freiburg 1964, S. 422–440.

7   Siehe dazu Friedhelm Mennekes: »Der Gott, der Leben gibt. Psalm 73«, in: ders.: *Psalmen deuten die Wege des Lebens*. Mit Zeichnungen von Herbert Falken, Stuttgart 1986, S. 61–81.

8   Hans-Urs von Balthasar: »Zur Ortsbestimmung christlicher Mystik«, in: Ders.: *Pneuma und Institution. Skizzen zur Theologie*, Bd. 4, Einsiedeln 1975, S. 298–324.–40

9   Friedhelm Mennekes: »Religiöse und künstlerische Sinnfindung in der modernen Gesellschaft«, in: Franz Joseph van der Grinten/Friedhelm Mennekes: *Menschenbild – Christusbild. Auseinandersetzungen mit einem Thema der Gegenwartskunst*, Stuttgart ² 1985, S. 279–290.

10 Siehe dazu August Brunner: *Der Schritt über die Grenze. Wesen und Sinn der Mystik*, Würzburg 1972. Fritz-Dieter Maaß: *Mystik im Gespräch. Materialien zur Mystik-Diskussion in der katholischen und evangelischen Theologie Deutschlands nach dem Ersten Weltkrieg*, Würzburg 1972.
    Heinrich Dumoulin: *Östliche Meditation und Christliche Mystik*, München 1966.

11 Th. Ohm: »Mystik«, in: *Lexikon für Theologie und Kirche*, Bd. 7, Freiburg 1962, Sp. 732.

12 L. Richter u. a.: »Mystik«, in: *Religion in Geschichte und Gegenwart*, Bd. 4, Tübingen 1960, S. 1238.

13 Ebd.

14 Balthasar, Zur Ortsbestimmung christlicher Mystik, a. a. O., S. 304.

15 Zur Diskussion der Transzendentalien und ihrer Bedeutung für die Ästhetik vgl. Johannes B. Lotz: *Ästhetik aus der ontologischen Differenz. Das An-wesen des Unsichtbaren im Sichtbaren* (Münchener Philosophische Studien Bd. 16), München 1984.

DER ZWEIFEL IM BILD

1   Karl Rahner: »Warum Christ bleiben«?, in: Karl Lehmann und Albert Raffelt (Hgg.): *Rechenschaft des Glaubens. Karl Rahner-Lesebuch*, Freiburg 1979, S. 19 f.

2   Paul Tillich: *Systematische Theologie*, Bd. II, Stuttgart 1973, S. 83.

3   Gerhard Ebeling: *Wort und Glaube*, Bd. II, Tübingen 1969, S. 167.

4   Francis Bacon 1985 im Gespräch mit dem Autor. Vgl. Friedhelm Mennekes und Johannes Röhrig: *Crucifixus. Das Kreuz in der Kunst unserer Zeit*, Freiburg 1994, S. 38.

5 Emile M. Cioran: *Vom Nachteil, geboren zu sein*, Frankfurt/M. 1979, S. 2.

6 Henri Bremond: *Das wesentliche Gebet*, Regensburg 1936, S. 208.

7 Emile M. Cioran: *Lehre vom Zerfall*, Stuttgart 1979, S. 168 f.

8 Ebd., S. 45.

9 In einem Brief an den Autor im September 1984. Vgl. Friedhelm Mennekes: *Arnulf Rainer. Weinkreuz*. Kunst-Monographie, Frankfurt/M. 1993, S. 67 f.

10 Josef Ratzinger: *Einführung in das Christentum*, München 1968, S. 24.

FRAGMENTIERUNG DES MENSCHLICHEN

1 David Sylvester: *Gespräche mit Francis Bacon*, München 1982, S. 77.

2 Ebd., S. 61.

3 Ebd., S. 56.

4 Ebd., S. 135.

5 Ebd., S. 91 und 135.

6 Ebd., S. 135.

7 Ebd., S. 63.

8 Ebd., S. 83.

9 Günter Dux: »Ursprung, Funktion und Gehalt der Religion«, in: *Internationales Jahrbuch für Religionssoziologie* 8 (1973), S. 60.

10 Sylvester, Gespräche, a. a. O., S. 124.

11 T. S. Eliot: »Aschermittwoch«, in: ders.: *Gedichte*. Englisch und deutsch, übersetzt von Rudolf Alexander Schröder, Frankfurt/M. 1964, S. 151.

12 Sylvester, Gespräche, a. a. O., S. 45.

13 Eliot, Aschermittwoch, a. a. O., S. 147.

14 Klaus Lankheit: *Das Triptychon als Pathosformel*, Heidelberg 1959.

15 Francis Bacon im Gespräch mit Jean Clair am 3. August 1991, in: »Le pathos et la mort. Entretien de Francis Bacon avec Jean Clair«, in: *Corps Crucifiés*, Paris (Musée Picasso) 1992, S. 141.

16 Eliot, Aschermittwoch, a. a. O., S. 151.

1 *Katalog ›documenta 6‹*, Kassel 1977, S. 156.

2 Friedhelm Mennekes: *Beuys zu Christus. Eine Position im Gespräch*, Stuttgart 1989, S. 59.

3 Mennekes, a. a. O., S. 130.

4 Volker Harlan, Rainer Rappmann und Peter Schata: *Soziale Plastik*, Achberg 1984, S. 17.

5 Rudolf Steiner: *Der Christus-Impuls und die Entwicklung des Ich-Bewußtseins*, Dornach 1982, S. 66.

6 Friedhelm Mennekes: *Joseph Beuys: MANRESA. Eine Aktion als geistliche Übung nach Ignatius von Loyola*, Franfurt/M. 1992, S. 93–123.

7 Götz Adriani, Winfried Konnertz, Karin Thomas: *Joseph Beuys*, Köln 1973, S. 23.

8 Ebd.

9 Ebd., S. 34.

10 Mennekes, Joseph Beuys: MANRESA, a. a. O., S. 136.

11 Joseph Beuys: »Selbstdarstellung«, in: Wulf Herzogenrath (Hg.): *Selbstdarstellungen – Künstler über sich*, Düsseldorf 1973, S. 29.

12 Mennekes, Joseph Beuys: MANRESA, a. a. O., S. 119.

13 Volker Harlan: *Was ist Kunst? Werkstattgespräch mit Beuys*, München 1986, S. 60.

14 Henning Christiansen 1990 in einem unveröffent. Gespräch mit dem Autor. Vgl. Mennekes, Joseph Beuys: MANRESA, a. a. O., S. 95.

15 Ebd., S. 101.

16 Ebd.

17 Johannes Röhrig (Hg.): *Beuys MANRESA. Zeichnungen, Fotos, Materialien zu einer FLUXUS-Demonstration*, Köln 1991, S. 75. Vgl. Mennekes, Joseph Beuys: MANRESA, a. a. O., S. 112.

18 Ebd., S. 96.

19 Mennekes, Beuys zu Christus, a. a. O., S. 25.

20 Adriani, a. a. O., erweiterte Taschenbuchausgabe 1984, S. 216.

21 Mennekes, Beuys zu Christus, a. a. O., S. 129. Ausführlicher habe ich die Transformation der Form des Kreuzes im folgenden Text behandelt: ›Joseph Beuys. Das Kreuz ist zur Kultur geworden‹, in: Friedhelm Mennekes/Johannes Röhrig: *Crucifixus. Das Kreuz in der Kunst unserer Zeit*, Freiburg 1994, S. 73–83.

22 Ebd., S. 28–30.

KUNST DIE ANGEHT

Alle Zitate sind entnommen aus Friedhelm Mennekes: »Alfred Hrdlicka im Gespräch«, in: Franz Joseph van der Grinten/Friedhelm Mennekes: *Menschenbild – Christusbild. Auseinandersetzung mit einem Thema der Gegenwartskunst*, Stuttgart 1985.

Der vollständige Plötzenseer Totentanz findet sich abgebildet und kommentiert in Friedhelm Mennekes: *Kein schlechtes Opium. Das Religiöse im Werk von Alfred Hrdlicka*, Stuttgart 1987.

ICH ÖFFNE – UND MACHE WIEDER ZU!

1 Die kursiven Zitate in diesem Text bilden den Anfang von Samuel Beckett: *Murphy*, Reinbek 1959.

ZUM GEGENWÄRTIGEN VERHÄLTNIS VON KUNST UND KIRCHE

1 Siehe dazu Friedhelm Mennekes: »Praktische Theologie – Theorie wirklichkeitsorientierter Praxis«, in: Ludwig Bertsch (Hg.): *Theologie zwischen Theorie und Praxis. Beiträge zur Grundlegung der Praktischen Theologie*, Frankfurt/M. 1975, S. 86–148, bes. S. 105 ff.

2 Karin Thomas: *Bis heute. Stilgeschichte der bildenden Kunst im 20. Jahrhundert*, Köln 1981, S. 24.

3 Siehe dazu Wieland Schmied: »Spiritualität in der Kunst des 20. Jahrhunderts«, in: *Communio* 12 (1983), S. 73–90.

4 Siehe dazu Volker Harlan/Rainer Rappmann/Peter Schata: *Soziale Plastik. Materialien zu Joseph Beuys*, Achberg ³ 1984. Alfred Hrdlicka: *Schaustellungen. Bekenntnisse in Wort und Bild*, München 1984. Arnulf Rainer: *Hirndrang. Selbstkommentare und andere Texte*, Salzburg 1980.

5 Wolfgang Iser: »Interpretationsperspektiven moderner Kunsttheorie«, in: Dieter Henrich/Wolfgang Iser (Hg.): *Theorie der Kunst*, Franfurt/M. 1982, S. 39.

6 Hans-Jürgen Müller: *Kunst kommt nicht von Können. Über die Schwierigkeiten beim Umgang mit zeitgenössischer Kunst*, Zirndorf 1976, S. 58.

7 Karl-Heinz Ohlig: »Impulse zu einer ›Christologie von unten‹ bei

Karl Rahner«, in: Herbert Vorgrimler (Hg.): *Wagnis Theologie. Er-fahrungen mit der Theologie Karl Rahners* (Festschrift zum 75. Geburtstag), Freiburg 1979, S. 259–273. Karl Rahner: »Christologie heute« und »Kleine Anmerkungen zur systematischen Christologie heute«, in: ders.: *Schriften zur Theologie*, Bd. 15, Freiburg 1983, S. 217–224 und S. 225–235.

8 Karl Rahner: »Zur Theologie der Kunst«, in: *Entschluß* (1981), S. 4–7.

9 Karl Rahner: »Zur Theologie der Bedeutung des religiösen Bildes«, in: ders: *Schriften zur Theologie*, Bd. 16, Freiburg 1984, S. 348–363.

10 Rahner, Zur Theologie der Kunst, a. a. O., S. 4.

11 Rahner, Zur Theologie des Bildes, a. a. O., S. 360.

12 Ebd., S. 360.

13 Johannes Heinrichs: »Hörbares Denken und Erleben«, in: ders.: *Auferstehung des Ungesagten. Ein Jahreskreis in Gedichten*, Krefeld 1980, S. VII.

14 Barbara Catoir: »Der Wahn, das Häßliche, die Destruktion, die Komik und der Tod«, in: Arnulf Rainer: *Körpersprache*, München 1980, S. 183. Siehe dazu auch den in diesem Zusammenhang wichtigen Aufsatz von Hans Gercke: »Zeichen der Begegnung, Durchdringung, Sendung und Verwandlung. Gedanken zu den ›Kruzifikationen‹ von Arnulf Rainer«, in: *Das Münster* 34 (1981), S. 197–206.

15 So Arnulf Rainer in einem Gespräch mit dem Autor in: Franz Joseph van der Grinten/Friedhelm Mennekes: *Menschenbild – Christusbild. Auseinandersetzungen mit einem Thema der Gegenwartskunst*, Stuttgart ²1985, S. 50.

16 Jörg Splett: »Das Schöne Denken? Zur Philosophie angesichts der Kunst«, in: *Theologie und Philosophie* 57 (1982), S. 389–412.

17 Ebd., S. 392.

18 Ebd., S. 390.

NEUE KUNST IN ALTEN KIRCHEN

1 Vgl. dazu Wieland Schmieds Vorwort zu: Ders. (Hg.): *Zeichen des Glaubens – Geist der Avantgarde. Religiöse Tendenzen in der Kunst des 20. Jahrhunderts*, Stuttgart 1980, S. 7–10.

2 Der Begriff versteht sich aus dem Zusammenhang einer Wissenssoziologie, wie sie vor allem Thomas Luckmann vorgelegt hat: Peter

L. Berger/Thomas Luckmann: *Die gesellschaftliche Konstruktion der Wirklichkeit*, Frankfurt 1969.

3 Le Corbusier: *In Ronchamp*, Stuttgart 1957, S. 27.

4 Johannes B. Lotz: *Ästhetik aus der ontologischen Differenz. An Anwesen des Unsichtbaren im Sichtbaren*, München 1984, S. 116.

5 Wolfgang Iser: »Interpretationsperspektiven moderner Kunsttheorien«, in: Dieter Henrich / Wolfgang Iser (Hg.): *Theorien der Kunst*, Frankfurt 1984, S. 34.

6 Wieland Schmied, Zeichen des Glaubens, a. a. O., S. 7.

7 Joseph Beuys im Gespräch mit Friedhelm Mennekes, in: Franz Joseph van der Grinten/Friedhelm Mennekes (Hg.): *Menschenbild – Christusbild. Auseinandersetzung mit einem Thema der Gegenwartskunst*, Stuttgart 1985, S. 112 f.

8 Klaus Lankheit: *Das Triptychon als Pathosformel*, Heidelberg 1959, S. 13. Wolfgang Pilz: *Das Triptychon als Kompositions- und Erzählform*, München 1970.

9 Karl Rahner: »Zur Theologie der Bedeutung des religiösen Bildes«, in: Ders.: *Schriften zur Theologie*, Bd. XVI, Freiburg 1984, S. 360.

10 Eine ausführliche Beschreibung und Erörterung moderner Triptychen jetzt in: Friedhelm Mennekes: *Triptychon. Moderne Altarbilder in Sankt Peter 1987–1994*, Frankfurt (M) 1995.

11 Karl Rahner: »Zur Theologie der Bildes«, a.a.O., S. 362.

VON ATELIER ZU ATELIER

1 Franz Joseph van der Grinten/Friedhelm Mennekes: *Mythos und Bibel. Auseinandersetzungen mit einem Thema der Gegenwartskunst*, Stuttgart 1985, S. 281 f.

2 Ebd., S. 53.

3 Franz Joseph van der Grinten/Friedhelm Mennekes: *Abstraktion – Kontemplation. Auseinandersetzungen mit einem Thema der Gegenwartskunst*, Stuttgart 1987, S. 72 f.

4 Franz Joseph van der Grinten/Friedhelm Mennekes, Mythos und Bibel, a. a. O., S. 174–177.

5 Franz Joseph van der Grinten/Friedhelm Mennekes, Abstraktion – Kontemplation, a. a. O., S. 122.

6 Ebd., S. 75.

7 Ebd., S. 240 f.

8 Ebd., S. 138 f.
9 Ebd., S. 288, 290 und 292.
10 Franz Joseph van der Grinten/Friedhelm Mennekes: *Menschenbild –
   Christusbild. Auseinandersetzungen mit einem Thema der Gegenwartskunst*, Stuttgart 1985, S. 287.

Literaturnachweise

»*Mythos – Kunst – Religion. Grundformen der Sinnvermittlung*«, in: Franz Joseph van der Grinten/Friedhelm Mennekes: *Mythos und Bibel. Auseinandersetzungen mit einem Thema der Gegenwartskunst*, Stuttgart 1985, S. 311–334.

»*Kontemplative Formen künstlerischen Weltverstehens*«, in: Franz Joseph van der Grinten/Friedhelm Mennekes: *Abstraktion – Kontemplation. Auseinandersetzung mit einem Thema der Gegenwartskunst*, Stuttgart 1987, S. 303–324.

»*Der Zweifel im Bild. Über ein neues Zueinander von Religion und Kunst*«, in: Wieland Schmied (Hg.): *GegenwartEwigkeit. Spuren des Transzendenten in der Kunst unserer Zeit*, Stuttgart 1990, S. 41–46.

»*Fragmentierung des Menschlichen: Francis Bacon*«, in: Johannes Röhrig (Hg.): *Bacon. Annäherungen*, Köln 1993, S. 41–61.

»*Joseph Beuys: MANRESA. Eine Aktion als geistliche Übung*«, in englischer Übersetzung: David Thistlewood (Hg.): *Joseph Beuys: Diverging Critiques*, Liverpool 1995, S. 39–50.

»*Kunst die angeht. Zum Werk von Alfred Hrdlicka*«, in: Hessisches Ministerium der Finanzen (Hg.): *Alfred Hrdlicka: Georg Büchner für das Landessozialgericht in Darmstadt*, Wiesbaden 1989, S. 10–18.

»*James Brown. Anblick und Ein-Blick*«, in: *Kunst und Kirche* 50 (1987), S. 285 ff.

»*Gestaltungen des Gestaltlosen. Religiöse Spurensicherung im Werk von Joannis Avramidis*«, im Katalog *Joannis Avramidis: »Agora«. Skulpturen und Zeichnungen 1953–1988*, Berlin (Galerie Brusberg) 1989, S. 17 ff.

»*Ich öffne – und mache wieder zu!« – Zur Bildwelt von Arne-Bernd Rhaue*, in: *Kunst und Kirche* 50 (1987), S. 136 f.

»*Über die Figur im geistigen Raum. Zu einem Aspekt im Schaffen von Michael Irmer*«, im Katalog *Michael Irmer. Peintures – Sculptures – Dessins*, Brüssel (Galerie Lanzenberg) 1992, S. 5 f.

»*Zum gegenwärtigen Verhältnis von Kunst und Kirche*«, in: Friedhelm Mennekes (Hg.): *Zwischen Kunst und Kirche. Das Christusbild im Menschenbild*, Stuttgart 1985, S. 21–40.

»Neue Kunst in alten Kirchen. Über Konzeption und Erfahrung in der Kunst-Station Sankt Peter Köln«, in: Jahresring. Jahrbuch für Kunst und Literatur 88–89, Stuttgart 1989, S. 225–253.

»Von Atelier zu Atelier. Ein Bericht über Gespräche mit Künstlern«, aus: rhs. Religionsunterricht an höheren Schulen 29 (1986), S. 343–349; und »Religiöse und künstlerische Sinnfindung in der modernen Gesellschaft«, in: Franz Joseph van der Grinten/Friedhelm Mennekes: Menschenbild – Christusbild. Auseinandersetzung mit einem Thema der Gegenwartskunst, Stuttgart 1984, S. 279–290.

Personenregister

Bildnachweis

S. 51: Gaston Chaissac, Installation von Vier *Totems*, © VG Bild-Kunst, Bonn 1995

S. 59: Josef Albers, Homage to the Square, © VG Bild-Kunst, Bonn 1995

S. 65: Hans Arp, Skulpturen und Bilder, Kunst-Station Frankfurt (M) Hauptbahnhof, Foto: Friedhelm Mennekes, Köln

S. 87, 109: Francis Bacon, Triptychon, 1971, © Estate of Francis Bacon, Marlborough Fine Art, London

S. 91: Arnulf Rainer, Kruzifikation, 1980–83, © Galerie Ulysses, Wien

S. 117: Joseph Beuys, Foto: © KNA-Bild, Frankfurt

S. 119: Joseph Beuys, Für MANRESA, 1966, © VG Bild-Kunst, Bonn 1995

S. 135: James Brown, The Gardener, 1985, ©VG Bild-Kunst, Bonn 1995

S. 145: Alfred Hrdlicka, Plötzenseer Totentanz, 1969–72, © Galerie Hilger, Wien

S. 148: Alfred Hrdlicka, Frankfurter Kreuzigung, 1987, © Galerie Hilger, Wien

S. 155: Joannis Avramidis, Skulpturen im Atelierhof, © Galerie Ulysses, Wien

S. 160: Arne-Bernd Rhaue, Ohne Titel, 1988, © Kunststation Sankt Peter, Köln

S. 165: Michael Irmer, Porträt Gordana Kossanovîc, 1986, © Michael Irmer, Düsseldorf; Foto: © Karl Wilhelm Boll, Köln

S. 177: Horst Egon Kalinowski, Golgatha, 1969, © Horst Egon Kalinowski, Düsseldorf

S. 195: Günther Förg, Knie, Hand, Torso, 1994, © Daniel Fusban, München, Foto: © Wim Cox,Köln

S. 201: Adolf Frohner, Opferstätte, 1987, © Adolf Frohner, Wien, Foto: © Karl Wilhelm Boll, Köln

S. 206: Chieo Senzaki, Transparent, 1990, © Kunststation Sankt Peter, Köln, Foto: © Wim Cox, Köln

S. 222: Cindy Sherman, Untitled # 216, 1989, © Galerie Monika Sprüth, Köln, Foto: © Karl Wilhelm Boll, Köln

S. 239: Eduardo Chillida, Hommage à Juán de la Cruz, 1993, © VG Bild-Kunst, Bonn 1995, Foto: © Wim Cox, Köln